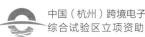  

浙江省普通高校 "十三五" 新形态教材　　中国（杭州）跨境电子商务 综合试验区立项资助教材　　中国（杭州）跨 人才联盟推荐

U0560365

跨境电子商务新形态立体化教材

Amazon 跨境电商官方权威操作指南

涵盖政策、流程及案例

CROSS-BORDER
E-COMMERCE

MULTI-DIMENSIONAL PRACTICE COURSE OF AMAZON

跨境电商 Amazon 立体化
实战教程

主　编 / 亚马逊信息服务（北京）有限公司上海分公司、梅雪峰

副主编 / 方美玉

编　委 / 韩　婷、何　骅、卢琦蓓、卞凌鹤、刘　天、陈胜男

ZHEJIANG UNIVERSITY PRESS
浙江大学出版社

图书在版编目（CIP）数据

跨境电商Amazon立体化实战教程 / 亚马逊信息服务
（北京）有限公司上海分公司，梅雪峰主编 . — 杭州：
浙江大学出版社，2021.5
ISBN 978-7-308-21038-6

Ⅰ. ①跨… Ⅱ. ①亚… ②梅… Ⅲ. ①电子商务—商
业企业管理—美国—教材 Ⅳ. ①F737.124.6

中国版本图书馆CIP数据核字(2021)第018156号

跨境电商Amazon立体化实战教程

亚马逊信息服务（北京）有限公司上海分公司　梅雪峰　主编

责任编辑	曾　熙	
责任校对	高士吟　汪　潇	
封面设计	春天书装	
出版发行	浙江大学出版社	
	（杭州市天目山路148号　邮政编码310007）	
	（网址：http://www.zjupress.com）	
排　　版	杭州朝曦图文设计有限公司	
印　　刷	杭州杭新印务有限公司	
开　　本	787mm×1092mm　1/16	
印　　张	17	
字　　数	526千	
版 印 次	2021年5月第1版　2021年5月第1次印刷	
书　　号	ISBN 978-7-308-21038-6	
定　　价	55.00元	

版权所有　翻印必究　印装差错　负责调换

浙江大学出版社市场运营中心联系方式：0571-88925591；http://zjdxcbs.tmall.com

"跨境电子商务新形态立体化教材"
丛书编写委员会

编写委员会成员

施黄凯	陈卫菁	柴跃廷	陈德人	章剑林
陈永强	琚春华	华　迎	武长虹	梅雪峰
马述忠	张玉林	张洪胜	方美玉	金贵朝
蒋长兵	吴功兴	赵浩兴	柯丽敏	邹益民
任建华	刘　伟	戴小红	张枝军	林菡密

支持单位

中国(杭州)跨境电子商务综合试验区

阿里巴巴集团

亚马逊全球开店

Wish 电商学院

eBay(中国)

Shopee 东南亚电商平台

中国(杭州)跨境电商人才联盟

国家电子商务虚拟仿真实验教学中心

"跨境电子商务新形态立体化教材"

丛书编写说明

"世界电子商务看中国,中国电子商务看浙江,浙江电子商务看杭州。"浙江是经济强省,也是电子商务大省,杭州是"中国电子商务之都",浙江专业电子商务网站数量占全国专业电子商务网站数量的1/3,浙江电子商务的发展与应用水平全国领先。浙江电子商务的成就,主要归功于政府开放式创新创业氛围的营造和大量电子商务专业人才的贡献。

自2015年3月7日国务院批复同意设立中国(杭州)跨境电子商务综合试验区以来,杭州积极探索,先行先试,跨境电商生态体系不断完善、产业发展势头强劲,以"六体系两平台"为核心的跨境电商杭州经验被复制推广到全国。截至2018年年底,杭州累计实现跨境电商进出口总额达324.61亿美元,年均增长48.6%,13个跨境电商产业园区差异化发展,全球知名跨境电商平台集聚杭州,总部位于杭州的跨境电商B2C平台交易额近1700亿元,杭州跨境电商活跃网店数量增加至15000家,杭州外贸实绩企业数量增加至12000家,杭州跨境电商领域直接创造近10万个工作岗位、间接带动上百万人就业。跨境电商正在成为杭州外贸稳增长的新动能、大众创业万众创新的新热土,推动杭州由中国电子商务之都向全球电子商务之都迈进。

对外经济贸易大学国际商务研究中心联合阿里研究院发布的《中国跨境电商人才研究报告》中的数据显示,高达85.9%的企业认为跨境电子商务"严重存在"人才缺口,而各高等院校、培训机构对跨境电子商务人才培养标准不一,所使用的教材、培训资料参差不齐,也严重制约了跨境电子商务人才的培养。

为提升跨境电子商务人才的培养质量,开展多层次跨境电子商务人才培训,提高跨境电子商务研究水平,加快推进人才建设的战略部署,创建具有中国(杭州)跨境电子商务综合试验区特色的人才服务,浙江省教育厅、中国(杭州)跨境电子商务综合试验区建设领导小组办公室领导,协同浙江大学、浙江工商大学、杭州师范大学、浙江外国语学院、杭州师范大学钱江学院、浙江金融职业学院、浙江经济职业技术学院、浙江商业职业技术学院、阿里巴巴、亚马逊、Wish、谷歌、深圳市海猫跨境科技有限公司、浙江鸟课网络科技有限公司、深圳科极达盛投资有限公司、杭州众智跨境电商人才港有限公司、浙江执御信息技术有限公司、杭州跨境电子商务协会联合编写"跨境电子商务新形态立体化教材"丛书。该丛书的出版发行,必将引起跨境电子商务行业的广泛关注,并将进一步推动我国跨境电子商务产业不断向前发展,也为广大跨境电子商务从业者、跨境电子商务科研工作者、跨境电子商务爱好者学习研究跨境电子商务提供了必要的参考。

"跨境电子商务新形态立体化教材"丛书的编写,是中国(杭州)跨境电子商务综合试验区的重要工作,也是浙江省教育工作服务浙江经济、培养创新人才的一项重要工程。教材编写整合了浙江省内外高校、知名企业、科研院所的专家资源,突出强调教材的国际化、网络化和立体化,使"跨境电子商务新形态立体化教材"丛书成为推进浙江省乃至全国教材改革的示范。

浙江省教育厅

中国(杭州)跨境电子商务综合试验区

中国(杭州)跨境电商人才联盟

浙江工商大学管理工程与电子商务学院

国家电子商务虚拟仿真实验教学中心

2019 年 1 月

前　言

2016年12月24日,商务部、中央网信办和发展改革委三部门联合发布中国《电子商务"十三五"发展规划》,确立了2020年电子商务交易额40万亿元、网络零售总额10万亿元和相关从业者5000万人3个发展指标。据商务部电子商务和信息化司发布的《中国电子商务报告(2018)》,至2018年底,中国电子商务交易总额突破30万亿元,达到31.63万亿元;电子商务相关就业人员达4700万人;网上零售额超过9万亿元,中国已经连续多年成为全球第一大网络零售国。国务院总理李克强在2019年7月主持召开的国务院常务会议中先后三次部署完善跨境电商发展的促进政策,调整扩大跨境电商零售进口商品清单,带动扩大消费,促进国内产业升级,并支持相关教育机构增设跨境电商专业,促进产教融合,为跨境电商发展提供人才支持。

随着跨境电商的蓬勃发展和国家政策的支持,越来越多的制造商、贸易商、工贸一体商等不同类型的卖家加入亚马逊全球开店阵营中。亚马逊全球开店依托其全球资源及本地化专业服务,帮助卖家增加市场份额、打造国际品牌、增强市场竞争力。自从亚马逊提出"制造+""品牌+""时尚+"的理念以来,以B2C模式为主的中国卖家,开始向B2B模式转变,并实现快速增长。从传统贸易的从业者到熟悉跨境电商领域的卖家,从零经验的高校大学生到日出万单的大卖家,中国卖家在亚马逊的不俗表现,使得亚马逊全球开店业务范围逐渐扩大。尤其是以浙江省为代表的电商相对发达的区域,政府、高校都高度重视并给予大力支持。近年来,亚马逊已经成为中国卖家跨境出海的优选渠道。

《跨境电商Amazon立体化实战教程》的使用对象是零基础的卖家及高校大学生,为了满足这些群体对亚马逊全球开店及基本运营知识的需求,由中国(杭州)跨境电商综合试验区牵头,在亚马逊官方"时代青年计划"线上视频课程内容的基础上,亚马逊官方及跨境电商领域资深教师共同编写了此教材。本教材的出版旨在帮助零基础的亚马逊卖家,认识亚马逊面向中国卖家开放的站点及提供的相关服务,系统了解和学习账户注册、商品发布、亚马逊物流、亚马逊商品推广及绩效管理等理论知识和实操技能,内容涉及跨境电商全产业链的各个流程。各章尽可能做到相互独立,以便读者根据自身需求来学习相关内容,不必拘泥于章节顺序的安排。

本教材作为一本新形态立体化教材,在文字上尝试打破传统编写形式,以培训者的口吻及口语化的表达,将复杂的内容以简单易懂的方式进行讲解。本教材的内容以亚马逊美国站的开店为例进行展开,不同的亚马逊站点政策可能会有差异。教材中给出了大量的真实卖家账号后台店铺业务和数据截图,能够让没有开店经历的卖家在学习本书内容后,较熟练地掌握亚马逊店铺运营方法及技巧。

学习本教材的读者同时也应具备计算机、电子商务、国际贸易理论与实务、物流与供应链管理、跨境电商B2B运营、跨境电商视觉营销与美工、网络营销、商务数据分析等方面的基础知识。

本教材内容为一学期课程,约64学时讲完。对于课时较少的教师,可以选择合适的章进行设计,根据自身要求讲授其中部分内容。教材中穿插了较多例子与习题,同时提供了一定的拓展资料作为辅助教程,使得本教材非常适合于教学。

本教材部分内容的更新、平台政策变化及读者答疑、业务咨询等将第一时间在亚马逊网站给出,请读者及时访问网页(https://gs.amazon.cn/)查看最新的信息,也欢迎与作者交流,我们将对您提出的意见表示深深的感谢。

此外,读者也可以从亚马逊卖家大学中获得更多亚马逊跨境电商相关知识。亚马逊卖家大学是为不同成长阶段的亚马逊卖家所打造的官方线上学习渠道,免费为卖家开店运营提供专业的知识指导。扫描下方二维码,可直达亚马逊卖家大学。

☞亚马逊卖家大学

本教材在编写过程中,得到了亚马逊全球开店、中国(杭州)跨境电子商务综合试验区、浙江外国语学院、浙江大学出版社的大力支持与帮助。你们的辛勤付出与大力支持确保了本教材的正常出版,在此表示衷心的感谢。

编 者

2021年2月

目录

第九章 亚马逊物流

第十章 亚马逊营销推广工具(不含广告)

第十一章 亚马逊广告

第十二章 亚马逊卖家账户绩效管理

第十三章 Amazon Business 业务介绍

第一章

中国跨境电子商务发展综述

【学习目标】 了解中国跨境电子商务发展的现状及相关产业政策。

【重点难点】 理解"亚马逊全球开店101·时代青年计划"具体内容。

第一节 跨境电子商务简介及发展

跨境电子商务(Cross-border E-commerce),简称跨境电商,是指分属于不同国家或地区的交易主体,通过电子商务平台实现商品信息交流、无国界交易、支付结算、物流配送及金融服务的一种国际(地区间)商业贸易活动。从狭义来讲,跨境电子商务是指跨境网络零售(Cross-border Online Retailing),是通过互联网完成的碎片化小额交易。从广义来讲,跨境电子商务是通过互联网将传统的国际贸易形式电子化、网络化、数字化,并通过跨境物流完成商品配送的贸易模式。

跨境电子商务与传统的国际贸易模式有不同之处,它融合了国际贸易和电子商务的优点,对传统贸易模式转型升级,突破了国家(地区)间的障碍,打破了物理空间的限制,有助于实现贸易无国(地区)界,减少流通环节,进一步降低商品交易成本,促进各国(地区)互利共赢。跨境电子商务模式的特点为全球性、无形性、即时性、可追踪性、无纸化和快速演进。数字化产品和服务信息可以即时传输,交易过程中各环节的信息可全程记录,贸易过程普惠、精准、扁平化,而且随着互联网、保税仓、国际物流的发展,跨境电子商务还在不断变革与创新。

作为国际贸易的新方式,跨境电商在进出口贸易中占据非常重要的地位。根据第一财经商业数据中心发布的《2019中国跨境电商出口趋势与机遇白皮书》,跨境电商已经在全球200多个国家和地区落地,成为全球销售市场的参与者和建设者。进入数字经济时代后,为满足消费者个性化的需求,各大跨境电商平台不断扩大全球范围内的采购资源,商品来源地覆盖面日益增大,消费者接触到的境外商品品类日益丰富,卖家可以实现"全球卖",买家可以实现"全球买"。

中国是世界上重要的产品出口大国及制造大国,虽然中国的跨境电商起步较晚,但是增速较快,新兴业态给中国的贸易发展带来了新的机遇和挑战。出口跨境电商市场快速发展,行业规模不断扩大,产品供应链和物流的整合力度持续增强。政府也一直高度重视跨境电商的发展,自2014年以来,相继出台了一系列支持跨境电子商务发展的国家文件和利好政策。增设海关监管代码"9610"(跨境贸易电子商务)和"1210"(保税跨境贸易电子商务),采用"清单核放、汇总申报"模式办理通关手续,实现对零售电商和保税电商的监管和统计。自2015年5月起,海关对跨境贸易电子商务实行全年无休监管,货到海关监管场所24小时内即可办结海关手续,以促进和支持跨境电子商务的快速发展。随着2019年1月1日《中华人民共和国电子商务法》的正式实施,中国跨境电商正式进入了有法可依的新阶段,为跨境电子商务海关监管、消费者权益保护和知识产权保护等方面提供了法律支持。

2015年3月,国务院批准设立中国(杭州)跨境电子商务综合试验区;2016年1月,国务院将天津、上海、重庆等12个城市设立为跨境电子商务综合试验区;2018年7月,国务院在北京、长春、南京、武汉、无锡、义乌等22个城市设立跨境电子商务综合试验区;2019年12月,国务又增设石家庄、太原、南通、银川等24个城市为跨境电子商务综合试验区。2020年4月7日,在国务院总理李克强主持召开的国务院常务会议上决定,在已设立59个跨境电子商务综合试验区的基础上,再新设46个跨境电子商务综合试验区。[①]目前,在跨境电商交易结构中,出口占主导地位,进口增长迅速。据统计,2018年通过海关跨境电子商务管理平台的零售进出口商品总额为1347亿元,同比增长50%,其中出口额达561.2亿元,同比增长67%,进口额约785.8亿元,同比增长39.8%。据海关总署税收征管局统计,2019年全国跨境电商零售进出口总值1862.1亿元,增长38.3%。其中出口为944亿元,进口为918.1亿元,出口量首次超过进口量。[②]

从跨境电子商务交易额出口区域分布来看,广州、杭州、郑州、宁波等城市处于领跑地位。其中,杭州通过开展B2C(Business to Customer,企业对消费者)一般零售出口、B2B(Business to Business,企业对企业)出口、直购进口、网购保税进口等4种外贸模式,促进跨境电商的快速发展。截至2017年底,浙江省在AliExpress(速卖通)、Wish、eBay(易贝)、Amazon(亚马逊)等全球性大型跨境电商平台上,共有各类跨境电商出口活跃网店6.7万家。在中国(杭州)跨境电子商务综合试验区(以下简称杭州跨境电商综试区)成立初期,杭州只有3500家跨境电商企业,截至2019年,已达到1.2万家。海关总署在总结借鉴杭州跨境电商综试区的数据和成果后,研究制定并推广了"推行全程通关无纸化""实行简化申报、清单核放、汇总统计""创新退换货流程"等10多项制度措施,优化通关监管、退税结汇等流程,促进跨境电商的快速增长。2017年10月,中国海关接任世界海关组织(World Customs Organization,WCO)的电商工作组主席,牵头制定《跨境电商标准框架》,推动世界海关跨境电商国际规则的制定。

2018年,杭州跨境电商交易额达113.70亿美元,约占浙江省跨境电商总额的41.30%,其中,跨境电商出口额约为80.20亿美元,同比增长约14.20%,跨境电商进口额约为33.50亿美元,同比增长约14.90%。2019年1—8月,杭州跨境电商交易额约为85.25亿美元,占外贸出口的比重约为17.73%,其中跨境电商出口额约为59.60亿美元,同比增长约16.74%,跨境电商进口额约为25.65亿美元,同比增长约20.69%。

随着跨境电商的迅速发展,境外消费者在网购时除了关注产品的价格和质量外,还注重购物体验。因此衍生出第三方物流、第三方支付、第三方商标注册等相关生态圈。随着生态圈的进一步发展和演化,中国卖家逐步完善了商品从境内到境外的一体化服务流程。与此同时,跨境电商相关的基础设施建设、法律制度建设等亟待完善,这对市场监管和企业管理提出了更高的要求。随着B2C平台的迅速拓展及消费者对跨境购消费习惯的养成,B2C将成为未来跨境电商增长的重要力量。除3C电子、服饰箱包等传统优势品类外,汽配、灯具、户外产品的市场需求快速增长,消费者的需求也更加精细化。从市场区域分布上看,跨境电商除了覆盖美国、日本、欧洲等成熟区域外,还覆盖印度、中东等一些发展中国家和地区。

随着跨境电商模式的成熟,越来越多的跨境电商企业加速了品牌化的进程,中国产品正大步向全球化、品牌化迈进。中国卖家不仅提供优质的产品,同时还打造属于中国制造的品牌形象。依托强大的供应链优势及跨境电商流量红利,传统的中国品牌也显示出更为广泛的品牌影响力。跨境电商已经成为中国品牌出海新的选择和机遇。

在我国跨境电商产业蓬勃发展的同时,跨境电商人才紧缺却成为众多跨境电商企业的难点及痛点,它严重制约了跨境电商产业的发展。跨境电商产业涉及平台运营、跨境物流、跨境支付、商务数据统计与分析、产品设计与美工、通关、结汇、退税、涉外法律、客服等众多环节;从人才培养的角度讲,又涉及经济学、管理学、工学、文学(语言学)、法学等众多学科门类,因此跨境电商人才培养应遵循一种

---

① 参见 http://www.gov.cn/zhengce/2020-04/08/content_5500182.htm。

② 参见 http://www.sohu.com/a/366885108_99896342。

复合型、应用型人才培养方式。在中国(杭州)跨境电子商务综合试验区及浙江省教育厅的大力支持下,杭州市跨境电商人才联盟中的高校与平台企业通力合作,共同编写这套"跨境电子商务新形态立体化"系列教材,这套教材的出版将对跨境电商的人才培养和为中国跨境电商产业良性发展注入新的活力。

第二节　"亚马逊全球开店101·时代青年计划"项目简介

一、项目简介

　　"亚马逊全球开店101·时代青年计划"是由亚马逊全球开店为中国高等院校专门定制的,是专注于为出口电商产业培养青年人才和未来领导者的项目,于2018年10月19日正式在杭州启动,以杭州市为首个试点城市,以浙江外国语学院为试航高校,逐渐拓展至全国更多高校。亚马逊与高校的合作项目致力于通过学校和企业合作,为高校高年级学生提供一体化、系统化、规范化、紧密贴合市场需求的亚马逊全球开店业务介绍,积极应对出口电商行业蓬勃发展过程中出现的人才短缺的挑战,为跨境电商产业培养和储备专业的新生力量。亚马逊与高校的合作项目流程如图1-1所示。

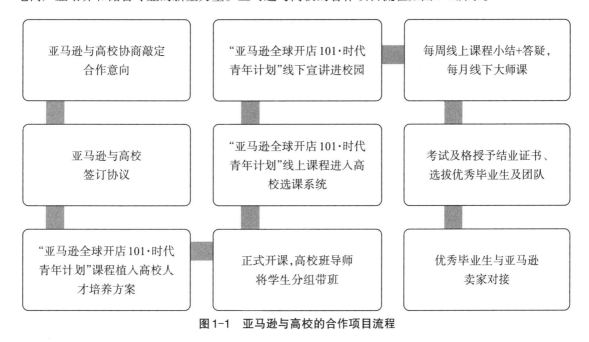

图1-1　亚马逊与高校的合作项目流程

二、项目亮点

　　(一)紧密贴合市场
　　课程内容紧密贴合市场需求,选用真实的市场行情和商务数据,具有很强的实践性和操作性,能够充实学生实习、实训内容,助推学生尽快融入市场,帮助学生提高就业质量。
　　(二)理论实践结合
　　亚马逊全球开店创造出口电商企业与毕业生的对接机会,支持大学生就业、创业,为优秀毕业生未来发展助力,为跨境电商行业的快速发展培养人才。

三、课程模块与项目形式

　　本课程采取三种培训模块,包括课堂培训模块、在职培训模块和就业对接模块,结合课堂知识和实操能力,详细讲解亚马逊的操作方法、运营思路和技巧。其中,课堂培训模块由"24节线上课程、6

节账号实操课程、线下大师课程及考试体系"组成,将日常考核、实操考核和课程结业考试相结合,促进学生循序渐进地掌握知识和技能。在职培训模块通过大卖家实习对接,结合亚马逊全球开店官方活动与实践项目,帮助学生体验真实的跨境电商案例,掌握商务模式、流程细节、跨境电商贸易规则和亚马逊的营销销售技能。就业对接模块可以帮助优秀毕业生与跨境电商行业企业对接,快速融入跨境电商市场,提前入职。

"亚马逊全球开店101·时代青年计划"项目的授课形式由"线下品牌宣讲、网络课程、线下大师课"三部分组成。其中,线下品牌宣讲形式可面向全校师生,主要内容包括对亚马逊全球开店项目、时代青年计划项目等内容的介绍。网络课程包含25节核心课程,每节课40分钟,除详细、综合、真实地讲授亚马逊运营方法和产品推广技能外,还融入随堂测试,以检查学生学习效果。通过师生无缝交流,以激发学生的学习兴趣。线下大师课由亚马逊全球开店高管、亚马逊卖家等作为讲师,向高校学生讲授职业生涯规划、领导力准则等相关话题,帮助学生宏观了解跨境电商的行业特征和职业发展方向。

第二章

亚马逊全球开店综述

【学习目标】　了解亚马逊的诞生及其在全球的发展历程。
　　　　　　　理解亚马逊全球开店的业务。
【重点难点】　理解亚马逊为中国卖家提供的服务。

第一节　亚马逊中国

亚马逊于2004年进入中国,秉承"顾客至尚"的理念,不断为中国用户创新。目前亚马逊在中国布局的核心战略业务包括以亚马逊海外购和亚马逊全球开店为中心的跨境电子商务、亚马逊物流运营、Kindle电子书阅读器和电子书,以及亚马逊云科技。

依托亚马逊独一无二的全球资源和跨境物流体系,亚马逊中国持续推进跨境电商战略。2014年,亚马逊中国正式上线亚马逊海外购商店——亚马逊第一个本地化、多站点的全球商店,致力于打造中国消费者信赖的选购高品质海外正品的跨境网购首选站点。消费者用中文即可直接购买来自亚马逊美国、英国、日本、德国网站的30大品类、逾3000万的海外正品。商品经由亚马逊全球物流体系从海外运营中心直送中国消费者。亚马逊Prime会员服务于2016年10月在中国上线,是亚马逊全球首个提供跨境订单全年无限次免费配送的会员服务。

亚马逊全球开店致力于帮助全球企业发展出口跨境电商业务,拓展全球市场,打造国际品牌,服务亚马逊全球消费客户、企业与机构买家。目前数十万的中国卖家加入了该项目。包括亚马逊美国、加拿大、德国、英国、法国、意大利、西班牙、日本、墨西哥、澳大利亚、阿联酋、沙特阿拉伯、印度、新加坡、荷兰、瑞典和波兰在内的17大海外站点已向中国卖家全面开放。通过亚马逊全球开店,卖家可直接触达亚马逊全球超过3亿的活跃用户,其中包括超过2亿的Prime会员用户。卖家还可通过亚马逊美国、欧洲与日本上线的亚马逊企业购(Amazon Business),触达全球超过500万的优质企业与机构买家。

亚马逊在全球拥有185个运营中心,能将商品配送至全球200多个国家和地区。同时,亚马逊的员工在运营中心内与超过20万台亚马逊机器人协作。借助全球领先的物流交付能力,亚马逊中国为通过海外购进行跨境网购的中国消费者提供一流的跨境配送体验,并帮助中国卖家出口海外,拓展国际市场。

亚马逊中国致力于为中国消费者提供最佳的数字阅读体验,点燃中国大众的阅读热情。2012年12月,Kindle中国电子书店正式上线,通过与数百家中国出版机构和进口书商合作,为中国读者提供了超过78万册电子书。2013年6月,Kindle电子书阅读器进入中国市场,随后亚马逊陆续为中国消费者带来了Kindle电子书阅读器全系列产品,并与全球保持新品同步发售,Kindle Unlimited电子书包月服务与Prime阅读等服务也相继推出。

亚马逊云科技在中国致力于加速中国企业的数字化转型,赋能中国经济创新。2016年8月,由光环新网运营的亚马逊云科技中国(北京)区域正式提供服务;2017年12月,由西云数据运营的亚马逊云科技中国（宁夏）区域正式向客户提供服务；2019年4月，亚马逊云科技亚太（香港）区域正式运营。中国成为全球除美国外唯一拥有3个亚马逊云科技区域的国家。随着上海人工智能研究院、深圳及台北物联网实验室的建立，中国成为亚马逊云科技全球布局中最重要的国家之一。作为全球云计算的创造者和引领者，亚马逊云科技利用与生俱来的创新精神，致力于赋能客户，加速客户全球业务拓展，加强本地人才培养，从而促进行业转型，助力数字经济发展，并让全社会共同受益。

第二节　亚马逊全球开店介绍

亚马逊全球开店致力于帮助全球企业发展出口跨境电商业务，拓展全球市场，打造国际品牌，服务亚马逊全球消费客户及企业与机构买家。自2015年亚马逊全球开店业务进入中国以来，数十万中国卖家加入了该项目。目前，包括亚马逊美国、加拿大、德国、英国、法国、意大利、西班牙、日本、墨西哥、澳大利亚、阿联酋、沙特阿拉伯、印度、新加坡、荷兰、瑞典及波兰在内的17大海外站点已向中国卖家全面开放。通过亚马逊全球开店，卖家可直接接触亚马逊全球超过3亿的活跃用户，其中包括超过2亿的Prime会员用户。卖家还可通过亚马逊在美国、欧洲与日本上线的亚马逊企业购（Amazon Business），触达全球超过500万的优质企业与机构买家。

亚马逊全球开店覆盖丰富的品类，不同类型和规模的卖家都可以通过亚马逊将商品销往全世界。亚马逊在全球拥有185个运营中心，能将商品配送至200多个国家和地区。卖家可以将商品预先存放于亚马逊境外运营中心，在客户下单后，各个运营中心的员工与超过20万台亚马逊机器人分工协作，共同完成分拣、包装、运输与客户服务。目前，亚马逊第三方卖家销售额占亚马逊实体产品销售额的约60%。2019和2020年，亚马逊在物流、工具、服务、项目及人才等方面投入超过300亿美元，助力全球第三方卖家开展业务。2020年，亚马逊已推出逾250项免费的工具和服务，帮助卖家在亚马逊商城实现业务增长。

亚马逊全球开店已在中国上海、北京、深圳、广州设立办公室，并相继入驻杭州、厦门和宁波等地的跨境电商园。立足当地、辐射周边地区，通过物流、金融、运营、技术、人才培训等各类服务项目的整合，搭建互联互通、共生共融的本地化跨境电商产业服务集群，为当地及周边地区企业出口提供一站式服务，帮助品牌商、制造商、贸易商转型升级，助推当地跨境电商出口发展。表2-1部分地记录了亚马逊全球开店在中国的发展历程及取得的阶段性成果。

表2-1　亚马逊全球开店中国大事记

时间		亚马逊全球开店中国业务主要时间点
2015年	11月	亚马逊全球开店业务正式进入中国
2016年	5月	亚马逊全球开店与杭州综试区签署合作备忘录，推动杭州本地及周边地区跨境出口
2017年	9月	亚马逊全球开店在杭州成功举办卖家与制造商对接大会
	12月	亚马逊全球开店推出"下一代贸易链"整合解决方案，助力中国卖家制胜新贸易时代 亚马逊澳大利亚站点发布，同步面向中国卖家开放
2018年	6月	亚马逊全球开店中国举办2018"亚马逊全球卖家直采大会" 并首次发布《亚马逊全球开店中国出口电商城市发展趋势报告》
	10月	亚马逊全球开店携手高校推出"亚马逊全球开店101·时代青年计划"
	11月	亚马逊全球开店"厦门跨境电商园"正式开园
	12月	2018亚马逊全球开店卖家峰会于宁波隆重举办 亚马逊全球开店推出为中国企业提供品牌打造的全面定制化解决方案 新增亚马逊印度及亚马逊中东海外站点
2019年	4月	亚马逊全球开店"杭州跨境电商园"正式开园

时间		亚马逊全球开店中国业务主要时间点
2019年	4月	亚马逊全球开店"宁波跨境电商园"正式开园
	6月	亚马逊全球开店中国举办"2019亚马逊全球卖家高峰论坛暨直采大会" 发布《2019亚马逊全球开店中国出口跨境品牌百强报告》
	12月	2019亚马逊全球开店跨境峰会在上海隆重召开 发布亚马逊全球开店中国2020年战略重点,赋能企业布局全球并构建未来企业竞争力 亚马逊新加坡站点也正式对中国卖家开放
2020年	1月	亚马逊宣布荷兰站点对全球卖家正式开放注册
	5月	亚马逊全球开店南京办公室设立并投入运营
	7月	亚马逊全球开店与浙江省商务厅签署合作备忘录 共同推出"亚马逊全球开店新外贸扶持计划"
	8月	亚马逊全球开店中国举办"2020亚马逊全球开店云论坛暨直采大会" 发布《从新业态到新常态——中国出口跨境电商趋势报告》
	9月	"2020亚马逊企业购中国卖家线上峰会"隆重召开,是亚马逊全球开店首次举办专门面向商业采购领域卖家的峰会
	10月	亚马逊瑞典站点正式上线,为卖家开拓瑞典及欧洲市场带来新机遇
	11月	"亚马逊全球开店101·时代青年计划"拓展至5地16校 通过培训、实习和云端引才,加速出口跨境电商人才培育和储备
	11月	亚马逊宣布沙特阿拉伯站点面向全球卖家开放注册
	12月	"未来,有备而来——2020亚马逊全球开店线上跨境峰会"隆重召开
2021年	3月	亚马逊宣布波兰站点面向全球卖家开放注册
	3月	亚马逊企业购2021全球年销售额预估达250亿美元,服务全球逾500万企业和机构客户
	5月	亚马逊全球开店与江苏省商务厅签署合作备忘录,共同推动江苏优质企业拓展海外业务,促进江苏出口跨境电商行业发展

第三章

面向中国卖家开放的全球开店站点及其提供的服务

【学习目标】　了解亚马逊全球开店主要站点分布情况及运营特点。
　　　　　　　理解亚马逊各站点的竞争力,熟悉其竞争优势。
【重点难点】　理解亚马逊未来潜力较大站点的竞争优势,掌握其运营方法。

☞亚马逊全球开店站点

目前,包括亚马逊美国、加拿大、德国、英国、法国、意大利、西班牙、日本、墨西哥、澳大利亚、印度、阿联酋、沙特阿拉伯、新加坡、荷兰、瑞典及波兰在内的17大海外站点已向中国卖家全面开放。

北美站和欧洲站是两大主流站点,市场容量巨大,优势突出,商业营销规则成熟稳定。日本、印度、阿联酋及沙特阿拉伯的跨境电商增长潜力明显,尤其是亚马逊正在推广的印度站和中东站,许多大型卖家陆续入驻。同时,亚马逊的站点整合工作仍在进行中,其目的是使卖家只需要注册一次,就可在全球开放站点中同时上线自己的产品。

第一节　亚洲站及其提供的服务

亚马逊亚洲站主要有中国、日本、印度站点,以下重点介绍日本和印度站点及其提供的服务。

一、日本站点及其提供的服务

日本作为全球第三大经济体,截至2017年底,日本互联网覆盖率达93.30%。2018年,日本电子商务规模比2017年同比增长8.96%,电商渗透率达6.22%,蕴含巨大消费潜力。同时,中国商品在日本广受欢迎,进口总额连续多年位居第一。

亚马逊日本站点作为2017年深受日本客户信任的电商品牌,PC端浏览量在日本电商网站中排名第一,其中月访问用户约1624万户、月流量约10.4亿次。移动端月访用户约3296万户,月流量约10.8亿次。日本毗邻中国,拥有相较欧美站点更低的物流费用及退货率。在亚马逊日本站的消费群体中,52%为年收入在500万日元(约合人民币30万元)以上的中等收入消费者,10%为年收入在1000万日元(约合人民币60万元)以上的中高收入消费者。

亚马逊日本站点是一个使用全中文操作的卖家平台,主要方便中国卖家使用。该站点为专业销售计划账户的卖家提供亚马逊客服服务(Customer Service by Amazon,CSBA)。亚马逊日本站可以代替卖家,用日语为日本客户提供卖家自配送订单相关的客户服务。卖家的自配送订单也可以享受到如同亚马逊物流订单一样的客户服务体验。通过该客户服务,卖家可以大量减轻客服的负担并减少费用,也无须担心自配送订单量大而导致客服问题繁多从而回复延迟所带来的绩效风险。目前,亚马逊日本站点还向中国卖家提供一年365天、每天24小时的亚马逊日本客服功能。为了解决卖家在语言上的需求,亚马逊全球开店团队同时提供商品详情页面的日语翻译和上传服务,亚马逊日本站点的新卖家上线即可立即使用图文版商品详情等页面功能。与亚马逊欧美站点相比,亚马逊日本站点提供的这项服务让卖家更满意。

二、印度站点及其提供的服务

印度地处南亚次大陆,面积约298万平方千米,目前人口约13.24亿人。在联合国经济和社会事务部2019年6月17日发布的《世界人口展望2019:发现提要》的报告中,预计2027年,印度人口将超过中国,成为世界第一人口大国。

根据世界贸易组织发布的《全球贸易数据与展望》中的数据,2018年,印度对外贸易进出口总额达8370亿美元,占全球贸易总额的2.1%。其中,出口商品总额约为3260亿美元,同比增长9%;进口商品总额约为5110亿美元,同比增长14%。居民财富增长是拉动消费的最大动力,印度1.29亿城镇居民将引领消费增长,预计2025年印度个人消费额将是2018年的4倍。安永新兴市场中心研究报告也表明,印度将成为世界上增长最快的经济体之一,国际资本也视印度为最有吸引力的市场。

根据印度品牌价值基金会2018年9月发布的电商行业报告,2018年印度在线购物人口约1.2亿人,在线零售总额达327亿美元,日均有100万~120万笔交易。预计2025年印度在线购物人口可达2.2亿人。相关数据表明,印度电子商务总额占社会零售总额的比重会逐步提高,由2018年的2.9%提升到2020年的5%。印度站点给卖家带来众多品类销售的机遇,其中非电子品类的销售额预计2025年将占到销售总额的80%。

亚马逊2013年进入印度,拥有50多个仓配中心,库容面积超过56万立方米。目前有超过40万卖家入驻,商品超过1.7亿种,覆盖100多个品类。亚马逊是印度库容面积最大的电商企业。亚马逊物流可以提供快速稳定的配送服务。亚马逊印度站点是当地电脑和移动端访问量最大的购物网站,也是移动端购物APP下载量最大的网站。

第二节　北美站及其提供的服务

亚马逊北美站包括美国、加拿大、墨西哥3个站点,每个站点都可以为中国卖家提供全中文服务。同时,卖家可以选择使用亚马逊跨境物流解决方案,3个站点均可以实现向北美消费者一键同步销售各类商品。

在美国进口的所有商品中,中国制造的商品位居第一。2018年1—6月,美国从中国进口了2497.4亿美元的商品,同比增长8.6%,占美国进口总额的20.2%。相较于加拿大、英国等国家制造的产品,中国制造最受欢迎。近两年美国电子商务持续增长,2017年美国电商销售额占美国零售总额的13%。2017年美国电商销售额同比增长16%,高于2016年14%的增速。亚马逊电商市场份额不断扩大,2017年占据美国电商销售总额的28%。

在美国最受欢迎的Top10网站中,亚马逊排名第一。该网站平均每月流量约17.8亿,所占流量份额达54.1%。截至2017年6月30日,美国Prime会员数量超1亿,Prime会员占美国消费者总数的50%以上,其中,75%的中产家庭购买了Prime会员,Prime客户的平均花销是非会员的2倍,购买潜力巨大。

亚马逊加拿大站点是加拿大境内规模最大、增长速度最快的零售网站。加拿大和美国季节相似,通用语言为英语。消费者的消费习惯相似,享有相似的畅销品类,且一键即可将亚马逊美国站点商品同步到亚马逊加拿大站点。卖家同样可以通过Prime Day会员日、黑色星期五、网络星期一等节日流量档期,快速打造爆款、提升销量。

小贴士　亚马逊Prime会员

亚马逊Prime会员是指在会员有效期内可享受会员权益的买家。Prime会员权益包括全年无限次亚马逊境外购物满额免费配送服务,享有每周、每月、每年的会员日和品牌日的特促价格、专享折扣及申领使用优惠券的特权等,还可以免费无限次阅读上千本各个专业、各类文艺文学方向的Kindle电子书。

目前,亚马逊Prime年度会员费不同国家(地区)略有不同,英国会员年费为79英镑,美国会员年费2018年5月开始,从之前的99美元上调至119美元;日本会员年费2019年5月开始,从3900日元上调至4900日元,月会费从400日元上调至500日元。目前,中国Prime会员年费收费标准为288元,季度会员费为79元。会员价格与可获得的丰富的会员权益相较,买家的收益还是很可观的,因此有超2亿的用户注册为Prime会员,诸多买家获得了很好的在线购物体验,提升了消费能力。

第三节　欧洲站及其提供的服务

根据2018年的数据,欧洲拥有超过3.4亿网上购物用户。亚马逊在欧洲地区建立了欧洲联合账户系统,该地区消费者只需拥有一个欧洲统一平台销售账户,便可以从英国、德国、法国、意大利、西班牙等5个销售站点购买全球商品。卖家也可以通过这5个站点将商品销往欧洲的28个国家和地区。欧洲地区竞争小,语种多,加上各国文化的独特性,亚马逊能协助卖家在广度上和深度上拓展全球业务。

亚马逊在欧洲7国拥有运营中心,可将卖家的商品配送到欧洲各地,推动卖家的业务增长。多种欧洲亚马逊物流服务能够将卖家的库存货物分配到离顾客最近的运营中心,这样成本低,配送快。同时,亚马逊物流还能以当地语言为消费者提供商品退换货等服务,让买家体验完善的FBA物流服务。另外,亚马逊在欧洲还拥有极高知名度和上佳的信誉,访问量巨大。海量顾客群也可以帮助卖家在欧洲地区开疆拓土,为卖家的商品带来更高的曝光度,有效地帮助卖家建立品牌知名度。

除了联合账户系统外,亚马逊还在欧洲地区建立了国际商品信息列表(Build International Listings,BIL)。它可以帮助卖家创建与欧洲多个地区同步的商品目录,并享有一键设置定价权。由于欧洲站可以覆盖较多国家(地区)消费者,利用欧洲的假日季节和高峰销售时段,可以增强卖家的业务现金流,保护卖家的商品销量免受其他市场销售淡季的影响,卖家可以获得更多样化的收入。

第四节　澳洲站及其提供的服务

澳大利亚为澳洲主要站点。澳大利亚地处南半球,人口约2569万人。人均GDP位居世界前10位,是全球第12大经济体。澳大利亚城市化率高,居民主要聚集在东部沿海地区。其国内电商环境日趋成熟,市场前景广阔。近年来,电子商务产业增长迅速,2017年销售额突破100亿美元;2018年达到230亿美元,同比增长18.7%。根据《澳洲邮政2018年电商发展白皮书》公布的数据,2018年,澳大利亚个人平均财富排名位居世界第一,超过80%的消费者有跨境电商购物记录。在所有垂直领域的销售中,澳大利亚电商市场表现都十分突出。2018年,所有类别商品的总销售额平均同比增长30%。

中国是澳大利亚最大的贸易伙伴及第一大进口商品来源地。中国卖家可以通过FBA物流服务,解决仓储、配送、客服等后顾之忧。同时,亚马逊澳洲站Prime会员数量也增长迅速,消费潜力巨大。

第五节　中东站及其提供的服务

中东指的是地中海东部、南部到波斯湾沿岸的部分区域,包括除阿富汗外的西亚的大部分与非洲的埃及、地处于俄罗斯边界的高加索地区。包含埃及、突尼斯、摩洛哥、沙特阿拉伯、伊朗、阿联酋、土耳其、以色列等23个国家,面积达1500余万平方千米。

中东地区主要购物网站为Souq和亚马逊美国站点,目前亚马逊已经完成了对Souq的收购。亚马逊中东站已经成为当地非常有影响力的跨境电商平台,它覆盖阿拉伯联合酋长国、沙特阿拉伯、埃及、科威特、阿曼、卡塔尔及巴林等国家。目前拥有7个运营中心,FBS(Fulfillment By Souq)能够快速提供稳定的配送服务,确保在线售出的商品3日内妥投。这7个运营中心位于阿拉伯半岛和北非,覆盖面积约366万平方千米。

　　根据联合国提供的数据,此7国人口共计约1.5亿人,使用阿拉伯语和英语。中国商务部数据也表明,中国是阿联酋和沙特阿拉伯最大的贸易伙伴。这两国从中国主要进口的产品包括机械类、电器电子类、纺织服装类、家居家具类、生活用品类等商品。目前,亚马逊中东站也仅有阿联酋和沙特阿拉伯两个站点对中国卖家开放。

　　中东地区经济发展稳定,人均GDP全球排名靠前。人口年轻化趋势明显。2015年,该地区在线零售额占比仅为2.3%,预计2022年在线零售额在零售总额中的占比将超过10%。预计2020年,该地区电商年复合增长率将超过30%,2022年电商总额将达到480亿美元,互联网电商市场发展潜力巨大。

本章习题

第三章习题

第四章

亚马逊账户注册

【学习目标】 掌握亚马逊账户注册流程。理解亚马逊账户类型各自的特点。了解不同账户类型所需注册条件及资料。

【重点难点】 亚马逊账户注册流程。

☞亚马逊卖家入驻北美站点的注册流程

在亚马逊的不同站点注册新账户时,不同的账户类型都需要依据各站点的规则,预先充分准备所需提交的资料,正确选择销售商品的分类,真实填写销售计划、商品信息、联系方式等。但需留意各站点的注册流程及特殊要求的不同之处。本章以亚马逊美国站点为例,介绍亚马逊账户注册及开店方法。

第一节 亚马逊账户类型

无论是公司还是个人,都可以通过亚马逊卖家后台注册开店销售产品。以公司名义与以个人名义开设的账户虽注册方式不同,但是在流量、商品上架数量、商品审核要求等各项权限方面均无区别。二者的主要区别在于费用结构和功能使用权限上。以亚马逊美国站点注册为例,账户类型包括两种,即个人销售计划账户(Individual)和专业销售计划账户(Professional),表4-1列举了亚马逊对二者的收费标准。

表4-1　注册亚马逊美国站点的收费标准

账号类型	个人销售计划(Individual)	专业销售计划(Professional)
注册主体	个人/公司	个人/公司
月租金	免费	39.99美元/月
按件收费	0.99美元/件	免费
销售佣金	根据不同品类亚马逊收取不同比例的佣金,一般为8%~15%	
功能区别	单一上传,无数据报告	单一上传/批量上传,可下载数据报告

个人销售计划账户在实际运营中不收取店铺月租金,而是依据产品数量按件收取费用,每发布一件产品信息收取0.99美元。在使用功能方面,该账户内商品只能单个上传,没有批量操作的功能,没有订单数据报告,也不能使用站内的各项促销工具。而专业销售账户是按月支付租金,可以单一上传产品或批量操作店铺的产品和订单,也可以下载数据报告等信息文档。

以上两种账户类型并不是固定的,可自行切换,相互转化。注册为个人销售计划账户之后可以在后台自助升级为专业销售计划账户;反之,注册时为专业销售计划账户的用户,后续也可降级为个人销售计划账户。因此,即使没有公司资质,也可以在亚马逊上申请专业销售计划账户。

第二节　不同账户类型所需资料要求

注册成为亚马逊卖家之前,需要提前准备好一些资料,而个人销售计划账户类型与专业销售计划账户类型需要准备的资料不完全相同。

一、个人销售计划账户注册条件及资料要求

(一)身份证

这是指中国卖家在亚马逊平台注册需出具有效期内的身份证件,姓名与卖家注册的亚马逊账户上的姓名应完全匹配。注册时要求提供图片完整清晰可读的身份证正反两面的彩色照片或扫描件。

(二)信用卡对账单、银行对账单或费用账单

信用卡对账单或银行对账单必须为银行出具的有效单据,费用账单必须是公共事业单位出具的水费、电费或燃气费账单。账单上的姓名必须和身份证上的姓名一致,开单日期必须是在注册之前90天以内,注册提交资料时可以隐藏单据的货币金额,但要求文档、图片必须保持完整且单据上的信息清晰可见。另外,如果材料有多个副本,需合并到一个文档中进行上传。

二、专业销售计划账户注册条件及资料要求

(一)身份证

这是指中国卖家在亚马逊平台注册时需出具的有效期内身份证件,且姓名与营业执照上法定代表人的姓名应一致。注册时需要提供完整清晰可读的正反两面的彩色照片或扫描电子文档,不接受黑白复印件。

(二)营业执照

营业执照是指中国卖家在亚马逊平台注册时需出具的公司营业证件,营业执照有不同的形式,可以是中国内地公司的营业执照,可以是中国香港公司的公司注册证明书和商业登记条例,也可以是中国台湾公司的有限公司设立登记表、股份有限公司设立登记表、有限公司变更登记表、股份有限公司变更登记表等。营业执照有期限要求,中国内地营业执照应为过期日期前60天,香港商业登记条例应为过期日期前45天。注册时需提供彩色照片或扫描件电子文档,图片必须完整、清晰、可读,不接受黑白复印件。

(三)注册时的注意事项

(1)重要信息提交后便无法更改,选择错误可能导致验证失败。例如,香港地区卖家请在公司所在国家/地区选择"香港",拥有营业执照的公司卖家务必选择"我是公司卖家"。

(2)卖家输入的信息(如法人姓名、身份证号等)务必与提交的文件中的信息相符。

(3)多页文件(如身份证正反两面)需合并到一个文档中进行上传。

(4)扫描件或照片必须保持所有信息清晰可读,不接受屏幕截图和黑白复印件。

第三节　亚马逊北美站点账户注册流程详解

一、注册前的准备工作

在北美站点注册前需进行产品自查,确认所销售的商品没有使用其他品牌的名称和标志,没有使用侵犯知识产权的图案。为了确保存在一定安全风险的产品能够符合市场广泛接受的监管标准,北美站还有一项受限商品政策。卖家可能被要求提交特定产品的生产、经营等相应资质,通过亚马逊平台审核后方可开始销售。因此,卖家为了避免影响产品的上线时间,需提前查看需要提交产品资质的产品明细及具体要求。

此外,卖家要确保公司的电子邮箱地址正确无误;确保电话号码准确无误,并在注册期间保持畅

通;公司卖家还需要准备好法定代表人身份证和营业执照;准备好Visa/Master Card等国际信用卡用于扣除月租金,以及境外银行账户用于收款;提前准备好UPC(Universal Product Code,通用产品代码)或EAN(European Artical Number,通用商品条码),若没有UPC码可到UPC官网购买。

二、注册流程

(一)创建账户

在注册过程中,所有信息需使用拼音或者英文填写。访问亚马逊卖家后台网址,点击"立即在北美站开店"即可进入创建账户页面。在图4-1显示的页面中填写姓名、邮箱地址、密码等信息。

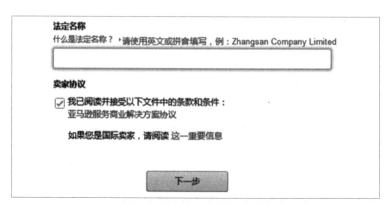

图4-1　北美站创建账户页面

(二)填写法定名称

使用英文或拼音填写法定名称,例如,Zhangsan Company Limited。

阅读《亚马逊服务商业解决方案协议》,并勾选"我已阅读并接受以下文件中的条款和条件",如图4-2所示。

图4-2　北美站填写法定名称及勾选支持卖家协议

(三)填写卖家信息

填写地址、展示给消费者的卖家名称、联系方式,并通过电话/短信认证验证码,如图4-3所示。

正常情况下,亚马逊后台系统会自动给卖家拨打认证电话,此时,卖家接听电话,随后把电脑中显示的4位数字输入手机进行验证。若验证码一致,即认证成功。需注意的是:当系统验证出错时,需尝试用其他语言进行验证或者短信验证,若三次验证不成功则需等候1个小时后方可重新尝试验证。

图4-3　北美站卖家信息填写页面

(四)填写信用卡信息

填写信用卡卡号、有效期、持卡人姓名、账单地址,设置信用卡信息,如图4-4所示。

信用卡需使用可以支付美元的双币信用卡或Visa、Master Card;信用卡持卡人与账户注册人无须为同一人;公司账户亦可使用个人信用卡,但需确认默认地址信息是否与信用卡账单地址相同,如不同,需使用英文或者拼音填写地址。正确填写信息后,系统会尝试对该信用卡进行预授权以验证该信用卡是否尚有信用额度,持卡人会收到发卡行的预授权提醒。另外,在注册完成后和账户运营过程中,可随时更换信用卡信息。如账单地址与上一步所填写的公司地址不一致,则可以点击"添加不同的账单地址"进行更新,新增地址必须与信用卡实际账单地址保持一致。

如果收到系统发来的邮件通知,告知卖家账户中注册的信用卡信息无效,此时需检查及确认以下信息:账单地址与信用卡对账单中的账单地址是否完全相同;与开户银行核实,确认信用卡尚未过期,具有充足的信用额度,且对被拒金额的网上扣款无任何限制。

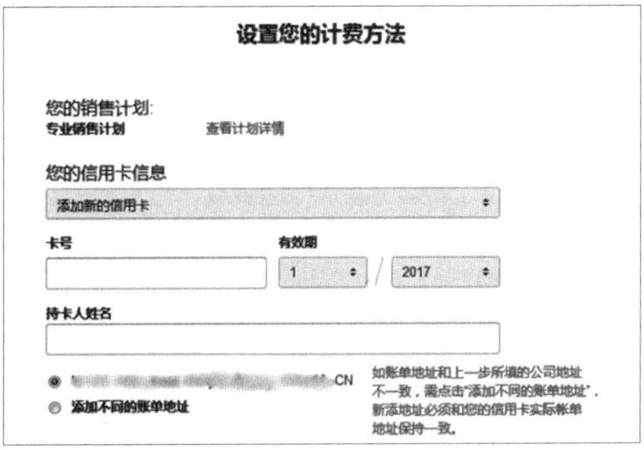

图4-4　北美站设置计费方法页面

接下来是设置存款方式,需要填写银行存款账户信息,具体步骤为:(1)使用"亚马逊全球收款",用人民币接收全球付款并直接存入境内银行账户。(2)使用境外的有效银行账户,用当地货币接收亚马逊销售款。(3)使用参加"支付服务商计划"的支付服务商提供的银行账户。如图4-5所示。

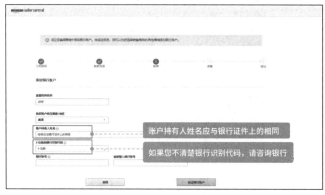

图4-5　北美站设置存款方式页面

(五)纳税审核

美国纳税审核是一个自助的审核过程,它将指导卖家输入其身份信息,以确认卖家的账户是否需要缴纳美国相关税费。大部分身份信息会从卖家之前填写的信息中提取出来预先填入,为了尽可能高效地满足美国税务部门的要求,卖家在审核过程中需确保回答所有问题并输入所需的所有信息。中国卖家也必须完成此审核流程才可完成注册流程。

点击图4-6中的"开始税务调查"按钮,进入税务身份验证环节。

图4-6　北美站开始税务调查页面

在该环节中,首先需要确认公司或个人非美国身份,如图4-7所示。如果是在中国大陆、香港、台湾地区注册的公司或个人,选择"否",之后点击"保存并继续"。

图4-7　在北美站确认是否为美国人

接下来进入"税务信息调查"环节。卖家需要根据注册主体的性质选择受益所有人类型,一般选择的类型为"公司"或"个人"。此外,选项中还有"委托人信托""财产""政府""国际组织""央行发行""免税组织"等,如图4-8所示。本页面中"组织名称"一栏与"受益所有人类型"一栏有一定的直接联系,若受益所有人为"有限责任公司",则在填制此栏时需要填写公司注册证书中显示的公司名称。若受益所有人为其他类型,则这两个栏目也需一致,比如受益所有人类型属于"简单信托"、"委托人信托"或"复合信托"等信托公司,则"组织名称"中填写的公司名称须与信托书上显示的名称一致。

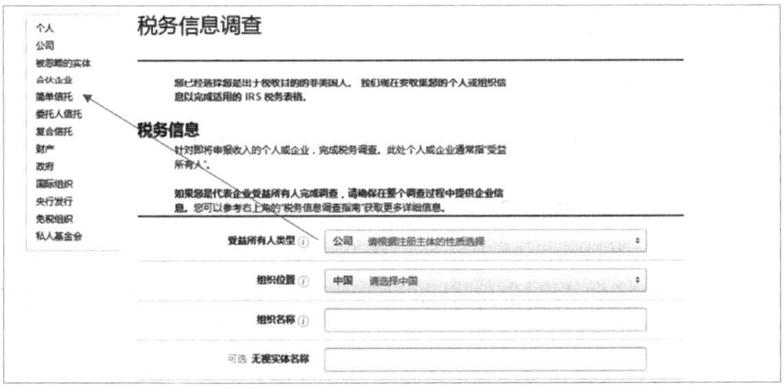

图4-8　北美站税务信息调查页面

在图4-9中填写永久地址。永久地址是指卖家声明为所得税居民的地址。如果之前已经向美国国税局(Internal Revenue Service,IRS)提供过地址,则需使用申报过的地址,不可填写邮政信箱或转寄地址。

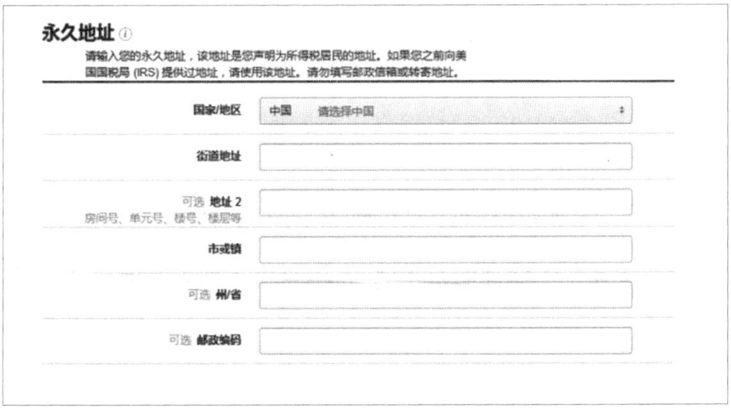

图4-9　北美站填写永久地址页面

如果是公司账户类型,则接下来需确认公司的邮寄地址,如图4-10所示。

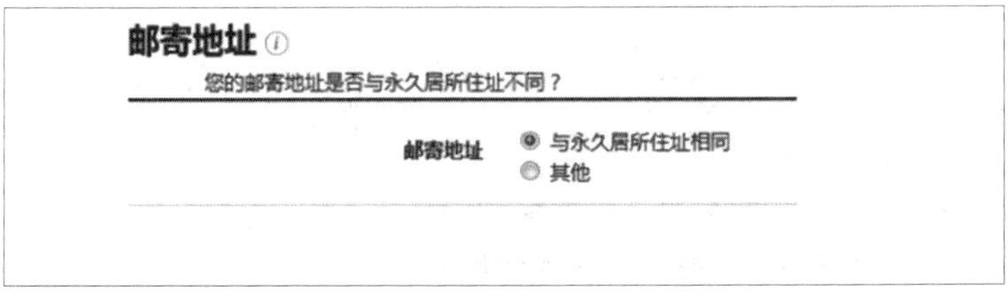

图4-10　北美站确认邮寄地址页面

如果是个人卖家账户,在确认邮寄地址后,卖家还需确认不会出现图4-11提到的其中的任何一项。

图4-11 北美站验证卖家账户为个人的页面

接下来进入W-8申请表,可扫描二维码查看。这张表格是检阅页面,是用以检查纳税人身份的表格,卖家需确认"Part I Identification of Beneficial Owner"中部分有关账户受益人的栏目所填写的信息是否准确,任何字段有误将会返回上一页重新修改而更新信息。如信息经检阅后无误,则点击"保存并继续"按钮。

W-8申请表可以通过电子签名或纸质签名两种方式进行签署,通常卖家会选择电子签名方式。此时只要在页面中选择"我同意提供我的电子签名",点击"提交"按钮即可,如图4-12所示。

☞W-8申请表

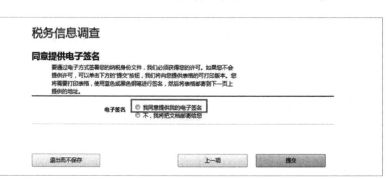

图4-12 北美站同意提供电子签名页面

电子签名需要卖家本人做出法律证明及承诺,接下来进入图4-13所示的页面,注意需要勾选页面上所有栏目前的复选框。

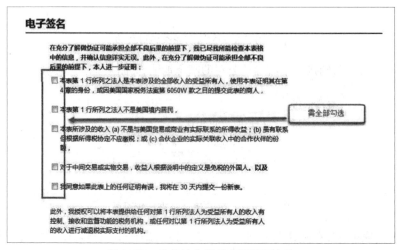

图4-13 北美站电子签名证明函(1)

在勾选栏目的下方填写"授权为受益所有人签署的个人签名",以拼音或英文形式输入卖家的姓名;"日期"是由系统自动生成的,不必填写;正确填写好电子邮件地址。各栏目填写完毕后,勾选"兹证明我有能力代表此表第一行中显示的实体签字",点击"提交",如图4-14所示。

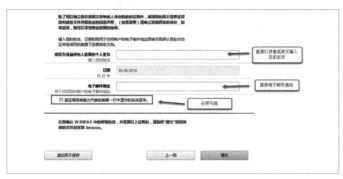

图4-14 北美站电子签名证明函(2)

提交后进入北美站认证栏目页面。在此页面上直接点击"退出调查",结束审核。如果卖家不同意电子签名,则需将本表格打印出纸质版本,在"Part Ⅱ Certification"认证栏目下方的"Sign Here"栏目中手写签署姓名。

(六)回答亚马逊对商品信息的提问

亚马逊会列举一些问题请卖家回答,卖家可以借此了解自身的产品性质和开始销售时计划的数量等,亚马逊也会询问商品的分类信息,如图4-15所示。基于这些信息,亚马逊平台会推荐适合卖家账户的相关工具和信息。

图4-15 北美站选择商品分类页面

亚马逊平台会根据卖家在上一步所选择的内容,指导卖家熟悉上架之前的操作步骤,其中包括商品编码、分类审核、品牌注册、商品上传、图片要求等信息,助力卖家顺利完成商品上架。

(七)注册完成

完成上述步骤后,亚马逊北美站点账户注册已完成,卖家可立即进入后台进行管理,如图4-16所示。卖家可以点击右上角的搜索/帮助按钮,查找所有关于亚马逊北美站卖家运营的信息。亚马逊同时为卖家准备了帮助账户销售成功的培训材料,鼓励卖家学习了解。同时,卖家还可以通过卖家平台的帮助按钮,联系亚马逊卖家支持团队,咨询相关问题。

图4-16　亚马逊卖家后台页面

在注册完成后的5个工作日内,卖家需要点击以下链接,提交卖家资质审核的文件:https://sellercentral.amazon.com/hz/approvalrequest/register。

本章习题

第四章习题

第五章

亚马逊(网站)页面介绍

【学习目标】 掌握亚马逊买家和卖家视角下的主页面功能及使用方法。

理解亚马逊可为买家和卖家提供的各项服务及其法律意义。

了解亚马逊美国站点特有的页面功能。

【重点难点】 亚马逊卖家主页面下的各项操作和运用。

亚马逊页面在不同站点不大相同,面对买家视角的页面与功能也不完全相同,但卖家后台除了中东和印度站点略有不同外,在其他站点都保持一致。本章以美国站点为例,介绍买家查看、选择、支付、购买商品的方法及步骤,以及卖家后台的各项功能及服务。

第一节　买家视角

一、亚马逊站点页面介绍(以美国站点amazon.com为例)

(一)消费者选择商品的方法

消费者可以在亚马逊首页(http://www.amazon.com)的搜索框中,输入搜索词组来查找商品,如图5-1所示。

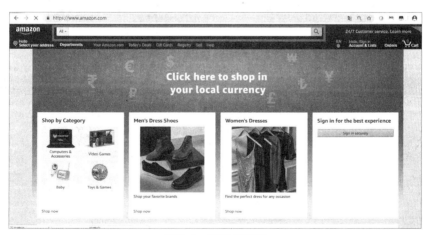

图5-1　商品搜索框

消费者也可以在搜索框下面的"Departments"栏目中进行分类筛选,根据产品的具体分类进行查找,如图5-2所示。商品分类栏目项下包括"Digital Music""Beauty&Personal Care""Computers"等27类商品。

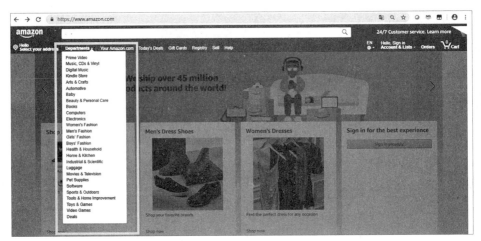

图5-2　具体的产品分类

消费者还可以根据自身兴趣,通过点击广告位置来查找相关产品。亚马逊广告产品有视频广告、亚马逊DSP(Demand Side Platform,主动型展示广告)、音频广告、展示型推广、商品推广、品牌推广和定制广告解决方案等(部分如图5-3和图5-4所示)。

图5-3　展示类广告

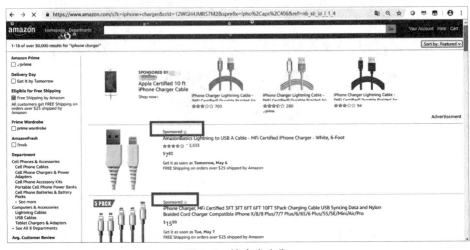

图5-4　搜索类广告

(二)消费者购买商品的具体步骤

消费者选择好想要购买的商品后,进入购买流程,正确选购,设置配送地址和配送方式,完成货款的支付并选择账单地址等。下面分步骤详细介绍购物方式。

1. 选择商品

点击需要购买的商品,选择具体的颜色、尺码、风格,点击"Add to Cart"或"Buy Now"购买商品,如图5-5所示。

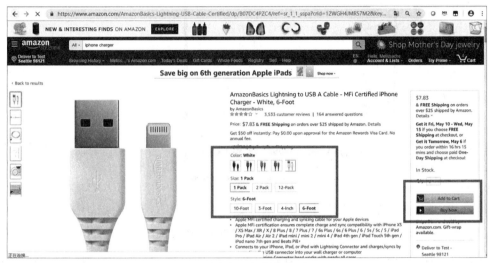

图5-5　选购商品

2. 选择配送方式

可以选择配送上门或者到自提点自提两种方式。其中,配送上门方式是通过快递、物流的包裹形式递送给买家;自提方式是亚马逊在不同的国家或地区设立自提站点,对应不同的区域为买家提供自提服务。若选择配送上门,则消费者需编辑订单配送地址,如图5-6所示。其中,需填写的栏目包括收件人(Full name)、具体地址(Address line1,Address line2)、所在城市(City)、国家/省/地区(State/Province/Region)、邮政编码(ZIP)、订单预计配送国家或地区(Country/Region)、电话号码(Phone number)。配送国家(地区)除美国外,部分商品还支持配送到其他国家(地区),如图5-7所示。

图5-6　编辑订单配送地址

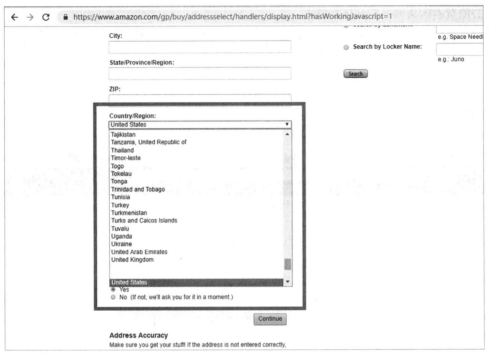

图5-7　选择配送国家或地区

为了更准确地找到配送地址,消费者还可以在"Add delivery instructions"栏目下填写附加的地址,同时也可以设置安全编码,如图5-8所示。有些配送地址需要设置安全编码方可进入指定的地址,例如写字楼的门禁等,在此情况下可以添加到图5-8"Do we need a security code or a call box number to access this building?"这个栏目下的填写框中。

图5-8　添加交货说明

消费者可以选择订单配送的时间,如图5-9所示,可以直接选择周六或周日配送,如果不勾选,则默认工作日配送包裹。

图5-9　选择配送时间

亚马逊的订单除了可以送货上门外,消费者也可以选择一个距离较近或路程比较方便的亚马逊提货地点,自行提取包裹。消费者在设置时需填写以下栏目:地址(Address)、邮政编码(Zip Code)、地标(Landmark)及储物柜的名称(Locker Name),如图5-10所示。

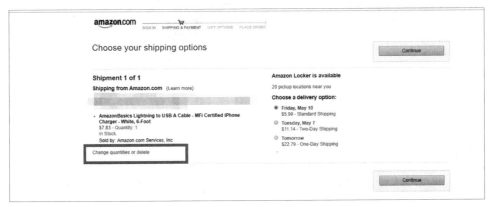

图5-10　自行提取包裹的信息栏目

特别地,买家购买商品的数量可以在结算前再次修改,因此在选择配送方式时,还可以点击"Change quantities or delete",针对购物车内的商品数量进行重新编辑或者删减,如图5-11所示。

图5-11　编辑或删减订单数量

并且,亚马逊也会再次推荐,离消费者提交订单的地址比较近的自提点,再次让消费者选择是否需要自行提取包裹,如图5-12中画框标记的信息"20 pickup locations near you",向顾客提示附近有20个自提点。

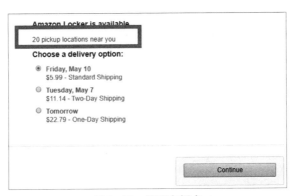

图5-12　设置自提点

确定好商品数量信息或不需要自提后,在"Choose a delivery option"项下选择需要的配送标准。配送标准包括3种:标准配送(Standard Shipping)、两日达(Two-Day Shipping)和隔日达(One-Day Shipping)。不同的配送标准,会对应不同的配送运费标准,通常情况下,速度越快,消费者的运费成本越高。顾客选择好配送标准后,点击"Continue"即可。

3. 选择支付方式

消费者第一次通过亚马逊购物时,需要绑定一张符合亚马逊要求的信用卡才能支付订单。点击图 5-13 中的"Add a Card",之后进入填写银行卡信息的页面。

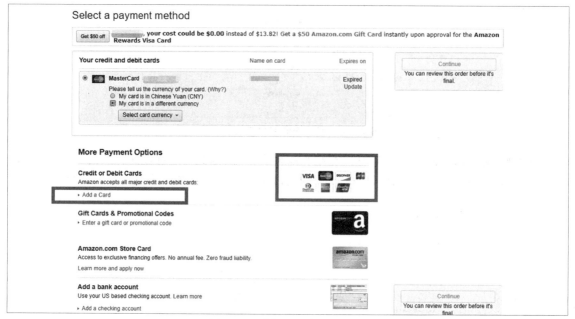

图 5-13　选择信用卡支付方式

进入图 5-14 所示页面,需填写消费者所使用的银行卡上面的姓名(Name on card),银行卡号(Card number)和过期时间(Expiration date),填写完成后点击"Add your card",银行卡添加成功。

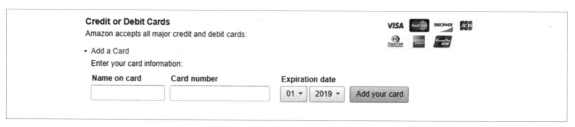

图 5-14　填写银行卡信息

如果消费者拥有有效的礼品卡(Gift Card)或者促销编码(Promotional Codes),填写到对应框中即可,如图 5-15 所示。

图 5-15　录入礼品卡或促销编码页面

如果消费者持有美国银行的储蓄(支票)账户,则可点击"Add a checking account",增加一个支票账户,如图 5-16 所示。其中,具体的信息包括账户名称(Name on Account)、银行代码(Bank Routing Number)、支票账户的账号(Checking Account Number)等栏目。点击"Add this checking account"之后,就成功绑定了此支票账户。

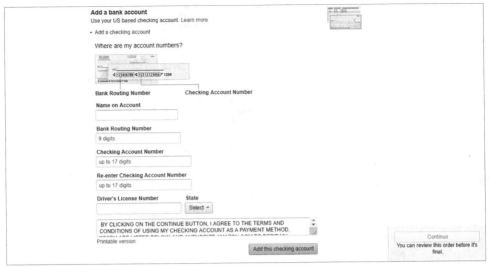

图5-16 录入美国银行的储蓄(支票)账户信息

4. 选择订单地址

消费者可以直接使用第二步中设置的订单收货地址,或者也可以重新添加新的订单地址,并点击"Use this address",如图5-17所示。

图5-17 选择账单地址

5. 会员推荐

根据消费者的注册信息,亚马逊会对一些客户进行会员推荐。以学生为例,学生在提交.edu后缀的邮箱并选择具体的学历后,亚马逊会提供相应的会员推荐,如图5-18所示。

图5-18 建议学生加入会员的页面

同时,会列明加入会员(Prime会员)的优惠政策,如图5-19所示,"After your trial, Prime Student is only $6.49/month,50% off Prime"等。

图 5-19　学生加入会员可享优惠

如果消费者不需要优惠政策或者不符合要求，则点击"No Thanks"，如图 5-20 所示。

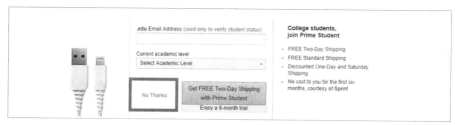

图 5-20　不加入会员的选项

6. 预览并确认订单信息

预览订单（Review your order），再次确认订单的配送地址、支付方式、购买产品及数量。若订单信息有误或者有需要修改的地方，可以点击"Change"进行编辑。订单信息确认完成后，点击"Place your order in CNY"（不同的国家或地区的银行卡、币种有差异，所以此处提示的币种也会有所不同），至此，消费者完成商品购买流程，如图 5-21 所示。

图 5-21　预览订单

第二节　卖家视角

卖家视角以美国站点卖家后台 Seller Central 为例。

一、卖家后台主页面介绍

截至 2019 年 5 月，在全球范围内除了中东和印度站点外，亚马逊卖家后台保持

☞卖家行为准则

一致的风格和设计,其中,印度站点暂时只支持英文页面,中东站暂时还是使用Souq的卖家后台,而其他的主要站点(欧洲5国、美国、日本等)可以完成不同语言的切换。以美国站点卖家后台为例,当卖家提交账户资质并审核通过后,再一次登录账号以后就可以看到卖家后台页面,后台页面主要有功能导航栏、"您的订单"、"绩效"、"卖家论坛"、通知及新闻、"亚马逊销售指导"、"Amazon Business"、"付款一览"、"管理您的问题日志"、"销售业绩一览"、"在全球发布"、"获取支持"、政策和协议、快捷导航栏等,如图5-22所示。

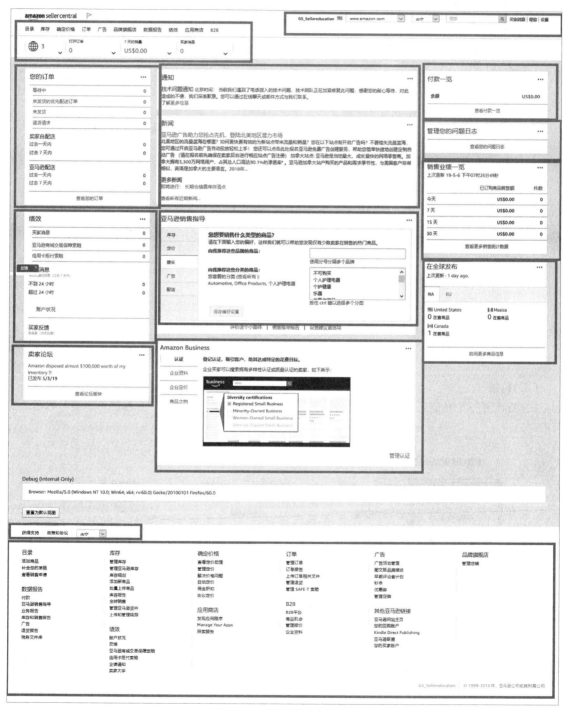

图5-22 卖家后台主页面

二、卖家后台导航栏主页面介绍

卖家进入亚马逊后台之后，页面最上方有卖家常用的功能导航栏，如图5-23所示。该栏目包括"目录""库存""确定价格""订单""广告""品牌旗舰店""数据报告""绩效""应用商店""B2B"。下面逐项介绍各个栏目。

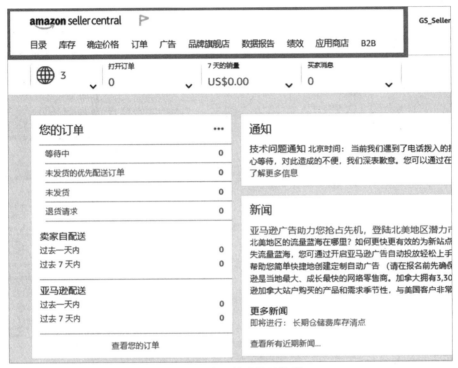

图5-23　常用的功能导航栏

（一）目录

该栏目下有3个功能可提供给卖家使用，即"添加商品""补全您的草稿""查看销售申请"，如图5-24所示。

图5-24　目录功能

卖家点击"添加商品"可进入卖家上传新商品的页面。在此页面中，卖家可以选择"我要添加未在亚马逊上销售的新产品""我正在上传文件来添加多个商品"，具体上传产品操作在后面章节会具体阐述。

卖家在提交商品信息时，如果信息不符合有效数据要求，那么该信息就会直接存储为草稿，点击目录下"补全您的草稿"，可以看到所有存在问题的商品草稿，问题主要包括"缺失信息""无效信息"

"匹配冲突"3个类型,如图5-25所示。卖家可以通过"补全您的草稿"页面查看和批量式处理这些商品信息,单个或批量编辑草稿中不符合要求的数据。在进行单个商品的数据修改时,可点击需补充完整的商品栏目中最右侧的"编辑草稿",如图5-26所示,之后页面会直接跳转到对应单个商品的详细页面,根据提示将信息补充完整,在保存之后就可以成功发布商品了,如图5-27所示。在进行批量操作时,可点击图5-26所示页面中的"对10件选定商品进行批量操作"按钮进行批量操作。

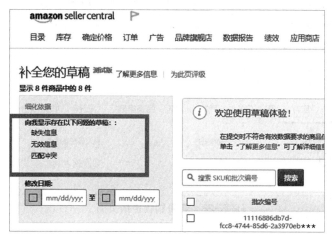

图5-25　补全草稿主页面(1)

图5-26　补全草稿主页面(2)

图5-27　编辑草稿页面

卖家在亚马逊添加的商品具有特殊性时,需先判定该商品是否允许销售。部分商品需在上架前先提交申请,经批准后方可销售。如果卖家想申请和注册商品特殊的分类、品牌、子类和 ASIN (Amazon Standard Identification Number,亚马逊商品编码),则需留意亚马逊对卖家所销售产品的严格的品牌、产品分类及具体商品的限制,这些限制不是一成不变的,需要卖家在销售前了解、掌握亚马逊是否可以销售相关商品,是否需要提前提交申请才能进行销售。点击图5-28"目录"中的"查看销售申请",进入图5-29所示栏目"销售申请状态",卖家可以随时提交申请,并查看销售申请状态是正在审核中还是已获得批准,方便卖家了解申请进度。如果一次申请未通过,亚马逊允许再次申请,因为申请状态会随着卖家资质及亚马逊的政策变化而变化。

图5-28　查看销售申请页面

图5-29　销售申请页面

小贴士　ASIN

ASIN(Amazon Standard Identification Number),亚马逊商品编码,是亚马逊自动生成的商品编号,不是卖家依据所需而自行设计添加入库的,与 SKU(Stock Keeping Unit,库存单位)的编写规则不同。ASIN 在亚马逊平台上具有唯一性,若卖家所售商品在亚马逊商品记录中已有,则在所售商品详情页面中的"Product Details""Product Information"栏目中显示同样的 ASIN。若卖家所售商品在商品记录中未查到,则需要自己创建新的 ASIN 编码。但卖家可自创的编码数量也有一定限制,商品销量越多,亚马逊越支持编码的创建;反之,卖家会失去创建新的 ASIN 的权利。

自创编码也不可以与已有商品编码重复,卖家可以在创建前先确保是否已有同样商品信息入库,这在平台前端和卖家店铺后台都可以使用 ASIN 来查询。这样可以避免因此导致的 ASIN 创建权限或产品销售权限被暂停或永久撤销。

(二)库存

库存栏目包括"管理库存""管理亚马逊库存""库存规划""添加新商品""批量上传商品""库存报告""全球销售""管理亚马逊货件""上传和管理视频",以下重点介绍"管理库存""管理亚马逊库存""库存规划""库存报告""全球销售",如图 5-30 所示。

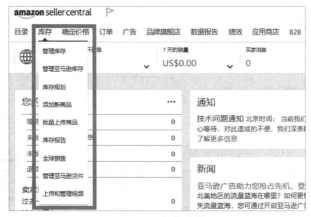

图 5-30　库存功能

1. 管理库存

"管理库存"是为卖家提供搜索、查看、更新库存商品相关信息的工具。卖家点击"管理库存",可以查看卖家已经上传的所有商品的商品状态,其中状态包括"可售""不可售(缺货)""停售"及"禁止显示",如图 5-31 所示。除了卖家自己操作正常可售、停售的商品之外,不可售及禁止显示的商品都需要卖家重点关注,查看原因并及时解决,否则这类商品在前台将不能被消费者购买。除了"状态"栏目外,"图片"栏目可以让卖家清楚地看到商品的主图是否被有效地展示。有效展示的图片可以在这个位置查看到缩略图,如果图片为灰白色并且图片上显示"No image available",可能会影响对应商品的销售权限,因此,卖家需要及时上传符合要求的图片才可以正常销售。

在图 5-31 中框选区域的第三列所显示的是商品的"SKU 状况",SKU 英文全称为 Stock Keeping Unit,是库存进出计量的基本单位,也是卖家对所售商品所做的编号管理。若卖家未编撰填写,则由亚马逊自动生成。所售每款商品都需设置一个 SKU,若同款商品有不同规格、不同颜色、不同型号等,则可设置多个 SKU。例如,同款服装中不同尺码和不同颜色都需不同的 SKU 编码,若服装尺码包括 XS、S、M、L、XL、XXL6 种,颜色有白、红、蓝 3 种,则 SKU 编码会有 18 个。

图 5-31　管理库存页面(1)

在"管理库存"页面,可以查看创建的具体时间及是否有可售库存。如果是卖家自己配送的商品,可以直接修改数量;如果商品是由卖家发货到亚马逊仓库,由亚马逊物流进行配送,则卖家将无法修改可售商品的数量。对于已经配送到亚马逊仓库的商品,卖家可以在库存管理中看到预估的亚马逊物流费用预览,如图5-32所示。

除了在上传商品时可以填写价格外,卖家也可以在管理库存页面直接调整价格,通过查看最低价,看到对应商品历史的最低售价金额,以便做价格管理。其中"企业商品价格"要待Amazon Business开通后才会看到。

图5-32　管理库存页面(2)

如果卖家想编辑具体某一个商品的信息,可以直接点击对应商品的"编辑"按钮,进入图5-33所示页面。

图5-33　编辑具体商品信息页面

在"编辑"功能下,除了可以直接到达商品编辑页面外,针对卖家自行配送的商品,点击图5-34中箭头的位置,可以看到下拉菜单中包括"编辑""管理图片""复制到新商品""添加其他状况""转换为'卖家自行配送'""发/补货""设置补货提醒""匹配最低价""创建移除订单""创建多渠道配送订单""打印商品标签""停售商品""删除商品和报价""广告列表"等选项,卖家可以在此选择适合自行配送商品的配送模板。如果使用亚马逊物流,将按照亚马逊物流的费用标准收取费用,后面章节会具体讲解亚马逊物流的收费标准。

图5-34　卖家自行配送模板

　　卖家可以直接点击"管理图片"在编辑页面进行图片编辑,如图5-35所示。如果需要上传与已上传商品大致相同的新商品,则可以点击复制,再编辑个别不同的商品信息栏目,即可完成商品上传,节约卖家时间。需注意的是,亚马逊站点对于商品管理是单一商品页面管理,也就是说,如果是信息完全一致的商品,是无法同时保存在一个卖家账号中的,一定是商品信息有差异,才能同时存在于库存管理中。因此,卖家通过添加产品其他信息,可以直接到编辑页面选择"Offer"选项,对商品价格、SKU、商品状态进行设置,如图5-36所示。

图5-35　选择"Offer"页面

图5-36　"Offer"页面设置

　　如果卖家转化已上传商品的配送模式,可以在"编辑"功能中进行"亚马逊配送"与"卖家自行配送"的转变。同时,通过"匹配最低价"栏目可以制定和调整自售产品的参考最低价。

　　如果卖家遇到商品断货或者不生产的情况,可以"停售商品"或者"删除商品和报价"。这两者的区别是,卖家可以在后期将已停售的商品通过编辑再恢复出售;但如果选择删除商品和报价,那么被删除的商品将无法在亚马逊网站及库存管理中再次找到。因此,卖家可以根据自己的商品需求进行选择。

针对亚马逊物流配送的商品,点击"编辑",可以看到,与卖家自行配送的商品功能基本相同,只是转换方式的名称不同,与卖家自行发货设置转换为"亚马逊配送"类似,卖家也可以通过选择"转换为'卖家自行配送'"来实现由亚马逊配送到"卖家自行配送"的切换,如图5-37所示。

图5-37 亚马逊物流配送模板

如果想发货或者补货到亚马逊,可点击"发/补货",如图5-38所示。

图5-38 发/补货页面

如果卖家想删除在亚马逊库存的商品,包括可售和不可售的,都可以点击"创建移除订单",从而完成商品移除。亚马逊针对移除的商品会收取相应的费用,后面在亚马逊物流章节中会具体介绍。大多数卖家在做跨境电商时,不仅会在亚马逊站点销售,还会在其他跨境电商平台进行销售,如果想用亚马逊物流的库存配送非亚马逊站点的订单,可以选择"创建多渠道配送订单",填写配送地址、订单编号和装箱单等信息,如图5-39所示。在验证每件商品和订购数量之后,确认完成可用的配送选项和预估费用,多渠道配送订单即创建完成,如图5-40所示。

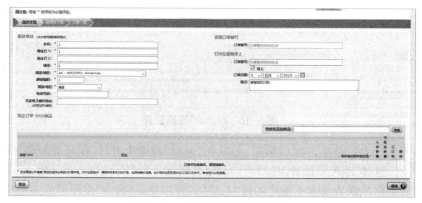

图5-39 创建多渠道配送订单

图 5-40　多渠道配送订单一览

2. 管理亚马逊库存

在图 5-31 所示管理库存页面中,卖家可以看到"配送类型"包括亚马逊配送和卖家自行配送在内的所有配送模式下的库存商品。如果卖家希望能单独管理亚马逊的库存,点击"管理亚马逊库存",就可以进入只有亚马逊物流配送模式的商品页面,如图 5-41 所示。

跟管理库存页面有所差异的是,"亚马逊库存"页面中除卖家管理自己商品库存的 SKU 外,还有一列 FNSKU,这个编码是卖家在使用亚马逊物流时常用的亚马逊物流商品编码,是卖家的商品进入亚马逊库房中很重要的识别编码,用来识别对应的卖家商品。除此之外,卖家通过"管理亚马逊库存",可以查看到所有商品所对应的亚马逊物流的入库数量、已经上架可售的数量、因商品损坏等原因而无法达到亚马逊销售标准的不可售数量,以及预留数量。

其中,"预留数量"栏目中所显示的是订单已生成,但尚未正式出仓派送的货物数量。卖家发送到亚马逊的商品库存会由亚马逊物流根据消费者的需求,进行不同运营中心之间的库存调拨,因此形成了预留数量。预留数量会根据消费者的需求分布随时发生变化,预留商品及可售商品都可以被消费者购买。卖家也可以通过这个功能,确认是否有商品没有成功被亚马逊库房接收,或者已接收较长时间但没有上架。

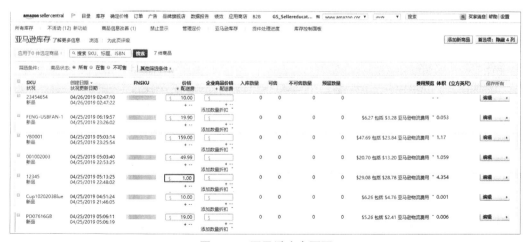

图 5-41　亚马逊库存页面

3. 库存规划

除了管理现有的库存,亚马逊还为卖家提供了库存规划的功能,如图 5-42 所示。库存控制面板可帮助卖家深入了解有关卖家库存绩效的关键指标,可点击"沿页面顶部显示的KPI卡片显示各种关键指标"(Key Performance Indicator,关键绩效指标)、"低库存商品补货卡片显示基于近期销售趋势可能在未来28天内缺货的商品"等选项帮助卖家进行库存管理。

图 5-42　库存控制面板

4. 库存报告

卖家可以根据需求下载不同类型的库存报告,其中,报告类型包括"在售商品报告""非在售商品报告""已售出商品报告"等,如图5-43所示。如果不清楚对应报告所包括的信息,可以先选择报告类型,在所选报告类型的下一行,就可以看到对应报告提供的信息详情,如图5-44所示。

图 5-43　可选库存报告类型

图 5-44　可售商品类型(精简版)的信息

确定好需要的库存报告后,点击"请求报告",则可在"检查报告状态并下载"的位置下方查看所请求的报告记录,如图5-45所示。起初报告状态显示是"已提交请求",待完成后,报告状态将自动跳转到"就绪",卖家点击"下载"后即可拿到对应表格版的库存报告。所下载的报告默认格式是文本格式(TXT),卖家需要打开文件复制到Excel表格中。

图 5-45 报告状态

5. 全球销售

众所周知,亚马逊在全球很多个国家(地区)都有网站,覆盖不同区域的消费者,满足不同消费者的需求,通常亚马逊站点上的卖家,最开始会先从一个或者两个站点注册亚马逊的账户,再慢慢销售到亚马逊的其他站点。借助亚马逊全球开店,卖家可以吸引数以百万计的新买家,可以在北美、欧洲和亚洲的任何商城中发布和销售商品。当卖家做出全球销售的决策时,可以通过"全球销售"栏目,帮助卖家具体实施,如图 5-46 所示。卖家可以通过查看不同区域的站点,看到所有已经销售的站点的"销售摘要""订单""买家消息""卖家状态",并且在页面右侧,可以看到亚马逊提供的销售商品指南、不同站点的商品信息汇总,以及已建立的关联账户。

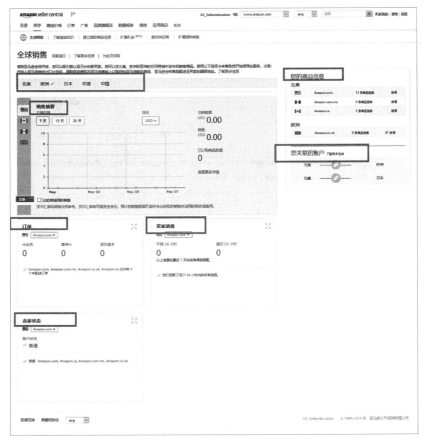

图 5-46 亚马逊全球销售页面

　　亚马逊允许卖家通过已经上线的站点关联销售到其他站点,而对于尚未开始销售的站点,卖家可以先选择注册。以印度站点为例,如图5-47所示,如果已经有印度站点账号,可以直接选择"关联账户";如果尚未注册,可以勾选"创建Amazon.in卖家账户",点击"立即注册"即可。

图5-47　关联印度站点

　　(1)全球销售——了解基本知识

　　如果卖家不了解目标站点的情况,可以通过"全球销售"来了解基础知识,包括不同国家(地区)的"税费和法规""商品资格与合规性""设置您的账户""商品信息与定价""配送",从而对比不同商城的差异,如图5-48所示。

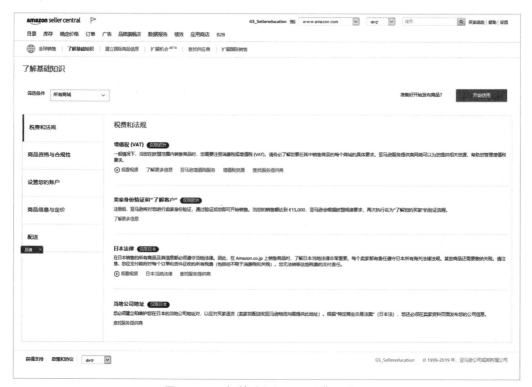

图5-48　了解基础知识——税费和法规

　　(2)全球销售——建立国际商品信息

　　卖家可以通过使用"建立国际商品信息"工具,将已在单个亚马逊商城中上线的商品,创建至其他国家或地区的亚马逊商城中。此工具可以在一个区域内的多个商城中使用,如欧洲和北美,也可以跨越多个区域,只要卖家使用关联账户关联所有商城即可,亚马逊会根据卖家指定的设置及货币汇率将该来源商城中符合条件的商品和价格更新到目标商城中。

同时要注意,使用这个工具可以同时将某来源商城中的商品创建到一个具有相同的ASIN编码的目标商城中,可以根据卖家在来源商城中设置的商品价格和卖家的价格规则,同步目标商城中的商品价格,也可根据目标商城货币的汇率波动定期调整价格。价格可能会每日更新一次,也可能会每周更新一次,但如果价格变化低于1%,则不会体现在这些更新中。当卖家更改来源商城中符合条件的ASIN编码时,在目标商城中会添加或删除相应的商品,提供亚马逊物流与欧洲整合服务的欧洲商城之间会同步更新库存。

但"建立国际商品信息"工具不支持首次创建商品详情页面,不能同步具有状况说明的二手商品信息,不能对北美站各站点之间、不同站点的商城间相关联的亚马逊物流商品同步更新库存,也不能对卖家自配送商品同步更新库存。当商品在来源商城中不可售时,需在目标商城中移除这些商品,并检查商品是否遵守了各个商城的适用法律和法规。对于这些无法实现的功能,卖家可点击全球销售下的"建立国际商品信息"进入设置页面,完成设置,如图5-49所示。建立国际商品信息的步骤如下。

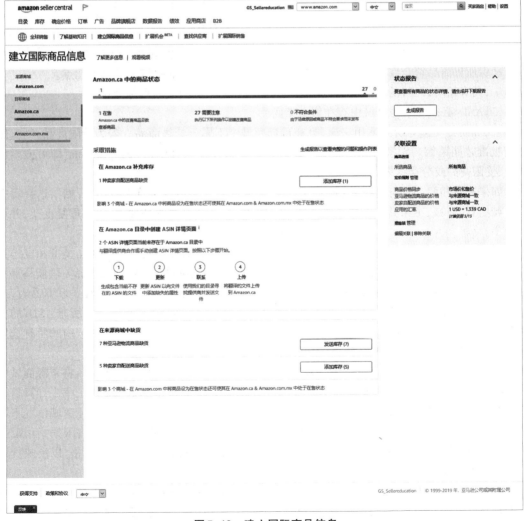

图5-49　建立国际商品信息

①若卖家确定可创建或更新上架商品,则首先需要验证是否符合准许要求。此时要判断卖家是

否拥有联合账户或关联账户,最简单的方法就是点击卖家账户顶部的商城切换器,查看是否会显示其他商城站点,如图5-50所示。如北美站站点 amazon.com、amazon.ca 和 amazon.com.mx,或欧洲站站点 amazon.co.uk、amazon.de、amazon.fr、amazon.it 和 amazon.es。

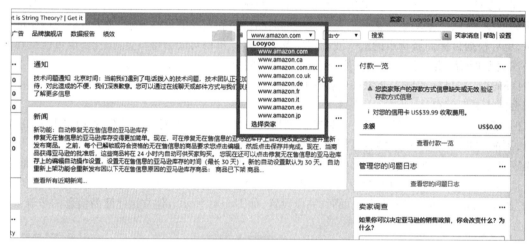

图 5-50　商城站点切换器

②验证完账户后,需验证卖家的上架商品是否符合要求,以便实现商品连接和同步。并且,卖家需负责确保所售商品符合目标商城的所有适用法律要求。本项验证中需注意以下几点。

第一,具有相同ASIN的商品详情页面必须同时存在于来源商城和目标商城。

第二,ASIN必须在来源商城中有在售上架商品。

第三,商品必须遵守所有适用法律,且在目标商城中不属于禁售商品。若为受限商品,则卖家必须得到批准才能销售。卖家可在后台右上角搜索框中直接输入"Prohibited products"即可搜索出禁售商品、受限商品或分类结果。

③如果账号和商品都符合要求,则页面转至"建立国际商品信息工具",点击"开始",选择卖家的来源商城、目标商城、上架商品创建规则,或者创建卖家自己的上架商品列表,以供重复上架,并可使价格同步。

④定义默认商品定价规则。卖家可以借助"建立国际商品信息工具",基于商品类型和配送方式来复制和关联商品。操作时,可以选择关联新品或二手商品等不同的商品类型,选择关联亚马逊物流商品或卖家自行配送商品,也可以选择同时关联这两种配送方式。需注意的是,在关联商品时,必须在来源商城和目标商城中使用相同的配送方式,如果更改目标商城的配送方式,则所有ASIN的关联都将会断开。此后,卖家需要分别更新各个商城中的商品。如果卖家想在同一区域内的所有选定商城中应用相同的设置,可选择按区域应用相同的规则。

那么,如何定义商品价格规则呢?第一个方式是卖家可以选择"商品价格同步",将来源商城中的商品市场价或促销价同步到目标商城。此工具会使用相同的商品价格规则和货币汇率来计算目标商城的市场价和促销价。第二个方式是卖家可以选择为自己的商品定价,为每个目标商城设置不同的商品价格规则和配送方式。如果目标商城的货币与来源商城的货币不同,此工具将根据货币汇率换算商品价格,因此关联来源商城和目标商城之后,需定期更新目标商城中的商品价格,以反映货币汇率的变更情况。商品价格可能会每日更新一次,也可能会每七天更新一次。

⑤检查卖家的设置,等待亚马逊处理连接,查收亚马逊处理完毕后发给卖家的电子邮件。在控制面板上查看卖家的商品状态并查看建立国际商品信息状态报告,更新连接和排除商品。如果想做跨区域连接,可以建立第二个商品来源连接。

以上就是建立国际商品信息的全部步骤,卖家有需要也可以在后台页面右上角的搜索框中随时搜索找到更详细的信息。

(3)全球销售——扩展销售

在全球销售中,卖家通过"全球销售"项目下的"扩展机会",可以查看到更多的全球销售扩展机会,如图5-51所示。

图5-51　全球销售页面

"全球扩张机会"是指在新市场中极有可能销售的产品,在这里可以找到其他亚马逊站点非常畅销的商品及这些商品如何发布的指导建议,如图5-52所示。利用网络信息的强大功能,该项目下所用模型可查看影响需求的各种相关数据,以便生成年度单位范围估算值。随后将对产品进行评估,确保只推荐具有最大发展机会的产品。

图5-52　全球扩张机会页面

以美国站点为例,通过点击"在欧洲销售的分步指南",卖家可以根据提示步骤完成在其他国家(地区)的销售设置,如图5-53所示。

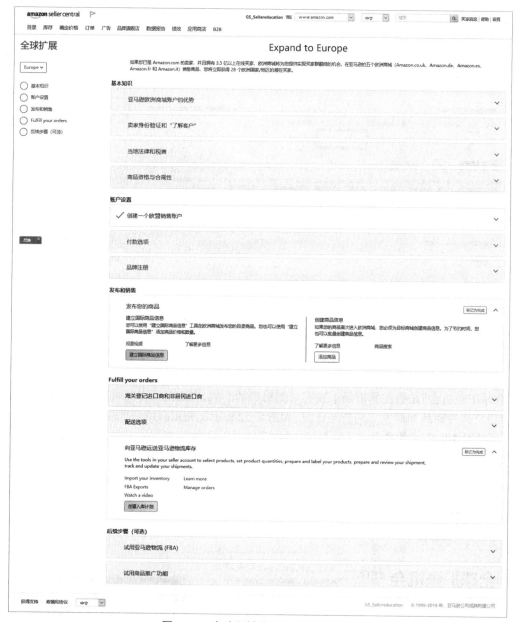

图5-53 在欧洲销售的分步指南页面

(4)全球销售——查找供应商

为了满足卖家全球销售的需求,亚马逊提供了"服务提供商网络"的功能,如图5-54所示。卖家可以根据需求、所处位置和首选语言来选择服务提供商,提交服务申请之后,服务商将利用专业的销售帮助卖家拓展业务。亚马逊为卖家提供亚马逊物流准备、仓储、会计等信息资源,不过只是依情况做出的推荐,并不能明确认可其中所列服务提供商及其提供的服务。如果卖家选择保留服务提供商,卖家将直接与该提供商签约,由其向卖家提供所需服务,而服务提供商可能会以不同的货币或金额向卖家收取费用及任何适用税费。

图5-54　服务提供商网络页面

(5)全球销售——扩展国际销售

如果卖家想创建可在所有亚马逊北美商城中销售的商品,例如 Amazon.com 或者 Amazon.ca,而不用在卖家平台上从一个商城切换到另一个,这也是可以实现的,只需要简单的几步。

首先,选择来源商城、目标商城、商品分类及定价方式,如图5-55所示。通常亚马逊都会为卖家转换货币,卖家可选择按固定百分比或按绝对价值来调整目标商城的商品价格。之后,卖家可以申请将其在来源商城中的商品信息与目标商城中的现有详情页面进行文件匹配,以此获得亚马逊生成的"库存加载"上传数据文件,使用 Microsoft Excel 或选择其他电子表格程序编辑文件,对商品信息进行填充或删改。编辑文档时,卖家可以删除不想出售的商品,以及在目标商城中未得到授权或因为当地语言、商品安全要求等而不能销售的所有商品。对于可售商品,需查看每个商品的商品价格列,按要求编辑信息。编辑结束之后,需把文件保存为制表符分隔的文本格式。

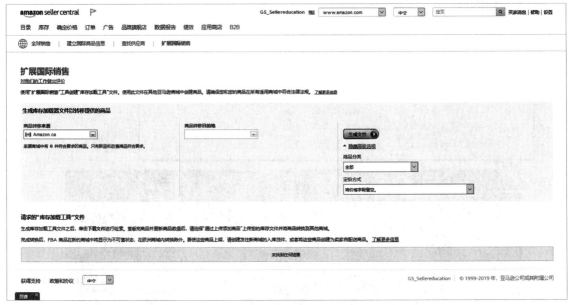

图5-55　扩展国际销售页面

以上是库存功能下的全部内容,卖家可以随时在后台搜索框中搜索更多信息,也可以联系卖家支持团队,获取帮助。

(三)确定价格

作为卖家,价格管理也是经营过程中非常重要的一个环节。为了让卖家更有效地确认和管理价格,卖家后台设有一个专门的功能——"确定价格"。该功能包括"查看定价助理""管理定价""解决价格问题""自动定价""佣金折扣""协议定价",如图5-56所示。

图5-56　确定价格页面

1. 查看定价助理

"查看定价助理"项目下面有"购买按钮赢得率""价格竞争力""销售转化""佣金折扣"等选项,下面将逐项介绍。

(1)购买按钮赢得率

购买按钮赢得率是指买家查看卖家所售商品的详情页面后直接点击购买按钮的订单数量。这一比率可以辅助卖家判断商品是否具备竞争力。当然,消费者常常将商品"加入购物车"后再完成购物,那卖家如何能提高购买按钮获得率呢? 首先卖家要争取价格优势,为商品设置有竞争力的价格是提高商品购买按钮赢得率的方法之一。在图5-57所示页面中可以看到,此项会展示出定价接近推荐商品价格上下浮动在5%以内的商品列表,并根据预计销售潜力排序。卖家可以根据系统推荐价格,为所售商品提供折扣,降低商品价格,以助于提高商品被推荐给买家的概率。或者,卖家也可以在接下来要讲到的"自动定价"中注册自己的SKU,根据推荐商品价格自动更新卖家的商品价格。当然,成为推荐商品还需要满足其他方面的较高标准,如存库量、配送服务和客户服务等。

图5-57　购买按钮赢得率页面

(2)价格竞争力

"价格竞争力"栏目内可显示卖家的商品价格介于购买按钮价格上下10%范围之内的商品数量,是为了让卖家更清楚地将自己所销售的产品价格与其他卖家的定价相比较。在亚马逊共享商品页面中,只有一个购买按钮,如果卖家想提高商品销售量,就要提高价格竞争力,卖家可以关注最具销售潜力但是价格缺少竞争力的商品,在保证商品质量的前提下,尽量降低价格,如图5-58所示。卖家还可以在"自动定价"工具中注册SKU,根据系统推荐的价格来判断是否可以做价格调整,如果需要,则自动更新卖家的商品价格,从而确保卖家保持竞争力。

图5-58　价格竞争力页面

(3)销售转化

"销售转化"栏目按照预估的销售潜力排序,买家需求旺盛的商品显示靠前,如图5-59所示。该栏目可以帮助卖家改善销售转化率。销售转化率指的是潜在顾客选择卖家商品的概率,计算公式为

$$销售转化率 = \frac{订单总数 - 退货订单数}{商品页面总浏览量}$$

卖家根据销售转化率指标可以在亚马逊上查找经营该商品的买家中,有多少比例的买家最终订购了商品。销售转化率会按页面浏览量计算,因此预计销售潜力较高的商品将有更高的转化率。卖家还可以根据系统推荐价格,判断是否需要做价格调整。

图5-59　销售转化页面

(4)佣金折扣

"佣金折扣"是指符合特定条件的商品可获得在商品价格基础上的限时优惠。商品的总售价包含商品价格、运费及礼品包装费,有资格参与费用优惠的物品均有一个基于总售价的折扣价格限额。对于在费用优惠结束之前销售的任何合格商品,如果总售价等于或低于折扣价格限额,卖家将能够收到该商品所列的佣金折扣,如图5-60所示。

图5-60　佣金折扣页面

2. 管理定价

通过"管理定价"页面,卖家可以查看到按照商品列出的"销售排名""销售历史记录(过去30天)""费用预览""价格＋配送费""企业商品价格(＋配送费)""最低价(＋配送费)"及"购买按钮价格(＋配送费)",如图5-61所示。卖家可以通过"管理定价"逐个或批量更新在售商品的价格。

图5-61　管理定价页面

如果卖家想更新商品价格,可以在"管理定价"页面中查找到商品,单击栏目最右侧的"匹配最低价",则"价格＋配送费"所列的商品价格将自动更新,以便匹配低价。之后单击"保存"以保存卖家的新商品价格。

如果卖家的商品因为潜在定价错误而被停售,那么卖家需单击"商品价格警告",为每一停售商品输入最高和最低限制,以确认并更新商品价格。操作时,勾选"价格上限""价格下限"之后可以看到这个栏目,在出现价格超出限制之后就可以出现提醒。也可将最低和最高商品价格列添加至"管理定价"或"管理库存"视图中,如图5-62所示。设置限制时,在对应单元格中输入相应值,并单击"保存"即可完成价格限制设置。

图5-62　设置最低和最高商品价格页面

在管理定价的页面,同时也可以实现对商品的停售,以及删除商品和报价的功能,如图5-63所示。

图5-63　停售、删除商品页面

3. 解决价格问题

点击"解决价格问题",可以跳转到修复价格警告页面,卖家可以很清楚地查看到需要修复的价格提示,如图5-64所示,卖家需根据实际情况来确认是否需要修复。

图5-64　修复价格警告页面

4. 自动定价

通过"自动定价"功能,可以依据市场中同类商品的价格波动来自动调整目录中SKU的价格,减少卖家逐个更改商品价格所耗费的时间。这样可以帮助卖家以更实惠的价格出售商品,提高商品的知名度。

使用时,卖家可查看过去30天内的重新定价记录,并且可以随时更新、暂停或删除规则。点击"自动定价",进入创建步骤页面,如图5-65所示。

图5-65　自动定价页面

（1）创建新定价规则

①创建新定价规则

创建新定价规则包括选择规则类型和填写规则名称。其中,规则类型包括"标准商品价格"下的"有竞争力的购买按钮价格""有竞争力的最低价格""基于销量",以及"企业商品价格",如图5-66所示。卖家的SKU的价格可以低于、等于或高于购买按钮价格或最低报价。当有多个卖家在销售同一商品时,有竞争力的价格规则类型可发挥更好的作用,帮助卖家基于在设定时间段内的销量目标来降低SKU的价格。当卖家想清空多余库存或者基于需求来重新定价时,可基于销量来改变定价。亚马逊企业采购商城卖家（Amazon Business Seller）可以根据其标准商品价格为亚马逊企业采购商城买家提供单级和多级折扣。无论标准商品价格的变化频率如何,企业商品价格规则类型都可确保向企业买家提供的商品价格和折扣随着标准商品价格浮动。需要注意的是,卖家一旦确定规则类型,就不可再次更改。

图5-66　创建新定价规则中的选择规则类型和名称

为了方便在后续规则列表中查找自动定价规则,卖家需要填写规则名称,如图5-67所示。

图 5-67　填写命名规则

②选择商城

卖家在选择商城时，可以一次性选择其中一个或多个商城创建规则。卖家可以选择在所有商城中使用相同的参数，也可以在每个商城中定制规则以满足特定的业务目标。并且，卖家可以随时在多个商城中创建规则或删除现有规则，如图 5-68 所示。

图 5-68　创建新定价规则中的"选择商城"页面

③设置价格规则

进入"定义规则参数"页面，如图 5-69 所示。卖家先选择价格规则，其中包括"始终低于购买价格按钮价格指定金额""匹配购买按钮价格"和"始终高于购买按钮价格指定金额"。之后，填写具体金额，选择报价比较类型，确认是否与亚马逊以外的商品价格进行比较，是否跟随其他网站的价格更新亚马逊的价格。选择"在 Amazon.com 中保存这条规则"，然后再前往下一环节"继续选择 SKU"，如图 5-70 所示。

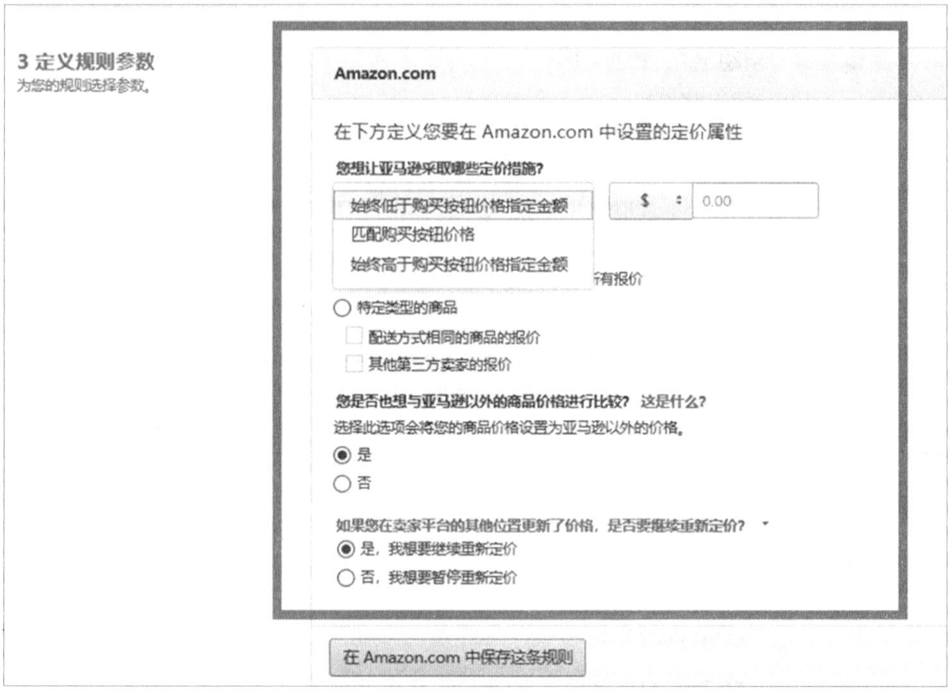

图 5-69　定义规则参数(1)

图 5-70　定义规则参数(2)

卖家可以选择通过商品信息页面一次添加一个商城的SKU,也可以点击图 5-71 中的"通过上传文件来管理SKU"来实现管理所有商城中的SKU。操作时,先下载自动定价文件模板,根据模板中提供的说明,在"自动定价(Auto Price)"文件模板中输入所有详情。填写完成之后,转至"自动定价上传中心"页面上传文件。所上传的文件一经处理,卖家的SKU便应用在卖家刚设置的规则中,自动定价工具会根据卖家输入的规则、最低商品价格和最高商品价格来调整商品价格。这个功能的操作使用也有一些限制,比如自动定价文件支持每次最多上传5000个SKU,每天可上传3次。

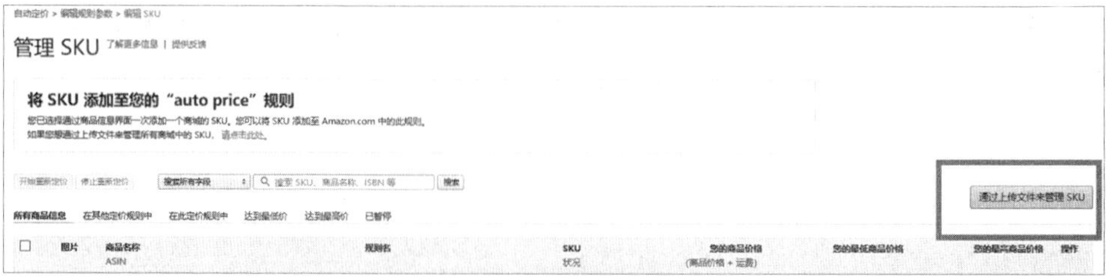

图 5-71　管理SKU

5. 佣金折扣

亚马逊的销售佣金折扣是限时优惠,旨在帮助卖家以具有竞争力的价格发布畅销商品,并以便利的方式配送给买家。卖家可以通过"佣金折扣""定价助理""管理库存""销售指导"页面找到提供的佣金折扣机会。目前亚马逊销售佣金折扣仅面向专业销售计划的卖家,共提供三种类型的销售佣金折扣,具体包括通过提高商品价格的竞争力来获得折扣的"商品价格相关的佣金折扣",通过增加商品的选择获得的"商品选择相关的佣金折扣",以及通过增加 Prime 商品的选择来获得的"Prime 相关的佣金折扣"。下面详细介绍这三种销售佣金折扣。

(1)商品价格相关的佣金折扣

对于某些商品,如果以等于或低于折扣价格上限的价格销售,它们便有可能享受相应的销售佣金折扣。对于在佣金折扣结束之前售出的任何合格商品,如果总售价等于或低于折扣价格上限,将能够获得该商品所列的佣金折扣。其中,总售价是指买家支付的总金额,包括商品价格及所有运费或礼品包装费。

(2)商品选择相关的佣金折扣

有时,亚马逊可能会针对畅销商品或新品提供限时销售佣金折扣。在活动期间,合格商品的每笔销售都会获得佣金折扣,且这些折扣没有定价限制。此处的新品是指在过去 60 日内没有在售商品信息的商品。只有"管理库存"中标为"不可售"的商品或在过去 60 日内库存中没有的商品,才能被视为新品。另外,此处的"报价"可以显示出目前有多少卖家在亚马逊上提供某种商品,点击"报价"数量即会打开新窗口,将显示出所有卖家及其商品价格。

(3)Prime 相关的佣金折扣

通过亚马逊物流和卖家仓储会员(Seller Fulfilled Prime,SFP)来销售的商品,也可以享受限时销售佣金折扣。这些折扣没有定价限制,并且在折扣结束之前,合格商品的每笔销售都会获得佣金折扣。

卖家需要注意的是,每次佣金折扣的持续时间不同。卖家可以通过访问"佣金折扣"页面来查找佣金折扣的结束日期。在折扣期间,买家下单购买任何合格商品,卖家均会获得亚马逊提供的销售佣金折扣。佣金折扣是限时优惠,在超过指定结束日期后,亚马逊将按标准销售佣金收费,同时,亚马逊可能随时更改或取消佣金折扣。如果出现了不感兴趣的佣金折扣机会,卖家可以直接忽略,将拥有佣金折扣的商品隐藏 7 天。待折扣结束后,商品不会自动恢复价格,因此卖家需要再次更新商品价格,以便让原价生效。卖家也可以在佣金折扣页面,下载所有的佣金折扣报告,如图 5-72 所示。

图 5-72 佣金折扣页面

6. 协议定价

协议定价是 Amazon Business 的功能,用于管理卖家与亚马逊企业采购商城买家的协议定价,具体会在后面章节详细讲解。

(四)数据报告

亚马逊为卖家专门提供了不同类型的数据报告,以满足卖家不同的需求,数据报告主要包括"付款""亚马逊销售指导""业务报告""库存和销售报告""广告""退货报告""税务文件库"栏目,如图5-73所示。

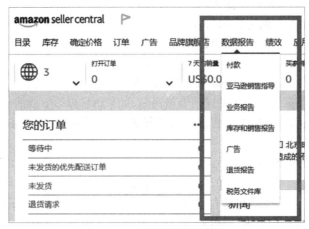

图5-73　数据报告的类型

1. 付款

通过查看付款报告,卖家可以查看账户的付款信息,查看包含起始结余、资金转账的下一个预订日期,以及订单和退款总额的账户汇总,查看特定订单的款项、费用和盘点,下载包含卖家所选日期范围内所有交易的结算报告。如果卖家注册了卖家平台"我要开店"计划和在卖家自己的网站上销售商品的"Checkout by Amazon"计划,那么卖家可以看到两个单独的结算报告。

(1)结算一览

如图5-74所框选的栏目,卖家可以在"结算一览"查看"期初余额",对应结算周期发生的包括订单、退款在内的款项,计算出期末余额,并可以查看预计的转账金额。因为亚马逊的结算是基于订单来计算的,所以卖家可以通过输入具体的订单编号,查看特定订单对应的费用明细。

图5-74　结算一览

（2）交易一览

卖家可以查看自上个结算周期起到前一天结算周期结束的账户交易汇总。交易包括订购、退款或亚马逊启动的款项收取或存入。如图5-75所示，卖家可以使用"查看筛选结果"和"搜索交易"修改交易一览。首先卖家需要选择要显示的交易类型，可选类型包括所有的默认交易类型："订单付款""退款""买家信用卡退款""Liquidations""亚马逊商城交易保障退款""服务费""配送服务""付款至亚马逊""其他"。

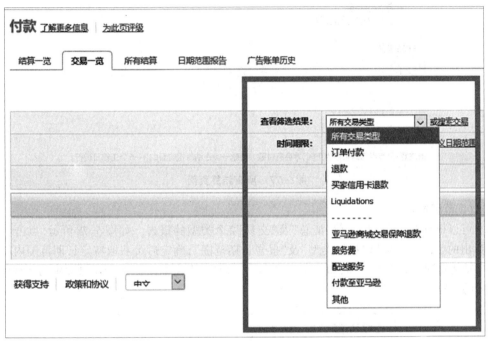

图5-75 交易类型页面

选好了具体的交易类型后，选择"时间期限"，"结算周期"是默认结果，如图5-76所示。其中包含结算周期内的所有交易，超出天数是从预设"天数范围"中选择，"自定义日期范围"是卖家自己选择的日期范围。如要从交易一览页面下载订单和付款信息，可单击"更新"按钮，由此显示的内容还包括未在此页面上直接显示的商品信息和单项商品详情。

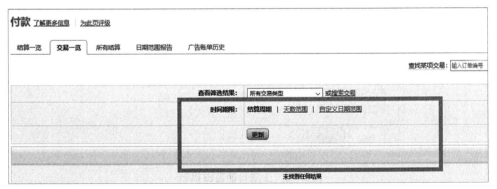

图5-76 交易一览页面

（3）所有结算

通过设置特定的日期范围，可以查看对应范围内的所有结算报告，如图5-77所示。

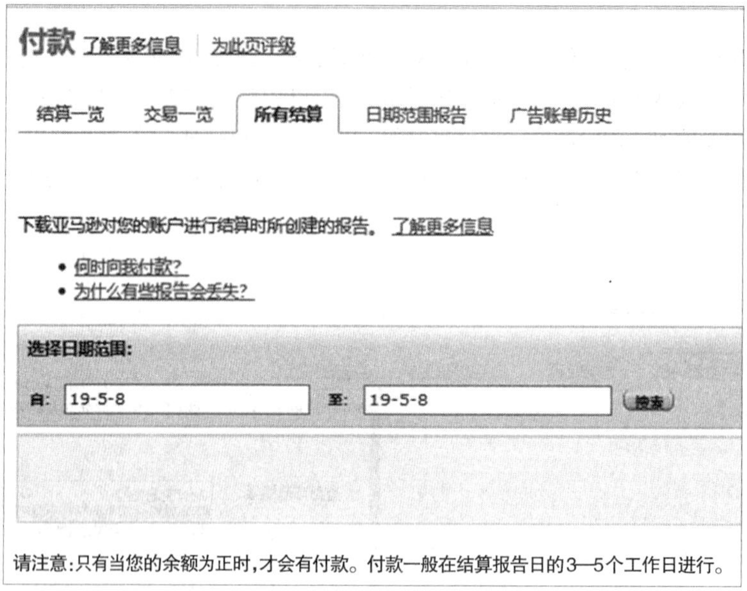

图 5-77　所有结算页面

（4）日期范围报告

卖家可以根据日期范围，下载"汇总"及"交易"2个类型的报告。如图5-78所示，点击"生成报告"，在弹出的小窗口中选择"报告类型"及"报告日期范围"，确定后可获取特定日期范围内的报告。系统会自动跳转到下载报告页面，如图5-79所示。完成后，点击如图5-80所示页面中的下载图标，可下载具体的报告。

图 5-78　生成日期范围报告

图5-79　下载报告页面(1)

图5-80　下载报告页面(2)

(5)广告账单历史

广告账单历史会在接下来专门的广告章节中详细说明讲解。根据广告账单,卖家可以清楚地了解到在对应结算周期内广告的花费,对预算投入有一定的指导作用。

2. 亚马逊销售指导

亚马逊销售指导可以为卖家提供个性化建议,同时还能为卖家提供多种与定制业务进行互动的方式,不过亚马逊销售指导的功能仅适用于专业销售计划账户的卖家。借助亚马逊销售指导,卖家可以定义推荐首选项、在一个位置查看所有电子邮件通信记录、搜索特定推荐、查看筛选后的建议并更新卖家的电子邮件设置,如图5-81所示。

图5-81　销售指导页面

(1)销售指导报告

卖家可以通过销售指导报告功能,按照商品名称、品牌、分类或ASIN来搜索并创建相应的销售指导报告。亚马逊会根据筛选条件,即刻搜索为卖家提供的销售建议,在图5-81所示页面中可以看到,亚马逊"销售指导报告"分为"库存""销售机会""配送""价格建议""广告"。各个建议选项都可显示专门为卖家创建的相关业务建议报告,每日生成一次,卖家可以在每份报告中选出与自己相关的商品和销售建议,以便系统以后提供更贴切的推荐。

在"库存"建议中,卖家可以看到关于缺货或者需要提前补货的低库存商品的信息和建议。在"销售机会"中,可以查看被加入买家心愿单的商品、为卖家销售的品牌添加更多商品、热门且不可用、无货的热门商品、本季热卖等有销售机会的产品。在"配送"和"价格建议"中,亚马逊会针对不同的配送模式为商品销售带来的机会给予建议,同时可以通过调整价格,给出低价建议,以使卖家获得更好的销售机会的报告。在"广告"建议中,亚马逊会针对不同宣传活动或营销方式的不同效果给出建议,帮助卖家提高商品转化率。

(2)首选项

在"首选项"栏目下,卖家可以使用默认的筛选设置自动筛选出专门为卖家提供的商品建议。如果没有筛选结果,则卖家可以通过点击"首选项"标签,在"'销售机会'设置"项下对应框中输入特定品牌或分类,然后点击"选择要包含的品牌"或"选择要排除的品牌"进行修改以利于获得建议,如图5-82所示。

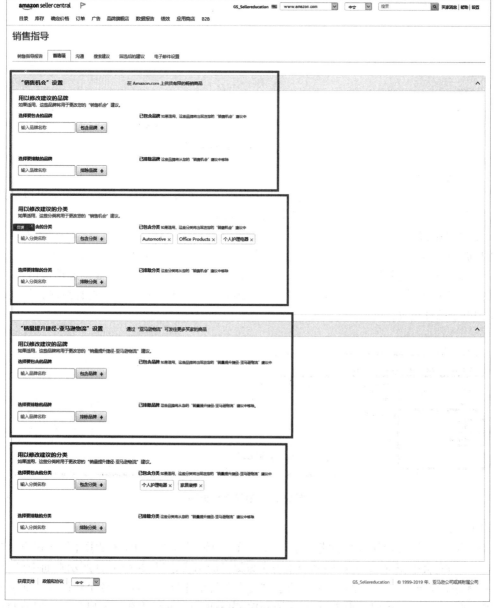

图5-82 销售指导的首选项页面

（3）沟通

"沟通"选项卡会显示亚马逊销售指导发送的所有电子邮件。在该选项卡中，卖家可浏览最近收到的所有电子推荐邮件，同时还可以按日期和推荐类型搜索邮件，如图5-83所示。

图5-83　销售指导的沟通页面

（4）搜索建议

卖家可以通过搜索建议，按照商品名称、品牌、分类或ASIN搜索推荐，如图5-84所示。

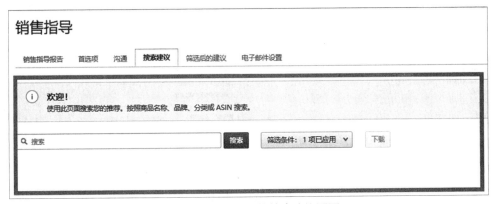

图5-84　销售指导的搜索建议页面

（5）筛选后的建议

"筛选后的建议"信息包含卖家从"销售指导"建议中选择的所有商品，其作用是用于改进亚马逊销售指导及为卖家提供的建议。卖家可以随时在"筛选后的建议"选项卡中更改选择，如图5-85所示。

图5-85　销售指导中筛选后的建议页面

（6）电子邮件设置

亚马逊一直坚持为全球卖家持续改进通信体验，卖家可以接收个性化的"销售指导"电子邮件推荐，选择首选语言，同时，亚马逊也可随时选择不再接收电子邮件推荐。当前，亚马逊销售指导支持卖家的本国商城语言，并在所有商城中支持简体中文，便于中国卖家查看亚马逊销售指导电子邮件和卖家平台中的各项功能。如果卖家的首选语言不可用于所选电子邮件,则亚马逊销售指导将以默认商城语言发送电子邮件,例如,美国站点和英国站点为英文,如图5-86所示。

为电子邮件推荐所用的首选语言进行选择设置时,从列表中选择所需的语言,约需24小时可以生效。亚马逊销售指导会向专业卖家发送电子邮件,邮件中包含了各种推荐以帮助卖家增长不同领域的业务,包括"销售机会""库存建议""价格建议"。卖家可以随时选择加入或退出电子邮件营销活动。

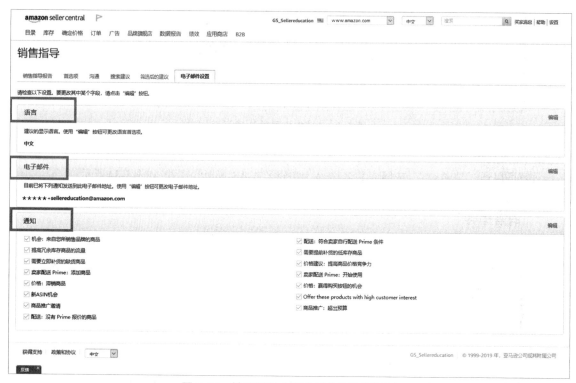

图5-86　销售指导中电子邮件的设置页面

3. 业务报告

亚马逊提供的数据报告类型包括销售控制面板、业务报告(按日期和按ASIN)及亚马逊销售指导。其中,业务报告适用于专业销售计划账户的卖家,同时,这些报告的数据通常最多可以保留两年。"业务报告"部分提供多种报告,包括销售量与访问量、详情页面上的销售量与访问量、卖家业绩等,如图5-87所示。

各种报告的数据都是围绕指定报告执行的服务而定制的,与实时数据相比,"业务报告"的时效会延迟24小时,所以卖家在使用所有可用的报告时,可能会发现一些差异。与实时数据的差异主要来源以下几种情况。

(1)已取消订单仍留存在业务报告中。

(2)业务报告与结算报告数值不同,因结算报告包含亚马逊所收费用,而业务报告中不包含此费用。

(3)业务报告与付款报告数值不同,因业务报告(ASIN)和"管理订单"中的订单报告包含在特定时间段内收到的所有订单,无论其结算状态如何;而付款报告仅包含配送的订单。

(4)业务报告与卖家指标数值不同,因业务报告中按日期所列的卖家绩效会根据退款商品考量退款,比如说,对于在9月订购但在10月退款的商品,退款会被计入10月。而卖家指标从订单角度考量退款,对于在9月订购但在10月退款的商品,退款将被计入9月。

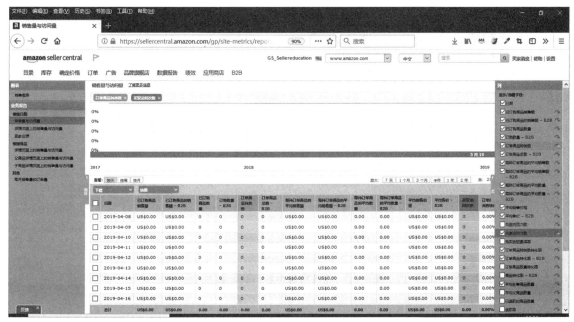

图5-87 业务报告页面(1)

(1)报告日期

卖家可以使用的几种不同类型的业务报告可从卖家平台的业务报告部分获取。在左侧的导航栏中,有一系列日期、商品和其他条件组织的报告,卖家可以使用"转换"按钮将日期业务报告切换为商品业务报告,如图5-88所示。

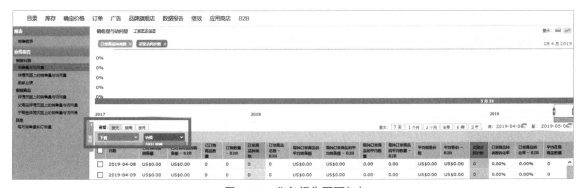

图5-88 业务报告页面(2)

(2)销售量和访问量

目前使用最广的报告之一是按日期排序显示的销售量和访问量。其中,访问量指的是买家浏览该页面的实际次数。一个点击对应的是买家对亚马逊页面进行的一次访问,在一次点击中,买家可以多次浏览页面。也就是说,在点击过程中,即使买家在24小时之内多次点击一个页面,也只会记为一次点击。因此,报告中显示的页面点击量可能会低于访问量。图5-89显示了此报告中不同列的计算方式。

字段名	计算
已订购商品销售额	总和 (商品价格·订购的数量)
订购的数量	总和 ("订购的数量")
订单商品种类数	总和 ("订单种类")
每种订单商品的平均销售额	订购的商品销售额/订单商品总数
每种订单商品的平均数量	订购的数量/订单商品总数
平均售价	订购的商品销售额/订购的数量
转化数 *	总和 ("不同转化数")
订单商品转化率	订单商品总数/转化数
平均商品数	总和 ("商品数") /总和 (1) 注意: 仅适用于商品数 > 0 时。总和 (1),指的是"具体时间段内的天数"
已发货商品销售额	总和 ("商品价格" *"订购的数量") 确认具体时间段内的发货量
已发货订单商品数	具体时间段内已确认发货的总和 ("订单商品数")

图5-89　业务报告中各列的计算方式

（3）销售图表

卖家可以通过业务报告下的销售图表功能,完成"日期"（今天/本周/本月/今年/自定义设置）、"销售细分"（商城汇总/企业买家/非企业买家）设置及"配送渠道"（亚马逊和卖家/卖家/亚马逊）设置。还可选择视图类型（图形视图/列表视图）,查看销售概览,并通过销售对比来对比不同日期已订购的商品数量和销售额,如图5-90所示。

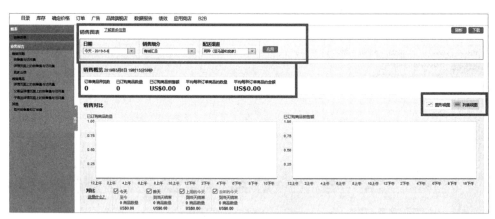

图5-90　销售图标页面

4. 库存和销售报告

在库存和销售报告页面上,可以找到卖家平台中提供的各种亚马逊物流报告的相关信息,在亚马逊物流业务报告中提供的数据可帮助卖家追踪业务的运转情况,如图5-91所示。卖家可以在此查看可持续销售周数（Week of Cover,WOC）,计算库存补货所需数量,核对库存余量,计算公式为

$$库存补货所需数量 = \frac{现有库存 + 入库数量}{平均每周销量}$$

期末库存余量＝起始库存余量＋已接收库存－卖家订单＋买家退货＋/－（盘库－移除）

图5-91　亚马逊物流报告

（1）库存

亚马逊库存报告为卖家提供非常完整的库存管理报告,帮助卖家管理库存,如图5-92所示。

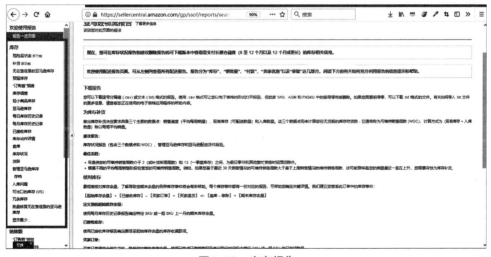

图5-92　库存报告

库存报告的主要侧重内容包括"危险品状态""补货""无在售信息的亚马逊库存""预留库存""'订购者'预测""库存调整""轻小商品库存""亚马逊库存""每日库存历史记录""每月库存历史记录""已接收库存""库存动作详情""盘库""库存状况""货龄""管理亚马逊库存""存档""入库问题""可出口的库存(US)""冗余库存""批量修复无在售信息的亚马逊库存"等,下面就重要选项进行介绍。

卖家可以通过"危险品状态"查看被分类为危险品、正接受危险品审查或最近变更了商品状态详情的商品；"补货"可以为卖家提供补货商品报告，以预防销售损失；"无在售信息的亚马逊库存"可以查看无在售信息的库存商品明细，生成无在售信息的亚马逊库存文件，该文件可用于通过"批量上传商品"工具重新批量发布卖家的商品(仅供专业销售计划账户卖家使用)；"预留库存"报告，可以查看处于预留状态的库存商品明细；"库存调整"报告可以查看有关进出亚马逊运营中心的库存流转的详情，包括最近18个月内已售商品、退货商品、移除/弃置商品、已残损商品、丢失商品和找到的商品；"轻小商品库存"和"亚马逊库存"报告可以直接下载该物流形式下的商品明细；通过"每日库存历史记录"和"每月库存历史记录"可以分析在亚马逊运营中心内每日或者每月的库存，包括数量、位置和库存属性；通过"已接收库存"报告可以查看通过运营中心接收流程的库存明细；"库存动作详情"报告可以根据SKU和运营中心查看有关库存接收、配送、盘点等详情；通过"盘库"报告可以查看卖家账户所做的残损、丢失、接收差异、库存转运等相关盘点的详情；"库存状况"报告可以查看销量、当前可售和不可售库存、库龄、可维持周数的评估，以及与相同商品的其他报价的对比信息；对于亚马逊的卖家来说，如果使用了亚马逊物流，那就需要支付一定的亚马逊物流仓储费，如果达到长期仓储的标准，收费也会适当增加，所以卖家可以通过"货龄"报告确定已超货龄的库存，并采取措施以避免产生长期仓储费；通过"冗余库存"报告卖家可以确定过剩的库存并采取适应的行动加快销售，从而减少损失。

卖家可以根据不同报告的功能，下载需要的报告进行库存分析。以补货功能为例，卖家可以获得对应的库存补货报告，如图5-93所示。

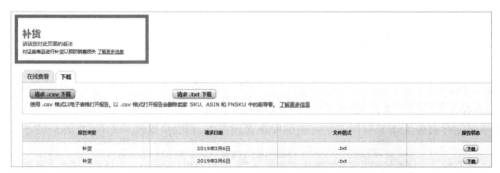

图5-93　补货报告页面

(2)销售额

通过销售额报告，卖家可以查看"订购省"(Subscribe and Save Reports, SnS)绩效、亚马逊配送货件、所有订单、已完成订单销售报告、促销等报告。

"订购省"是指符合条件的亚马逊物流卖家将其亚马逊物流商品加入"订购省"后，亚马逊将定期按计划配送至已注册"订购省"的买家。买家的"订购省"订单可以享受5%、10%、15%或20%的折扣及免费配送服务。"订购省"绩效报告可以提供4周内已配送商品的追踪视图、因缺货而错失订单的百分比、平均折后售价及每个SKU的平均折扣。亚马逊物流"订购省"卖家可以借助"订购省"绩效报告预测其SnS销售并了解商品定价和库存绩效，从而更好地规划库存和定价，如图5-94、图5-95所示。

图 5-94 "订购省"绩效页面

标题	描述	示例
snapshot-date	报告日期	2011-06-26T07:00:00+00:00
sku	您为了确认商品而分配的唯一编号	AB-8675***
fnsku	亚马逊为其运营中心储存的商品分配的唯一编号	X00000E***
ASIN	亚马逊分配给商品的唯一编号	B003ZYF***
estimated-avg-sns-discount-next-8-weeks	在之后8周可能应用于您的"订购省"订单的预计平均折扣	九折
product-name	商品名称	Toysmith 不粘烤盘套件
country	商品报价适用的国家/地区代码	DE
active-subscriptions	此 SKU 的有效订购总数	10
week-1-start-date	第 1 周开始日期	2011-06-26T07:00:00+00:00
scheduled-sns-units-week-1	第 1 周计划的"订购省"商品数量	5
scheduled-sns-units-week-2	第 2 周计划的"订购省"商品数量	5
scheduled-sns-units-week-3	第 3 周计划的"订购省"商品数量	5
scheduled-sns-units-week-4	第 4 周计划的"订购省"商品数量	5
scheduled-sns-units-week-5	第 5 周计划的"订购省"商品数量	5
scheduled-sns-units-week-6	第 6 周计划的"订购省"商品数量	5
scheduled-sns-units-week-7	第 7 周计划的"订购省"商品数量	5
scheduled-sns-units-week-8	第 8 周计划的"订购省"商品数量	5

图 5-95 "订购省"预测截图

在销售额报告下的"亚马逊配送货件"报告中,卖家可以查看所选时段中已完成的亚马逊配送货件,不包括已发货但尚未报告给亚马逊系统的商品。报告中包括订单、货件,也包括商品价格和配送地址信息的商品数据,报告数据在商品发出后及时更新,通常在几个小时之内即可查阅,不过数据有时也可能会在发货 24 小时后更新。

除了下载报告之外,具有开发能力的卖家还可以使用亚马逊商城网络服务(Amazon Marketplace Web Service,MWS)来请求报告。亚马逊 MWS 是一个集成式网络服务的应用程序编程接口,可以衔接卖家交换商品信息、订单、付款、报告及其他相关数据,可为卖家减少工作量,且不收取任何费用。卖家可针对过去最多18个月的货件请求报告,最大日期范围为31天。卖家的订单数量越多,申请日期范围越久,则生成报告时间越长,因此指定较短的日期范围有助于更快地生成报告,若请求更早或日期范围更大的报告,则可能会被系统取消。如果卖家想要了解在特定日期范围内的订单,可使用本栏目下的"所有订单"报告。请求报告卖家进入如图 5-96 所示页面,在请求订单报告部分选择确切日期,设置特定时间段,之后点击"请求 .txt. 下载"。

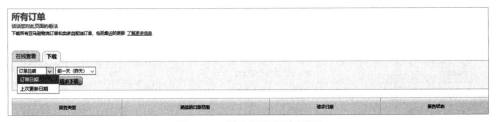

图 5-96　亚马逊配送货件页面

　　卖家可以通过下载"所有订单"报告查看有关亚马逊物流订单及卖家自行配送订单的订单信息和商品信息,包括订单状态、配送、销售渠道信息及商品详情,也可通过配送及销售渠道信息来监测和分析商品需求。下载所有订单报告有两种方式,其中,以按"订单日期"下载报告,将返回在特定日期范围内所下的订单信息;若按"上次更新日期"下载报告,则将返回在特定日期范围内发生了变更(下单或更新)的订单信息,需要注意的是,此报告不包含买家身份信息,如图 5-97 所示。

图 5-97　所有订单报告页面

　　通过"已完成订单销售报告",卖家可以查看近 18 个月中亚马逊物流已完成配送的买家订单的精简商品级别数据,其中包括商品价格、数量和收货地址。此报告支持在线查看,也支持卖家通过设置报告日期来下载报告,如图 5-98 所示。

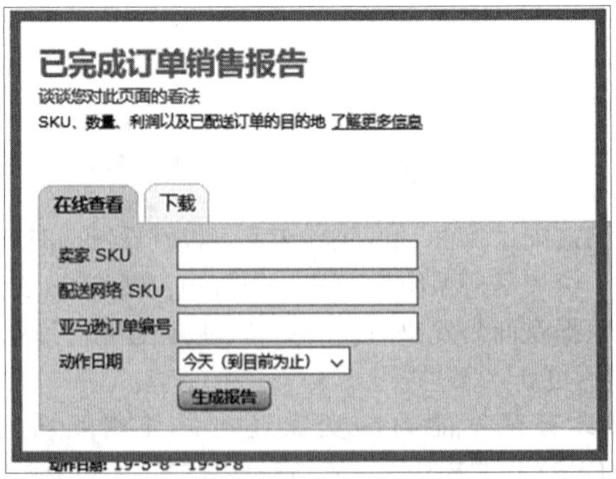

图 5-98　已完成订单销售报告页面

　　卖家可以通过"促销"页面来查看亚马逊的销售订单应用的促销活动,目前只有美国站点有这个报告功能。此报告支持在线查看,也支持卖家通过搜索订单编号,下载所需日期内的促销报告,如图 5-99 所示。

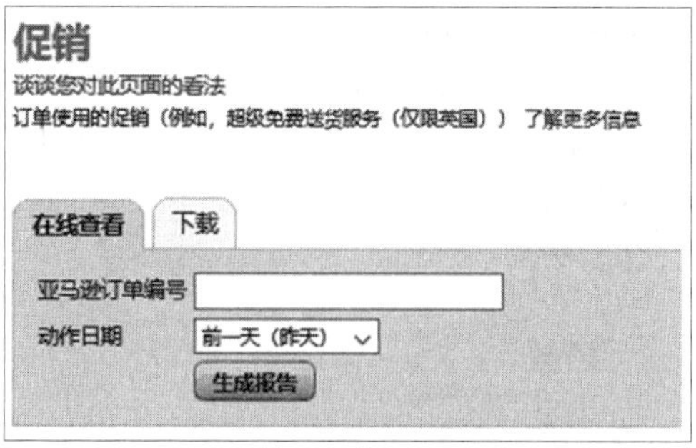

图 5-99　促销报告页面

（3）付款

在本栏目项下可以查看"物流库存仓储超量费""月储存费用""费用预览""长期仓储费"等。

亚马逊物流库存仓储超量费,于 2018 年 7 月 1 日生效,适用于所有具有专业销售计划账户的卖家。如果卖家的现有库存在给定月份中超出了仓储限制,那么除了支付月度库存仓储费和长期仓储费之外,还需要支付库存仓储超量费。超量费是按照每立方英尺(1 立方英尺=0.028317 立方米)10 美元收取,并基于库存在运营中心占用的超出仓储限制的所有空间的日平均体积(以立方英尺为单位)。超量费计算公式为

$$超量费 = \frac{立方英尺数 \times 10 美元}{30 天} \times 实际在库天数$$

其中,体积基于已根据亚马逊物流政策和要求妥善包装且准备配送的商品的尺寸测量得出。亚马逊保留测量、称重已包装商品或代表性样本的权利,以及确定仓储类型的权利。如与卖家提供的信息发生冲突,将以亚马逊的测量结果为准。

为避免此项费用发生,卖家可以通过移除或销售的方法减少库存。如果卖家没有在给定月份结束前移除或售出超量库存,则在接下来的月份,库存仓储超量费将继续增加。"库存仓储超量费报告"可提供卖家下载查看在亚马逊运营中心内,超过仓储限制的每种仓储类型的库存的预计库存仓储超量费,如图 5-100 所示,目前不提供在线查看。

事件及示例日期		示例值
7 月 1 日产生库存仓储超量费		
卖家的库存超出其标准尺寸商品仓储限制 100 立方英尺,如果他们不采取任何措施的话,将需要按每立方英尺 $10 的价格支付超量费(总计为 $1,000,亚马逊将在 8 月份进行评估和收取)。	标准尺寸商品仓储限制	1,000 立方英尺
	现有标准尺寸商品库存占用的空间	1,100 立方英尺
	目前标准尺寸商品的超量值	100 立方英尺
	潜在仓储超量费	$1,000
卖家在 7 月 5 日减少了超出限制的库存		
卖家在 7 月 5 日创建了一个 80 立方英尺标准尺寸库存的移除订单。7 月内未售出或移除其他任何标准尺寸库存。	标准尺寸商品仓储的超量值,7 月 1 日到 4 日	100 立方英尺
	标准尺寸商品仓储的移除值,7 月 5 日	80 立方英尺
	标准尺寸商品仓储的超量值,7 月 5 日到 31 日	20 立方英尺
8 月生成库存仓储超量费账单		
卖家在 7 月的平均超量值是 30.322 立方英尺。他们将需要按每立方英尺 $10 为 7 月份支付总计为 $303.22 的超量费。	7 月份平均标准尺寸商品仓储的超量值	30.322
	每立方英尺的仓储超量费	$10
	7 月份仓储超量费总计	$303.22

图 5-100　长期仓储费页面

"赔偿报告"可以提供所有赔偿的明细,包括由卖家申请的赔偿和自动生成的赔偿。对于已经申请的赔偿,卖家可以直接查看详情,如图5-101所示;对于与买家退款相关的赔偿,卖家可以通过亚马逊订单编号查看详情。如果一项买家退款涉及多件商品,亚马逊不会提供每个商品的详情,只有在赔偿得到批准后,5天之内才会显示在报告中。如果亚马逊在同一天内处理了针对同一问题的多项赔偿,则会将其合并成一个单项交易金额。

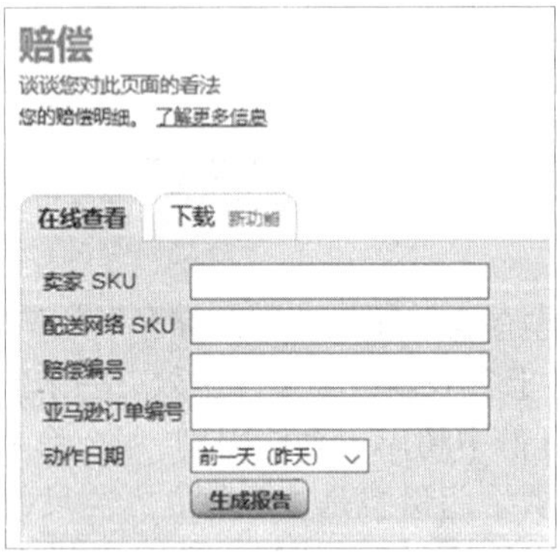

图5-101　赔偿报告页面

(4)买家优惠

卖家可以在"亚马逊物流买家退货报告"中看到已退货商品的物流列表,买家退回商品时,亚马逊会评估退还商品的状况,根据状况处理退货。亚马逊物流退货不会在"管理退货"页面中显示,因为"管理退货"页面仅用于卖家自行配送商品的退货,所以,如果卖家想查看亚马逊物流买家退货,需要通过"买家优惠"项下的"亚马逊买家退货"报告进行查看。对于买家尚未退回商品的退款申请,亚马逊可能会自行决定发放退款,而不要求买家退回商品,而且这些退款不会在"亚马逊物流买家退货"报告中显示。由卖家承担的退款金额在"付款报告"中的"退款"部分完成。

在"退货报告"中卖家可以查看到具体的库存属性(detailed-disposition)、所描述的买家原因(reason)及商品退货状态(status)等具体退货信息,如图5-102所示。

图5-102　退货报告中的字段定义

卖家可以通过"换货报告"查看向买家发放的已完成订单的换货信息,此报告会24小时内完成更新,如图5-103所示;具体的免费换货的原因,可以参考图5-104;换货报告可以搜索卖家SKU、亚马逊订单编号及日期,同时支持卖家在线查看或下载报告查看,如图5-105所示。

字段定义

在线标题	下载标题	描述
【日期】	【shipment-date】	采用 DD-MON-YYYY 格式。免费换货配送日期
【卖家 SKU】	【sku】	卖家的商品编码
【ASIN】	【asin】	亚马逊标准库存编号
【库房编号】	【运营中心编号】	配送此商品的运营中心
【原始库房编号】	【original-fulfillment-center-id】	配送免费换货商品的原始运营中心
【数量】	【quantity】	换货件中配送的商品数量
【换货原因代码】	【replacement-reason-code】	换货原因：请参阅下面的【免费换货原因】部分。
【换货买家订单编号】	【replacement-customer-order-id】	换货订单的订单编号
【原始买家订单编号】	【original-amazon-order-id】	原始货件的订单编号

图 5-103　换货报告中的字段定义

免费换货原因

代码	原因
0	其他
1	丢失
2	存在缺陷
3	配送过程中残损
4	商品配送错误
5	商品在配送过程中丢失
6	发货人丢失商品
7	目录错误/订购了错误的商品
8	配送到错误的地址
9	配送问题（地址正确）
10	DC/FC 处理中出现残损
11	清点货件：未收到商品
12	政策例外/买家错误

图 5-104　免费换货原因

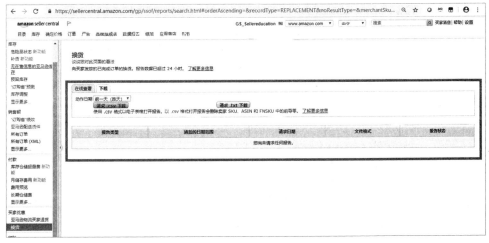

图 5-105　换货报告页面

（5）移除

"建议移除报告"向卖家展示亚马逊运营中心的哪些商品在下次库存清算时可能需要支付长期仓储费，同时自动按照 ASIN 逐一计算卖家需要移除的商品数量，并帮助卖家创建移除订单，以便申请将这些商品退还给卖家或将其弃置,以避免支付长期仓储费(LTSF)。卖家可以通过"开始移除程序",预填充移除订单并请求退还或弃置这些商品,卖家也可以按照 ASIN 或卖家 SKU 缩小搜索范围,在线查看或下载建议移除的商品报告,如图 5-106 所示,其中报告中的字段如图 5-107 所示。对于每个移除订单请求,卖家可以让亚马逊退还或弃置请求中的所有商品。如果卖家要退还部分商品,并且弃置其余商品,必须分别提交单独的移除订单请求。

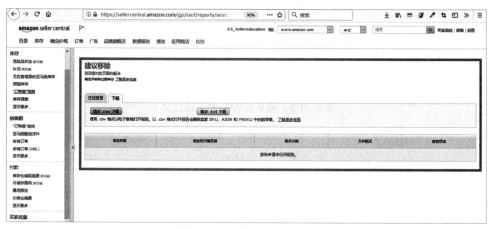

图 5-106　建议移除页面

字段名

在线标题	下载标题	描述	示例值
日期	快照日期	报告数据是截止到此字段中的日期的最新数据。	2011-04-17
SKU	SKU	库存单位 (SKU) 由一组字母或数字组成,用于唯一标识商品。SKU 通常由卖家分配。	AB-8675★★★
FNSKU	fnsku	亚马逊为亚马逊运营中心储存并配送的商品分配的唯一编码。	X00000E★★★
ASIN	asin	亚马逊商品编码 (ASIN) 是由 10 个字母或数字组成的、用于识别商品的唯一序列。ASIN 由亚马逊分配。您可以在商品详情页面找到该商品的 ASIN。	B003ZYF★★★
商品名称	商品名称	商品的名称。	Toysmith 不粘烤盘套件
状况	状况	商品的状况。	新品
可售商品的总数量	可售数量	我们配送网络中处于可售状况的 SKU 的商品数量。	200
货龄为 121-180 天的可售库存	在 121-180 天内处于可售状况	对于某个 SKU,在过去 121 至 180 天内,在亚马逊运营中心内处于可售状况的商品数量。	0
货龄为 181-270 天的可售库存	在 181-270 天内处于可售状况	对于某个 SKU,在过去 181 至 270 天内,在亚马逊运营中心内处于可售状况的商品数量。	15
货龄为 271-365 天的可售库存	在 271-365 天内处于可售状况	对于某个 SKU,在过去 271 至 365 天内,在亚马逊运营中心内处于可售状况的商品数量。	85
货龄超过 365 天的可售库存	在超过 365 天内处于可售状况	对于某个 SKU,在过去超过 365 天内,在亚马逊运营中心内处于可售状况的商品数量。	5
建议移除数量(可	可售商品移除数量	对于某个 SKU,到下次库存清点日为止,在亚马逊运营中心存放时间达 181 至 365 天或 365 天以上,因而需要移除(假设您不会再出售库存商品)以避免支付长期仓储费的可售商品的数量。	105
不可售商品的总数量	不可售数量	对于某个 SKU,我们配送网络中处于不可售状况的商品数量。	5
	不可售状况持续 0-7 天	处于不可售状况的时间达到 0 至 7 天的商品数量。	0
	不可售状况持续 8-60 天	处于不可售状况的时间达到 8 至 60 天的商品数量。	2
	不可售状况持续 61-90 天	处于不可售状况的时间达到 61 至 90 天的商品数量。	3

图 5-107　建议移除报告中的字段名

　　"移除订单详情"包括订单级别信息、商品级别信息、移除类型、订单状态及移除费用。移除订单商品发货后,系统会显示关于"等待中"退货和"已完成"退货的追踪信息。要查看详情,卖家点击订单编号,之后点击"查看所有已发货商品",在该页面中的"追踪编码"下,点击承运人名称。此时,系统会将卖家引导至该承运人的网站,以便卖家查看更多追踪信息。

　　移除订单详情报告可以在线或下载报告查看,其中下载报告会显示商品级别(FNSKU)信息,下载页面如图5-108所示,报告字段如图5-109所示。

图5-108　移除订单详情页面

在线标题	下载标题	描述	示例
日期	request-date	提交移除订单的日期	2003-07-14T18:53:56+ 00:00
订单编号	订单编号	订单的唯一编码	my-order
订单类型	order-type	移除订单类型(退货或弃置)	退货
订单状态	order-status	移除订单状态	已完成
	last-updated-date (仅可下载报告)	订单最近更新的日期	2003-07-14T18:53:56+ 00:00
SKU	sku	自定义商品编码	AB-8675★★★
FNSKU	fnsku	指定给储存在亚马逊运营中心的商品的唯一编码	X00000E★★★
	disposition (仅可下载报告)	商品状况	可售
	requested-quantity (仅可下载报告)	移除订单中请求的此 FNSKU 的商品数量	99
请求移除的商品数量 (仅在线报告)		移除订单中的商品总数量	99
	cancelled-quantity (仅可下载报告)	移除订单中取消的此 FNSKU 的商品数量	1
已取消的数量 (仅在线报告)		此移除订单中已取消的商品总数量	1
	disposed-quantity (仅可下载报告)	已弃置的此 FNSKU 的商品总数量	1
	shipped-quantity (仅可下载报告)	本次退货中退回的此 FNSKU 的商品数量。	99
已完成的数量 (仅在线报告)		该移除订单中被退回或弃置的商品数量。	99
	in-process-quantity (仅可下载报告)	正在处理的此 FNSKU 的商品总数量	10
处理中的数量 (仅在线报告)		此移除订单中正在处理的商品数量	10
	removal-fee (仅可下载报告)	此 FNSKU 的所有商品的总移除费用　　注意：如果此单元格为空，则说明未发现任何费用或者订单未完成。	2.5
	liquidation-revenue (仅可下载报告)	清算库存带来的收入	101.5
	monthly-storage-fee-reimbursement (仅可下载报告)	提交进行清算的库存获得的月度库存仓储费赔偿	5.6
	long-term-storage-fee-reimbursement (仅可下载报告)	提交进行清算的库存获得的长期库存仓储费赔偿	4.5
	货币 (仅可下载报告)	移除费用的币种	美元

图5-109　移除订单详情报告的字段介绍

（6）移除货件详情

移除货件详情报告可以查看删除订单配送的详情，其中包括承运人信息和追踪编号信息，已配送的所有退货将包含数量和商品信息，需要注意的是，该报告不包含已丢弃或已取消的删除信息。移除货件报告不支持在线查看，卖家只能下载报告进行查看，如图5-110所示，下载报告的字段如图5-111所示。

图5-110　移除货件详情页面

下载标题	描述	示例
removal-date	提交删除订单的日期。	2003-07-14T18:53:56+ 00 :00
order-id	由系统生成或卖家提供的订单的唯一编码。	my-order
shipment-date	运营中心完成（配送）订单的日期。	2003-07-14T18:53:56+ 00 :00
sku	库存单位（SKU）是由字母或数字组成，用于确认每个卖家商品的唯一序列。由卖家分配SKU。	AB-8675★★★
fnsku	亚马逊为其运营中心储存并配送的商品分配的唯一编码。	X00000E★★★
disposition	商品状态。	可售
发货数量	本次退货配送的商品数量。	99
carrier	包裹上采用的承运人的姓名。可能为单个删除订单使用多个承运人。	ABF
tracking-number	包裹的承运人追踪编码（如适用）。单个删除订单可能存在多个追踪编号。	1Z861E7F0340512★★★

图5-111　移除货件的字段介绍

5. 广告

作为卖家常用的引流工具，广告会在本书第十一章详细讲解。

6. 退货报告

卖家可以通过"退货报告"查看退货情况。卖家可以选择"生成一次性报告"根据报告的日期范围生成所有退货报告或者Prime退货报告，如图5-112所示。如果卖家想定期收到亚马逊的退货报告，可以选择"预定生成报告"，并且在报告类型中选择每日、每月或每年的所有退货报告，或者Prime退货报告，生成退货报告，如图5-113所示。

图5-112　退货报告页面

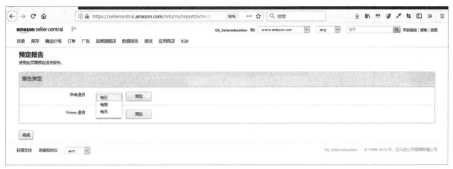

图5-113　退货预定报告页面

(五)应用商店

卖家可以通过"应用商店"选择一个分类来查找由外部开发人员和亚马逊提供的自动化解决方案,以管理并拓展卖家的业务,如图5-114所示。

图5-114　市场应用商店页面

1. 管理您的应用程序

卖家可以在"管理您的应用程序"里管理对店铺的相关数据的访问权限,如图5-115所示。在选择"授权新的开发者"之后,填写开发商名称、开发者ID,根据步骤授权就可以完成对新的开发者的添加授权。

图5-115 管理您的应用程序页面

2. 探索服务

卖家可以通过"探索服务"帮助卖家完成针对自身需求的服务,卖家可以设置"您的位置"、"您希望在哪里销售商品"及"您的哪些服务需要帮助",如图5-116所示。值得注意的是,亚马逊仅提供信息资源提供服务商列表,并不认可任何服务提供商及其服务,如果卖家选择保留服务提供商,提供商将与卖家直接签约,并向卖家提供对应方向的服务。其中以换算货币显示的价格仅供参考,服务提供商可能会以不同的货币或金额向卖家收取费用,外加任何适用税费。

图5-116 探索服务页面

(六)B2B

Amazon Business(即亚马逊B2B)的功能,将在本书第十三章中做具体的讲解。

三、卖家后台内容介绍——左侧位置

为了让卖家更快地查看卖家后台重要的功能模块,亚马逊将卖家后台分割成一些主要的功能统计或者快捷位置。在常用并且非常重要的导航栏的位置,卖家还需要时刻关注卖家后台通知,除了通过导航栏目录中的绩效来查看通知外,亚马逊卖家后台有一个非常醒目的位置,可以让卖家登录卖家后台,就可以看到通知。如图5-117所示位置,如果卖家收到了新的通知,会在旗子的右下角出现红色阿拉伯数字,提示卖家有未读且需要查看的通知。如果没有新的通知,会提示没有新通知。

图5-117　卖家后台通知页面

卖家后台的左侧位置主要包括"您的订单"、"绩效"及"卖家论坛",如图5-118所示。

图5-118　卖家后台左侧位置

(一)您的订单

进入卖家后台后,卖家会在页面左侧的最上部位置看到订单汇总,包括"等待中""未发货的优先配送订单""未发货""退货请求",如图5-119所示。其中,"等待中"的订单是指买家已经提交,但是尚未付款的订单;"未发货的优先配送订单"是指买家完成订单支付,并且使用优先配送模式但尚未发货的订单;"未发货"订单是指买家已经付款并且提交订单,但是尚未发货的订单;"退货请求"是指买家提交的所有买家退货请求的汇总。在图5-120中靠右侧"0"的部分会显示对应具体类型订单的总数量。卖家可以通过点击不同的订单类型及订单数量,进入对应的订单类型汇总页面。

除此之外,卖家还可以分别看到"卖家自配送"和"亚马逊配送"两种配送形式下在过去1天及过去7天内的订单数量。具体的订单管理,会在本书第八章具体介绍。那卖家如何能得到优先配送的资格呢? 卖家必须在30天内满足:有效追踪率为99%、准时送达率不低于97%、卖家取消率低于0.5%。如果卖家的绩效记录低于这些要求,那么卖家的优先配送参与资格就可能被撤销。当然,如果卖家的资格被撤销,卖家可以提交行动计划来请求恢复资格。需要注意的是,在获取承运人数据方面有10天的滞后期,因此,亚马逊衡量的是卖家过去第40天到过去第10天的绩效。

亚马逊会将卖家自配送 Prime 订单排除在评估之外,而且会按照卖家自配送 Prime 帮助页面上的说明,对卖家自配送 Prime 订单进行单独评估。借助优先配送服务,卖家能够为买家提供快速配送选项。这些快速配送选项可提供追踪信息,让买家了解确切的送达日期,从而改善买家体验。在美国,优先配送选项包括次日达和隔日达。如果卖家在亚马逊开店的时间已超过90天,即有资格使用优先配送选项。

图5-119　卖家后台的订单汇总页面

(二)绩效

卖家可以通过"绩效"功能直接查看到订单缺陷率指标中的"亚马逊商城交易保障索赔"和"信用卡拒付索赔"信息,如图5-120,详解可参考第十二章。另外,买家针对卖家的反馈(feedback)也会显示在"绩效"中。亚马逊上买家可以针对卖家的产品和服务做出评价,买家针对产品使用相关体验做出的评价,如对产品的品质、设计、效率、功能等的评价,被称为评论(review);买家针对卖家服务做出的相关评价,则被称为买家反馈(feedback)。得到好的评价和反馈,对卖家的销量必有促进作用。同时,点击"账户状态"就可以进入账户绩效具体的查看和管理页面。

图 5-120　卖家后台的绩效页面

(三)卖家论坛

卖家可以通过"卖家论坛"查看卖家在论坛中最新发布的文章,方便其他卖家查看并沟通交流。卖家可以根据不同的主题,查看相应论坛详细的页面,如图 5-121 所示。

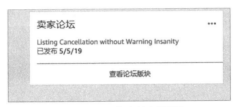

图 5-121　卖家论坛页面

四、卖家后台内容介绍——中间位置

卖家后台中间位置的栏目包括"通知""新闻""亚马逊销售指导"和"Amazon Business"。卖家可以通过这些栏目查看需要知晓的信息、商品销售和库存的相关建议。下面逐项介绍各栏目。

(一)通知

卖家可以通过"卖家后台"页面中间位置的"通知"查看亚马逊需要通知卖家知晓的信息,例如途中的技术问题等,如图 5-122 所示。

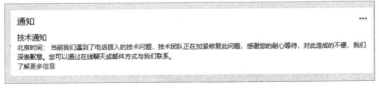

图 5-122　卖家后台的通知栏目

(二)新闻

卖家可以通过"新闻"查看亚马逊官方发布的亚马逊物流新政策或者卖家关注的热点问题。如果卖家想查看所有的新闻,可以通过"查看所有近期新闻"查看,如图 5-123 所示。同时,卖家也可以根据喜好选择查看的新闻内容,如图 5-124 所示。

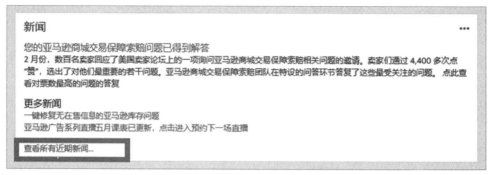

图 5-123 卖家后台的新闻栏

图 5-124 新闻页面

（三）亚马逊销售指导

卖家可以通过"亚马逊销售指导"查看卖家需要预防的库存不足的产品、价格建议、有增长潜力的商品或者分类、建议使用广告的商品及亚马逊配送的建议，如图5-125所示。

图 5-125 卖家后台的销售指导

（四）Amazon Business

卖家后台中间下部的位置设有"Amazon Business"，是近几年亚马逊发展非常迅速的业务形式，这里展示出四个比较核心的 Amazon Business 的功能,包括认证、企业资料、企业定价和商品文档,如图 5-126 所示。其中,因为企业买家可以搜索拥有多样性认证或质量认证的卖家,所以"登记认证"可以吸引客户助其达成特定的花费目标。完整访问 4 个以上字段的企业卖家资料,则企业买家的下单概率最多可提高 25%。只有企业买家才能看到卖家的企业商品价格,添加企业商品价格可提高销售成功的概率。ASIN 加商品文档(如用户指南)可提高销售概率。具体如何完成相关的功能设置,本书将在后面的 Amazon Business 的内容中做具体讲解。

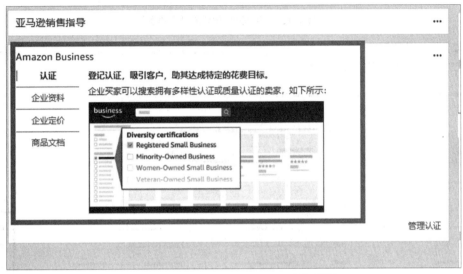

图 5-126 Amazon Business 后台截图

五、卖家后台内容介绍——右侧位置

卖家后台右侧位置的栏目包括"付款一览""管理您的问题日志""销售业绩一览""在全球发布",卖家可以通过这些栏目查看付款周期内不同付款状况的订单。

(一)付款一览

卖家可以通过"付款一览"栏目查看截止到上一个付款周期的账户余额,目前亚马逊各个站点的付款周期都是 14 天。卖家可以在付款的部分查看到账号的总余额,其中包括"标准订单""发票支付订单"等不同类型的订单,如图 5-127 所示。

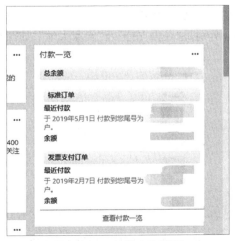

图 5-127 付款一览页面

（二）管理您的问题日志

卖家可以通过问题日志搜索并查看卖家目前使用亚马逊时所遇到的问题,通过"查看您的问题日志"与"查看或回复",卖家可以查看相关问题并做相应的回复,如图5-128、图5-129所示。

图5-128　管理您的问题日志页面

图5-129　查看您的问题日志页面

（三）销售业绩一览

在销售业绩一览页面中可以看到不同站点的周期性销量,周期时长包括7天、30天。

（四）在全球发布

"在全球发布"是指在全球不同站点关联账号所联合发布的商品,从中可以看到同时存在于不同销售区域的产品的可售数量。

六、卖家后台其他常用工具介绍

除了本章上述功能外,卖家还可以在卖家后台页面最下方,看到很多快捷功能入口,除了功能性的入口外,卖家常用的两个服务分别是"获得支持"及"卖家大学",如图5-130所示。

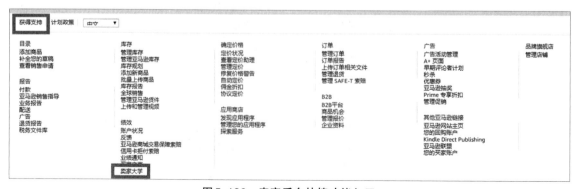

图5-130　卖家后台快捷功能入口

通过"获得支持",进入"联系我们"页面,卖家可以自行描述具体的原因、问题,添加联系方式(邮箱或者电话),亚马逊的卖家支持团队会尽快与卖家取得联系,帮助卖家解决运营过程中遇到的难题,如图5-131所示。

图5-131　卖家获得支持页面

通过"卖家大学",卖家可以深入了解"我要开店"、面向卖家的工具和政策,以及有助于迅速扩展业务的商品和服务等,如图5-132所示。卖家大学里面的教学视频课程旨在帮助专业卖家全面了解亚马逊商城,卖家可以从左侧面板逐项选择各门课程进行学习,或者直接在左侧导航栏选择最需要的课程内容,也可以直接在搜索框内搜索。如果不确定首先学习哪门课程,可以选择左侧导航栏顶部的"快速入门指南",先了解卖家最为重要的账户设置流程。

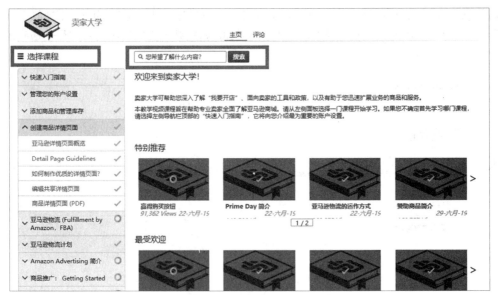

图 5-132　卖家大学页面

本章习题

第五章习题

第六章

亚马逊卖家账户设置

【学习目标】 掌握亚马逊卖家账户信息中各项信息栏目的设置及功能。
　　　　　　 理解亚马逊卖家账户信息栏目的新增、更改及撤换的方法。
　　　　　　 了解亚马逊卖家用户权限的设置方法。
【重点难点】 掌握亚马逊卖家账户信息、发货、配送及退货等模板的设置。

在第五章我们学习了卖家后台页面的主要功能栏目,可以看到卖家后台主页面的右上角有个"设置"栏目,如图6-1所示。点击"设置",出现子菜单,可以进行"账户信息""通知首选项""登录设置""退货设置""礼品选项""'配送设置'""税务设置""用户权限""您的信息和政策""亚马逊物流"等多种功能设置。本章主要介绍"账户信息"子菜单的功能及其使用方法,包括"付款信息""业务信息""发货和退货信息""税务信息""商品状态""您的服务""常见问题""账户管理"等。

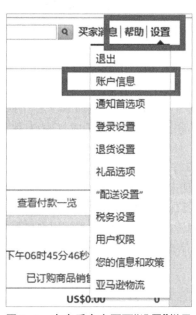

图6-1　卖家后台主页面"设置"栏目

第一节　收付款设置

选择"账户信息"子菜单,进入"卖家账户信息"页面。"卖家账户信息"页面的"付款信息"栏目中,包括"存款方式""付费方式""已开发票订单付款设置""广告付费信息"功能链接,如图6-2所示。

图6-2　卖家账户信息页面

一、亚马逊站点收款要求

如果卖家账户完成结算且账户的余额为正数,亚马逊会使用自动清算中心(Automatic Clearing House,ACH)或电子转账方式将款项汇入卖家的银行账户。在亚马逊发起付款后,此款项最多可能需要5个工作日才能显示在卖家的银行账户中,在卖家银行对账单上可能会显示亚马逊付款来自多个来源。在不同来源中,有的交易是买家同意在商品发货或服务完成之时或之前付款,有的交易是买家同意在商品发货或服务完成之后再完成付款,亚马逊也会依此对卖家进行付款。

在亚马逊向卖家付款之前,卖家必须在卖家账户设置中提供有效的银行账户作为存款方式。亚马逊无法向信用卡完成付款,或向在线付款系统 PayPal 等付款。卖家需要在非中国站点的亚马逊网站销售商品,因此,在结算时,亚马逊要求卖家提供收款账号,可以直接收取亚马逊当地站点的计算货币,例如美国站结算币种为美元、欧洲站结算币种为欧元及英镑等,卖家需要按照这一标准,添加收款账户。如果卖家无法添加有效的收款账户,将无法按照14天的亚马逊账期收到亚马逊账款。

二、亚马逊站点结算流程

从卖家经营商品正式上线销售开始,亚马逊会按照14天一个账期,给卖家提供结算,打款到卖家在后台绑定的银行账户中。如果卖家无法提供有效的收款账户,账款会预留在卖家账户中,直到卖家添加了有效的银行账户。

保持卖家账户为最新状态且信誉良好,是确保卖家及时收到付款的最佳方式。在亚马逊商城开店时,卖家经常会在付款报告中看到未转账金额。"未转账金额"是指亚马逊为确保账户中有足够的资金来处理任何退货、亚马逊商城交易保障索赔或信用卡拒付而预留的金额。在亚马逊上开店时,通常会有预留资金。预留资金也不可用于付款,银行账户或信用卡信息缺失或无效时,卖家需要同时提供银行账户和信用卡信息,亚马逊才能将付款存入卖家账户,需确保卖家账户设置中为最新状态,卖家才能顺利收到账款。

三、亚马逊站点收款账户设置

亚马逊站点收款账户设置包括存款账户设置和付款账户设置两个步骤。对于亚马逊卖家来说,存款账户是用来收取亚马逊定期结算的账款的账户;付款账户则是用于支付亚马逊收取卖家的手续费等费用的账户。

(一)存款方式设置

点击图6-2中的"存款方式"按钮,可以进入存款方式的设置页面,如图6-3所示。在这个页面中,可以进行新站点的存款方式的分配、替换存款方式、管理存款方法及添加新的存款方式等操作。

图6-3　存款方式设置页面

如果卖家需要停用目前的存款方式,可点击"管理存款方法"功能链接,进入图6-4所示页面,点击"停用",将直接停用目前已经设置的存款方式。

图6-4　管理存款方法页面

如果卖家需要替换目前的存款方法,可点击"替换存款方法"进入如图6-5所示页面。点击"添加新的存款方式",进入如图6-6所示页面,即可填写图中所框选的栏目,如"银行所在地""账户持有人姓名""9位数的银行识别代码""银行账号""重新输入银行账号"等。需要注意的是,存款方式涉及卖家重要信息,所以系统会要求重新识别原来的银行信息,以保证账号安全。按照要求填写全部信息后,点击"设置存款方式"完成存款方式的替换。

图6-5　替换存款方法页面

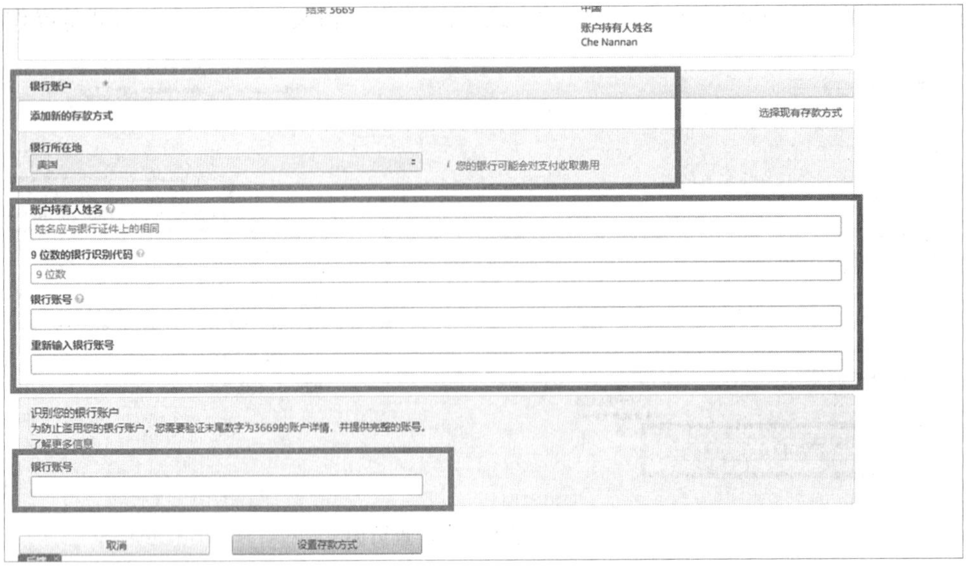

图6-6　在替换存款方法页面中添加新的存款方式

　　如果卖家需要直接添加存款方式,可点击图6-3中所框选的"添加新的存款方式"按钮,进入图6-7所示页面。接着选择需要添加新存款方式的站点,会直接进入图6-6所示页面,按照步骤填写信息可以完成存款方式的添加。

图6-7　添加新的存款方式

　　亚马逊的卖家后台可以直接切换站点,并实现账户联合(见图6-8),因此在存款设置的时候,卖家也可以将已经完成设置的存款方式分配到其他站点(见图6-9)。分配方法是:在图6-9对应页面,选择目标站点,点击"分配",按照图6-10的要求,填写分配站点的存款信息就可以完成其他站点的账号信息分配。

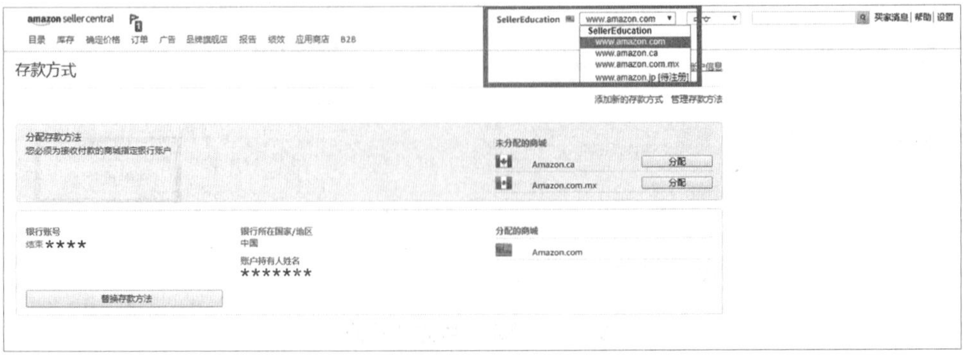

图6-8　切换站点1

图6-9　切换站点2

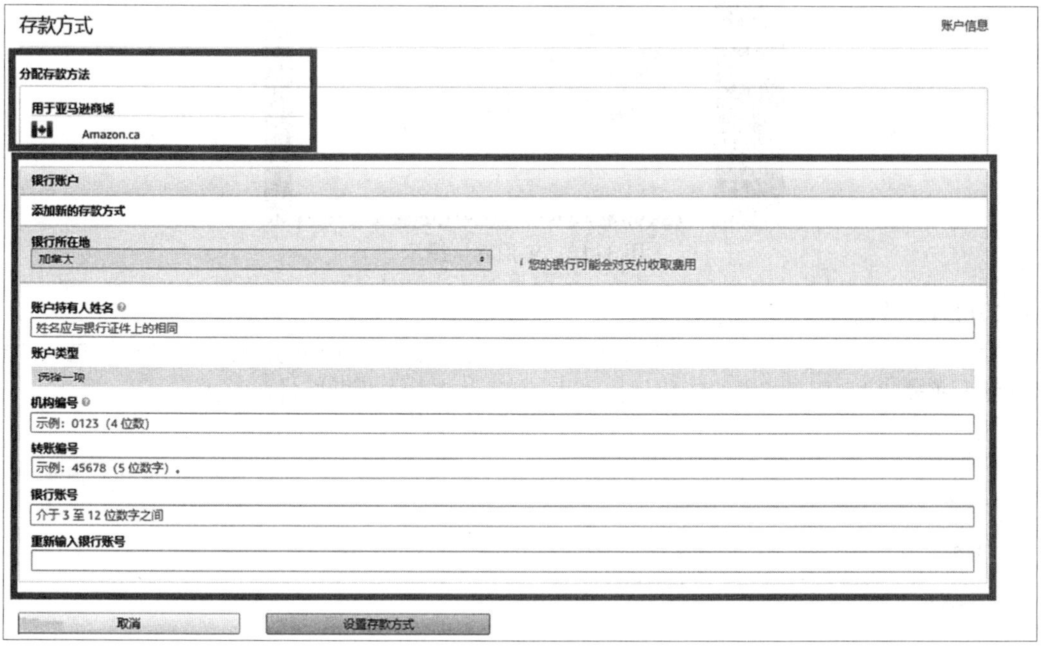

图6-10　分配站点的存款信息

卖家可以停用现有的存款方式,点击图6-11中的"管理存款方法"链接,进入图6-12所示页面,点击"停用"。出于安全考虑,系统会出现图6-13中的提示,如果确认需要停用,点击"停用"按钮即可,否则点击取消按钮。

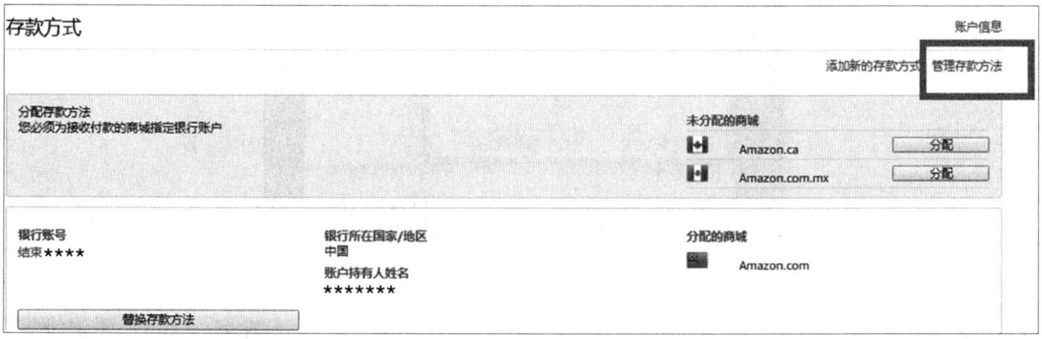

图6-11　存款方式设置页面

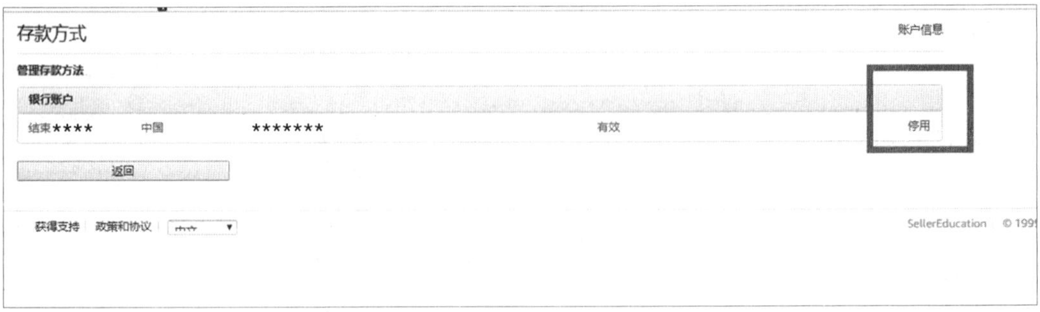

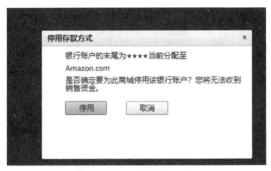

图 6-12　管理存款方法页面

图 6-13　停用确认提示

(二)付款方式设置

在卖家账户信息页面中的"付款信息"栏目中有"付费方式"功能链接,点击该链接可进入图 6-14 所示页面。通过此页面,可以添加新的付款方式、管理付款方式及更换付费方式。

图 6-14　付费方式页面

尚未设置付费方式的新卖家,可以直接点击"添加新的付款方式",选择添加付款方式的站点,点击"添加",如图 6-15 所示。

图 6-15　选择添加新付款方式的商城

卖家根据要求填写图 6-16 所示的信息,包括卡号、有效期限及持卡人姓名。其中,要求绑定的银行卡为信用卡,以用于支付给亚马逊相应的广告费和物流费等费用。如果账单地址有变化,点击"添加新的账单地址",进入图6-17的页面,填写完成新的账单地址信息,再点击"设置付款方式"按钮,以便完成新的付款方式的添加。

图6-16　添加新付款方式的信用卡信息

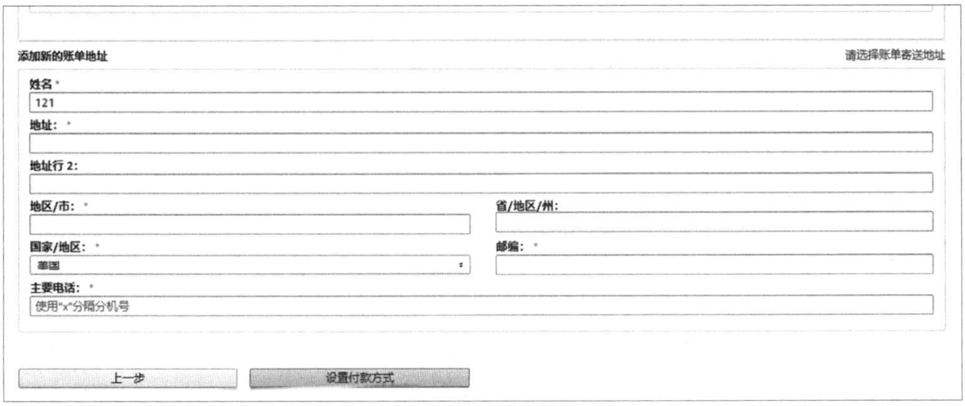

图6-17　添加新的账单地址

如果卖家绑定了多张信用卡,可以点击图6-16中的"选择信用卡"链接,以便切换到已经绑定的其他信用卡,如图6-18所示。

图6-18　切换信用卡

卖家可以更换付费方式,点击图6-14中的"更换付费方式"按钮,系统会列出可选择的有不同付费方法的商城,如图6-19所示。选择一个商城站点,点击"替换",即可完成替换到已经绑定的其他信用卡进行付费的设置。若点击图6-14右上角的"管理付款方式"链接,出现图6-20所示页面。卖家接着点击"编辑"按键后,进入付款方式编辑页面,如图6-21所示。在图6-21的页面中,编辑目前绑定付款方式的有效期限、持卡人姓名(与信用卡保持一致)。如果需要更新账单地址,点击"添加新的账单地址"就可以完成编辑。

图6-19 更换付费方式

图6-20 管理付款方式页面

图6-21 付款方式编辑页面

以上就是卖家的存款方式和付款方式的设置流程。

四、开发票订单付款设置

亚马逊为符合条件的买家提供了"发票支付"功能,这是个人买家和企业买家常用的付款方式,开发票订单可能来自与亚马逊达成协议的精选企业买家。这些买家可以向亚马逊所有卖家购买商品,交易成功后能收到发票。以前,想要使用这种支付方式的买家不能使用亚马逊商城。而现在,发票支付这一付款方式购买来源包括亚马逊商城,这种方式也让卖家有机会提升他们在亚马逊上的销量。发票有付款期限,例如付款期限是30天,则表示买家应在开票日期后30天内付款。付款期限因买家而异,且应获得亚马逊的批准。买家支付订单的发票款项之后,亚马逊会将此款项存入卖家的"我要开店"账户。此外,如果买家未在到期日之后的7日内付款,亚马逊将承担这一风险并将此款项存入卖家的"我要开店"账户可用余额。

亚马逊为卖家简化了发票开具流程,不需要卖家对买家进行常规的信用风险评估的一系列工作,包括开具发票、跟踪到期发票、追讨未支付的发票,管理坏账等,都由亚马逊来处理。亚马逊还向卖家提供了及早获得发票并支付订单付款的功能,卖家可以通过更改发票支付订单付款设置来做到这一点,如图6-22所示。在图6-22所示的选项中,选择支付每笔交易发票金额1.5%的处理费这一选项,在确认发货后,卖家收到的付款便会立即存入其"我要开店"账户可用余额中。

图6-22　开发票订单付款设置

如果卖家收到了发票支付订单,那么卖家后台主页上的"付款"中的"余额"也会包含发票支付订单的金额。卖家也可以通过图5-73中卖家后台顶部导航菜单中的"数据报告"—"付款"栏目,查看新的"付款一览"页面。此页面提供了信用卡和发票支付订单余额的详细信息,付款报告分为信用卡和发票支付订单两部分。在"发票支付订单"部分,新的"未结清发票"视图会显示待付款的所有发票交易;"发票到期日"字段指明了买家应该支付发票款项的日期;"净金额"列显示的是扣除所有亚马逊所收费用后卖家应收到的金额。

五、广告付费信息设置

面对激烈的市场竞争,卖家推出的产品广告是非常重要的推广工具,采用付费广告来宣传商品,可以利用关键词匹配买家搜索,增加所售商品的浏览量和买家关注度,提高销售量和收益。常用的广告类型包括:付费商品广告(Sponsored Products Ads)、标题搜索广告(Headline Search Ads)和商品展示广告(Product Display Ads)。

其中,付费商品广告是指展示在亚马逊首页或其他商品的详情页面中的商品广告,消费者可通过点击浏览页面中的广告,进入商品的详情页面。标题搜索广告是指消费者通过在商品搜索栏中输入预购商品的品名、类型或关键词,在所得到的搜索结果页面中插入的广告。商品展示广告是指展示在产品列表、同类商品的详情页面、买家评论、优惠活动等页面的广告。

在进行广告付费信息设置时,可以点击图6-2中的"广告付费信息",进入到广告费用扣除方式选择页面(见图6-23)。亚马逊可以从卖家账户余额中抵扣广告费用,或由卖家自行选择预付款形式支付。在大多数情况下,付款方式的更改将在下个月的第1天生效。在付款方式更改完成之前,将持续使用卖家当前的付款方式。若选择"账款抵扣",广告推广费用将从亚马逊卖家账户销售和运营活动相关收益中进行抵扣,这种付款方式相对快捷方便;若选择"信用卡方式",可选择用信用卡支付广告费,如图6-24所示,选择一张已记录的信用卡或新增一张信用卡。选择好广告费用扣除方式后,点击"更改"。

图6-23 选择广告费用扣除方式1

图6-24 选择广告费用扣除方式2

第二节 亚马逊站点业务信息设置

一、办公地址设置

通过点击图6-1中所标注的菜单项可以进入图6-25所示的卖家账户信息页面,点击页面中的"业务信息"栏目中的"办公地址"链接,进入图6-26页面,可以设置卖家经营业务所在的物理地址。点击"选择地址"后,进入图6-27所示页面,页面显示已经保存的账单地址信息。如果有实际经营的物理地址,可以直接进行选择;如果想添加新的地址,可点击图6-26或图6-27中"添加新地址",出现图6-28所示页面效果,填写详细地址信息并提交,这样就完成了添加新办公地址的操作。

图6-25　卖家账户信息页面

图6-26　设置公司地址

图6-27　选择地址

图6-28　添加新地址

二、公司名称设置

卖家如果需要更新在账户注册时提交的公司名称，可以点击图6-25所示页面中的"公司名称"链接，更新公司名称、法律实体名称或地址。单击图6-29"更新税务信息"按钮可以重新进行税务审查。进入图6-30页面以后，根据实际情况在图中位置选择"个人"或"业务"。其中，"个人"包括独资经营人或所有人为个人的单一成员有限责任公司，需要继续填写如图6-31中的纳税身份信息。

本书介绍的卖家仅适用于中国卖家，如果卖家是美国公民，则必须填写IRS W-9表，如表6-1所示；如果不是美国公民，则请选择其他国家（地区）即可；如果卖家是双重国籍公民，需输入在填写本表格时兼具公民和居民身份的所在国家（地区）；如果不是在具有公民身份的任何国家（地区）中的居民，可输入最近居住的国家（地区）；如果是个人且收入与美国贸易或业务实际相关，则必须提供居住国家（地区）以纳税。同时，要注意的是，如果是以个人身份填写信息，"全名"需与纳税申报单上的信息一致。

表6-1 IRS W-9

Form **W-9**
(Rev. October 2018)
Department of the Treasury
Internal Revenue Service

Request for Taxpayer Identification Number and Certification

▶ Go to *www.irs.gov/FormW9* for instructions and the latest information.

Give Form to the requester. Do not send to the IRS.

Print or type.
See Specific Instructions on page 3.

1 Name (as shown on your income tax return). Name is required on this line; do not leave this line blank.

2 Business name/disregarded entity name, if different from above

3 Check appropriate box for federal tax classification of the person whose name is entered on line 1. Check only **one** of the following seven boxes.

☐ Individual/sole proprietor or single-member LLC ☐ C Corporation ☐ S Corporation ☐ Partnership ☐ Trust/estate

☐ Limited liability company. Enter the tax classification (C=C corporation, S=S corporation, P=Partnership) ▶ ______

Note: Check the appropriate box in the line above for the tax classification of the single-member owner. Do not check LLC if the LLC is classified as a single-member LLC that is disregarded from the owner unless the owner of the LLC is another LLC that is **not** disregarded from the owner for U.S. federal tax purposes. Otherwise, a single-member LLC that is disregarded from the owner should check the appropriate box for the tax classification of its owner.

☐ Other (see instructions) ▶

4 Exemptions (codes apply only to certain entities, not individuals; see instructions on page 3):

Exempt payee code (if any) ______

Exemption from FATCA reporting code (if any) ______

(Applies to accounts maintained outside the U.S.)

5 Address (number, street, and apt. or suite no.) See instructions.

Requester's name and address (optional)

6 City, state, and ZIP code

7 List account number(s) here (optional)

Part I Taxpayer Identification Number (TIN)

Enter your TIN in the appropriate box. The TIN provided must match the name given on line 1 to avoid backup withholding. For individuals, this is generally your social security number (SSN). However, for a resident alien, sole proprietor, or disregarded entity, see the instructions for Part I, later. For other entities, it is your employer identification number (EIN). If you do not have a number, see *How to get a TIN,* later.

Note: If the account is in more than one name, see the instructions for line 1. Also see *What Name and Number To Give the Requester* for guidelines on whose number to enter.

Social security number

☐☐☐ - ☐☐ - ☐☐☐☐

or

Employer identification number

☐☐ - ☐☐☐☐☐☐☐

Part II Certification

Under penalties of perjury, I certify that:

1. The number shown on this form is my correct taxpayer identification number (or I am waiting for a number to be issued to me); and
2. I am not subject to backup withholding because: (a) I am exempt from backup withholding, or (b) I have not been notified by the Internal Revenue Service (IRS) that I am subject to backup withholding as a result of a failure to report all interest or dividends, or (c) the IRS has notified me that I am no longer subject to backup withholding; and
3. I am a U.S. citizen or other U.S. person (defined below); and
4. The FATCA code(s) entered on this form (if any) indicating that I am exempt from FATCA reporting is correct.

Certification instructions. You must cross out item 2 above if you have been notified by the IRS that you are currently subject to backup withholding because you have failed to report all interest and dividends on your tax return. For real estate transactions, item 2 does not apply. For mortgage interest paid, acquisition or abandonment of secured property, cancellation of debt, contributions to an individual retirement arrangement (IRA), and generally, payments other than interest and dividends, you are not required to sign the certification, but you must provide your correct TIN. See the instructions for Part II, later.

Sign Here Signature of U.S. person ▶ Date ▶

图6-29　更新税务信息

图6-30　个人税务信息调查1

图6-31　个人税务信息调查2

如果是公司从亚马逊获得收入,则需要在图 6-30 中"谁将从 Amazon(亚马逊)或其子公司获得收入?"下方的选项中点击"业务",在图 6-32"受益所有人类型"中选择"公司"。填写图 6-33 中的空白栏目,如"组织名称"等,并选择"组织所在国家(地区)",点击"继续"即可。

图 6-32　受益所有人类型

图 6-33　纳税身份信息

三、正式注册地址设置

点击图 6-25 中的"正式注册地址"链接,可以选择现有已经添加的信用卡账单等地址;或者选择图 6-34 所标注的"添加新地址",进入图 6-35 所示页面,填写好"国家/地区""地址"等相关信息,点击"保存"。

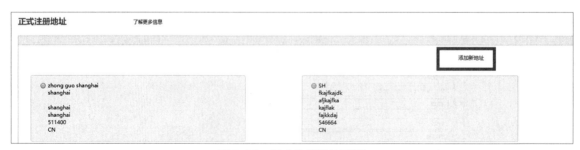

图 6-34　正式注册地址页面

图6-35　添加新地址

四、查看卖家记号

点击图6-25中的"您的卖家记号"链接,即可查看到每个卖家独有的卖家记号。卖家记号是用于在AMTU（Amazon Merchant Transport Utility,亚马逊卖家传输实用工具）、第三方应用程序和 XML（Extensible Markup Language,可扩展标记语言）上传数据的唯一卖家编码,用于将卖家上传的商品与卖家账户进行匹配。需要注意的是,它对于指定的卖家而言具有唯一性,卖家不可与其他卖家共享卖家记号,不可将其用于其他卖家账户。

五、上传数据处理报告语言设置

点击6-25中的"上传数据处理报告语言",可进入图6-36所示页面,选择数据处理的语言,点击"更新"按钮即可。

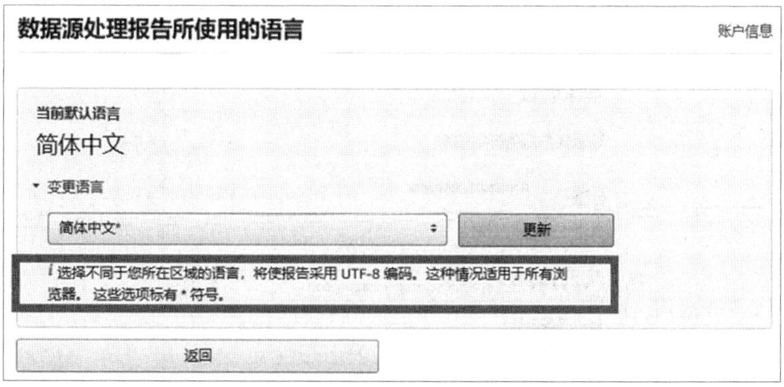

图6-36　选择数据处理语言

六、显示名称设置

点击图6-25中的"显示名称"链接,进入图6-37所示页面,点击"商店详细信息"的"编辑"按钮,进入图6-38所示页面,可以更新卖家显示名称,查看供顾客访问的卖家店铺链接。需要注意的是,卖家显示名称不能使用未经授权的商标或专有名称。

图6-37　显示名称页面

图6-38　编辑商店详细信息

　　如果卖家需要更新客服信息,请点击图6-37中的客户服务详细信息部分的"编辑"链接,进入图6-39页面,更新客户服务电子邮件、客户服务电话、客户服务回复电子邮件,点击"提交"完成更新。卖家也可以从账户信息首页,点击"您的卖家资料"进行编辑。

图6-39　编辑客户服务信息

第三节　亚马逊物流设置

一、亚马逊物流简介

亚马逊物流(FBA)的计划和服务可帮助卖家发展业务,并吸引更多买家。使用亚马逊物流,卖家只需将商品运送到亚马逊运营中心,亚马逊会负责取件、包装和配送,并为这些商品提供客户服务。卖家的商品有资格享受亚马逊Prime免费隔日达服务,对于符合要求的订单,所有Amazon.com买家都可以享受免费配送服务。同时,亚马逊将代表卖家提供客户服务,并处理亚马逊物流订单的退货事宜,这也是吸引新买家的工具之一。亚马逊还提供亚马逊物流订购省、亚马逊物流轻小商品计划、多渠道配送和亚马逊物流出口等工具,以帮助卖家最大限度地提高销量并建立买家忠诚度。另外,亚马逊提供有助于卖家管理业务的工具,如卖家可以从亚马逊合作承运人选项中选择商品预处理、贴标和重新包装等服务。

二、"购买配送"偏好设置

卖家通过"购买配送"偏好设置可以设置管理适合发货的地址、包裹类型、不同配送区的承运人优先次序等,可以针对所售商品的特点创建自定义的商品配送包裹类型,这样可以减少购买每个货件标签所需的时间。

操作时,点击图6-2中"发货和退货信息"栏中的"'购买配送'偏好设置"栏,进入设置页面,如图6-40所示。点击"添加新地址"或"编辑",输入确保包含完整的地址和时区的发货地址,或者选择一个默认发货地址,即可进入设置"购买配送偏好设置"页面。

图6-40　购买配送偏好设置页面

(一)适用于所有发货地址的偏好设置

某些偏好设置适用于特定地址,而其他偏好设置则适用于所有发货地址,如自定义包裹类型。在"包裹类型"栏目中,如果卖家经常配送相同尺寸的包裹,可以创建自定义包裹类型,这样无须重复输入相同尺寸,可以节省时间。为包裹类型输入一个名称,一般按照包裹的用途来取名,方便记忆。

卖家可以在"确认设置"栏目中选择接收确认通知的首选方法。在"保险设置"栏目中,进行保险偏好设置,此项设置适用于所有库房、所有货件,卖家可以针对所有货件或者仅针对超过指定包裹价值的货件,设置可选保险设置。

(二)承运人优先次序偏好设置

利用承运人优先次序偏好设置对"购买配送"支持的不同配送方式区分优先次序。操作时,从右向左拖动承运人选项,按优先次序排序。若要排除某个承运人,可将其留置于框外。如果没有偏好设置,则无须进行任何更改。

(三)管理您的承运人账户

如图6-41所示,亚马逊会向卖家账户收取运费和相关服务费。如果已在某个承运人处注册账户,也可以登录承运人账户,通过该账户购买配送服务。"购买配送"会根据优先次序,选择承运人出价最低并且满足送达日期要求的配送服务。

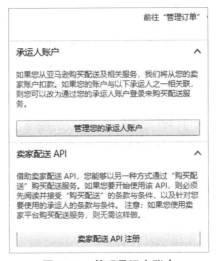

图6-41 管理承运人账户

三、配送设置

(一)一般配送设置

针对需要自配送的订单,卖家可以通过"配送设置"完成一般配送设置,以及配送模板的选择和设置。如图6-42所示,点击"一般配送设置"的"编辑"按钮,即可进入默认配送地址页面,如图6-43所示,然后选择现有地址,或者添加新的配送地址。默认配送地址是用于配送订单的主要实际地址、电子邮件地址和电话号码。此信息保存在卖家账户中,卖家在"购买配送"首选项和"配送设置"页面中选择地址时会自动显示。

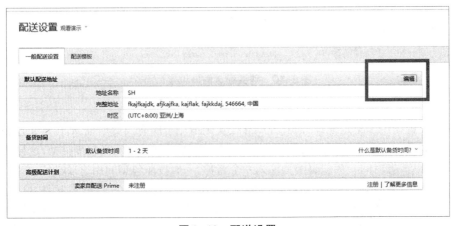

图6-42 配送设置

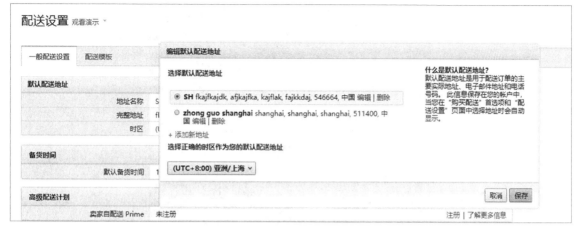

图6-43　编辑默认配送地址

　　页面中的默认备货时间(工作日)为1~2天,如果卖家期望设置更长的备货时间,可以在管理库存页面编辑"备货时间"字段或上传库存文件修改备货时间,此处无法进行直接修改。截至2019年7月,卖家自配送Prime会员暂时无法申请加入。如果有正常变化,须以亚马逊的更新政策为准。

　　点击"配送模板"进入配送模板设置页面,如图6-44所示,这个页面可以看到所有及设置过的配送模板,或者新建配送模板,所有的配送模板仅适用于卖家自行配送的商品。

图6-44　配送模板设置页面

(二)创建新配送模板

　　在图6-45中,点击"创建新配送模板",可以直接复制现有配送模板,也可以新建一个配送模板,点击"确定",进入配送模板设置页面。下面分步介绍其操作方法。

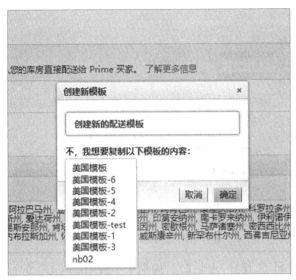

图6-45　创建新配送模板

1. 设置配送模板名称，选择配送模型

建议卖家尽可能地简化运费设置。卖家有两种配送模型可以选择：第一种，基于商品件数或重量来计算运费，包含每个或每磅商品的运费及每个货件的固定费用；第二种，商品价格分段式配送，运费由订单总金额来决定。

2. 根据配送模型，设置不同配送标准下的运费标准

卖家自行配送的境内配送标准包括标准配送、加急配送、隔日达及当天达，卖家不使用的配送标准需要单独设置。如果卖家选择的是基于"每件商品/基于重量"收取运费，如图6-46所示，标准配送要求配送至美国大陆的所有州（夏威夷和阿拉斯加等地区除外）的运费必须相同，同时设置每张订单的基本运费及按照重量或按照商品增加的运费。下面我们举个例子来看看按照重量和按照商品件数的标准配送运费计算方法的区别。

例如，按照重量计算运费，如果将单次配送运费设置为4.00美元，并将每磅运费设置为0.50美元，一位买家购买了两件商品：一台25磅的电视和一台1磅的DVD播放器，亚马逊将按照如下方式来计算要向买家收取的总运费：4.00＋0.50×（25＋1）＝17.00（美元）。对基于商品件数计算的运费，如果将单次配送费用设置为4.00美元，将每件商品的运费设置为1.00美元，如果一位买家购买了两件商品，亚马逊将按照如下方式计算要向买家收取的总运费：4.00＋1.00×2＝6.00（美元）。

从图6-46中可以看到，在标准配送下，运输时间不能修改，默认是14~28天，如果卖家可以为亚马逊的消费者提供加急配送，也可以根据每件商品/基于重量的模型，设置加急配送模板，如图6-47所示。运输时间可以选择：最快的1~2天、最长5天。卖家也可以根据实际情况，适当提高运费。

图6-46　基于商品件数或重量之标准配送设置

图6-47　基于商品件数或重量之加急配送设置

如果卖家可以提供2天内的送达服务（见图6-48），可以设置隔日达或者当日送达。根据实际情况，卖家可以编辑地区，此处不要求所有州全覆盖配送，卖家根据实际情况调整运费模板即可，但此处的送达时间，是无法更新调整的。

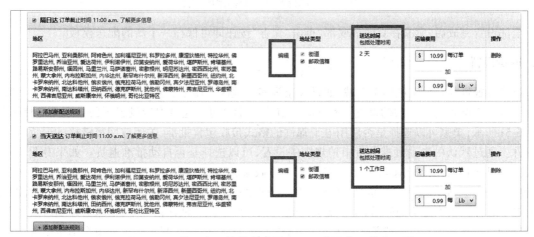

图6-48　基于商品件数或重量之隔日达及当天送达设置

如果卖家选择按照商品价格分段式收取配送费用，需要选择第二种配送模型——"商品价格分段式配送"，有四种配送标准，其中标准配送是根据商品的价格来设置运费的，如果需要添加新的规则，点击"添加新配送规则"进行设置（见图6-49）。

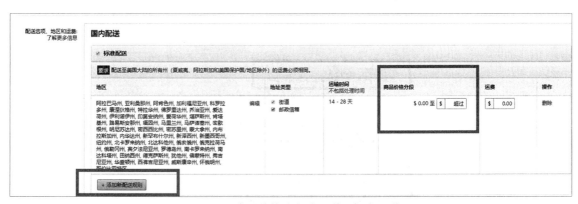

图6-49　商品价格分段式配送之标准配送

卖家在仅选择国内配置标准下的标准配送时，还会出现两个国际配送的选择：标准配送和加急配送。其中，标准配送运输时间最长可以选择14~28天，加急配送运输时间最长可以选择3~5天。国际配送是指卖家可以从美国配送到其他国家或地区，如果卖家想添加不同的国家或地区，可以直接点击"编辑"，进入如图6-50效果的页面，就可以添加或删减国家或地区。

图6-50　国际配送之选择地区页面

全部设置完成后,卖家在页面最底部,点击"保存"按钮即可保存一个新的配送模板。

四、退货设置

退货设置目前只限定适用于商城,如果卖家为多个地区启用了卖家账户,则可以使用此页面顶部的商城开关来配置每个商城的设置。专业卖家和个人卖家可以通过退货设置页面自定义退货选项。如图6-51所示,卖家可以选择是否使用电子邮件的格式接收包含批准、关闭或回复链接的退货申请电子邮件。通过默认的自动批准退货申请规则的设置,可以选择是否自动批准退货。如果专业卖家和个人卖家已选择自动批准退货,只要退货请求符合政策就会被自动批准。亚马逊会向买家发送带有指向由亚马逊生成的退货商品批准(Return Material Authorization,RMA)编号的链接和退货配送标签的电子邮件。收到退货通知后,卖家需要返还买家相应退款。默认情况下,卖家必须通过卖家账户的"管理退货"部分手动批准或关闭所有退货请求,也就是默认选择"我希望批准每个退货申请",如果选择"我想要亚马逊自动批准所有请求",系统将自动批准每个退货请求,卖家可以针对自动批准选择一个时间段(从订单日期算起,最长30天),如果卖家想批准所有符合亚马逊正常的退货申请,选择"我想要亚马逊自动批准符合亚马逊政策的所有请求"即可实现。卖家也可以自行选择退货邮寄标签,可以手动完成,也可以由亚马逊提供。如果需要自行提供,需要按照图6-52中各个选项所示,选择具体的承运公司。

图6-51　退货常规设置页面

图6-52　卖家自行提供退货邮寄标签

　　卖家可以设置属于个性化的特殊退货说明,全部设置好后,点击如图6-53中"保存设置"按钮,即可完成退货常规设置。

图6-53　设置退货说明

　　如果卖家需要针对部分商品设置不可退货规则,可点击"无法退还商品的退款",如图6-54所示,在此设置规则名称、价格范围、商品类别,添加退货原因,选择退货期限,点击"保存"后就可以完成不可退货商品的规则设置。

图6-54　设置不可退货规则

　　卖家在目标站点进行销售时,如果买家申请退货,卖家需要设置一个接受退货的地址,这个地址要求必须是销售目的国(地区)的地址。进入如图6-55所示页面,点击"设置地址",即可添加北美站点的退货地址,按照图6-56中的信息要求,填写退货地址信息,添加地址即可。

图6-55　设置退货地址

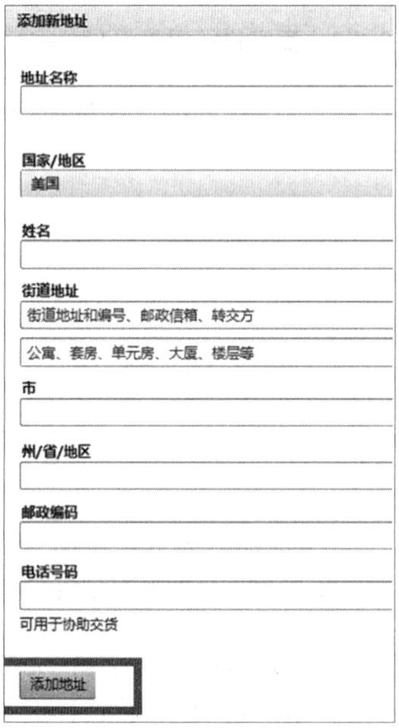

图6-56　添加退货地址

默认退货地址的设置将应用于整个北美联合账户,如果需要单独设置不同站点的退货地址,也可以选择不同的站点,单独编辑设置地址,如图6-57所示。

图6-57　单独设置站点退货地址

五、查看国际退货提供商

卖家选择使用亚马逊物流（FBA）服务后，亚马逊会为卖家代理处理当地退货业务，所以卖家可以省去花费在退货地址、退货运费等问题上的精力，也不必为了冲抵国际退货运费而更改定价。如果是卖家自行配送的商品，则卖家需要向买家提供其所在国家或地区的退货地址，或者向买家提供退货包邮服务。由此产生的部分退款及国际退货费用，会对卖家的利润收益造成直接影响。此外，卖家也可选择第三方合作，由该方提供卖家国际订单在当地的退货地址，这样也可以减少退货成本。操作时，在图6-2中点击"国际退货提供商"，进入图6-58的页面，卖家可以根据个性化的需求，查看国际提供商。

图6-58　服务提供商网络

第四节　税务信息设置

中国卖家在该功能中常用的栏目是"税务信息"和VAT信息，而"RFC ID"栏目是墨西哥专用税号，用英文表达为"Federal Register of Causing"，是卖家进入亚马逊墨西哥站点时，在墨西哥政府进行纳税注册登记所获取的号码。

一、税务信息设置

点击图6-59税务信息区域中的"税务信息"链接，会直接进入图6-29所示页面，详细步骤请参考本章第二节的设置内容。在运营过程中，卖家还可能会接受亚马逊税务信息调查，如个人卖家申请转为专业卖家，或运营时长达到3年，需要完成此项调查。

图6-59　卖家账户信息页面之税务信息栏

二、VAT 信息设置

VAT（Value-added Tax，增值税）是一种由消费者承担的价外税，是以商品在流转过程中产生的增值额作为计税依据而征收的流转税。在不同的国家或地区，增值税的名称、税率不同，在欧盟所使用的 VAT 和在加拿大、澳大利亚所使用的 GST（Goods and Services Tax）都是增值税。

点击图 6-59 中的 VAT 信息，进入 VAT 设置页面，如图 6-60 所示，可以根据站点，添加新的 VAT/GST 税号。VAT/GST 注册编号是一个字母数字字符串（无空格、破折号或其他符号），它应与卖家的法定名称和主要营业场所相关联，将用于确定如何针对卖家费用收取 VAT/GST。

图 6-60　VAT/GST 设置页面

第五节　卖家账户管理设置

一、通知首选项设置

点击图 6-2 "账户管理" 栏目下的 "通知首选项"，可进入图 6-61 所示的页面。以订单通知为例，在通知选项中，可以设置自己如何接收有关卖家账户的通知和提醒，包括订单通知、退货和索赔通知、商品通知、报告、出价通知、亚马逊销售指导通知、账户通知、紧急通知、亚马逊企业通知、消息等通知模块，卖家可以通过设置通知，及时收到消息，了解账户的最新运营情况。

图6-61　订单通知

如图6-62所示,卖家可以在联系人选项卡中,设置卖家默认联系人信息,包括电子邮件及电话号码。

图6-62　设置卖家默认联系人

二、登录设置

点击"账户管理"栏目下的"登录设置(更改姓名、邮箱地址、手机号码、密码和高级安全设置)",可进入图6-63所示页面,卖家可以编辑账户姓名、邮箱地址、手机号码、密码等,在高级安全设置中,为了提高账户安全性,卖家可以为账户启用验证码机制(见图6-64)。

图6-63　登录设置页面

图6-64　高级安全设置

三、用户权限设置

首次设置卖家平台账户时,只有注册的卖家才能访问该账户的各种工具和功能。卖家可以通过设置用户权限来向其他人(如员工、共有人或承包商)提供访问权限。若要邀请新用户,需在图6-65所示页面中点击"账户管理"下的"用户权限";在"添加新的卖家平台用户"下方输入新用户的联系信息,然后点击发送"邀请"。对要添加的所有新用户重复此操作,让新用户按照电子邮件中的说明进行操作。

图6-65　用户权限页面

若要编辑新用户的权限,可以点击"账户管理"下的"用户权限",点击要更改的用户账户旁边的"编辑"及允许该用户访问的每个工具旁边的按钮。

通过设置用户权限,其他用户也可以完成管理库存、处理发货确认等各项任务。但是,账户凭证具有唯一性和机密性,不可与任何人共享。只有专业卖家可以使用用户权限功能。

卖家也可以点击图6-65中的"管理权限",进入图6-66所示页面,添加或编辑用户权限。

图6-66　添加或编辑用户权限

四、降级账户设置

点击"账户管理"栏目下的"降级账户",卖家可以申请关闭账户或者切换到个人销售计划,如图6-67所示。需要注意的是,关闭账户是一项永久性操作,如果卖家想停止支付每月的专业销售计划月度服务费并保留亚马逊卖家的资格,则可切换到不收取月服务费的个人销售计划,完成账户降级。

图6-67　降级账户设置页面

五、关闭账户设置

　　点击"账户管理"栏目下的"关闭账户"菜单项,出现图6-68所示页面,即可申请关闭账户。亚马逊卖家在日常运营中,可以随时选择暂停销售商品,不建议选择永久关闭卖家账户。如果选择关闭账户,则不可继续访问该账户,不可查看订单历史记录、处理货款、与买家沟通等,也无法重新激活或恢复;如果关闭后想恢复销售,则只能重新注册。

　　在关闭账户前,首先要完成配送所有待处理订单,解决所有需退款的订单,要确定最后一次订单的完成时间需超过90天,以确保亚马逊商城交易保障索赔项目能得到正常履行。

图6-68　关闭账户设置页面

第六节　其他信息设置与查看

一、假期设置

　　点击图6-2卖家账户信息首页中的"商品状态"区域的"假期设置",如图6-69所示,即可进入假期设置页面。如果卖家正准备去休假,或者希望暂时从亚马逊网站上清除在售商品,可以使用此功能来取消激活商品。需要注意的是,亚马逊物流商品将不受此假期设置影响,仍然处于在售状态。在假期期间收到的任何买家发送给卖家的消息仍需在24小时内回复。在图6-70所示页面中,选择联合账户的站点是"在售"或"停售",点击"保存"按钮,完成假期设置。

图6-69　卖家账户信息页面之商品状态栏

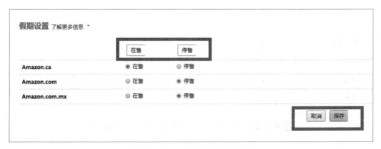

图6-70　假期设置页面

2

2

二、信息政策

在图6-1所示的卖家后台主页面的"设置"栏目中,可以点击进入"您的信息和政策",可以为买家构建帮助页面,提供有关店铺的基本信息,创建要提供给买家的相关业务信息,将有关业务和政策的自定义内容添加到亚马逊网站。如图6-71所示,该栏目的主页面中列出各项服务列表,包括"个人资料""配送""隐私政策""礼品服装""税收""常见问题解答""自定义帮助页面""认证",点击后可以进入各栏目的详情页面,完成申请和设置。如果在"设置"菜单中没有看到"您的信息和政策",则表明没有访问此工具的权限,可以联系账户管理员以获取访问权限。

图6-71 您的信息和政策主页面

"个人资料"项下可以通过编撰公司的业务介绍和营收成果、上传徽标和产品特色图片来打造品牌(见图6-72)。"卖家徽标"栏中可以上传企业徽标的图片,该图片必须为JPG或GIF格式,120像素(宽)×30像素(高),不能有动画,图片文件最大不得超过20000字节。且徽标上不得包含网站或电子邮件地址,否则会被视为引导销售转向其他渠道。

图6-72 您的信息和政策——个人资料

如图6-73所示,"配送"项下提供配送政策和运费信息查询,卖家可以填写关于送货政策和送货费用的帮助内容,详述发货时间、承运公司、送货费用,还可以指明具体的发货日期、承运企业、送货速度及费用等。

图6-73 您的信息和政策——配送页面

"隐私政策"项下可以填写保密帮助内容。保密帮助内容将显示在亚马逊隐私政策的下方,是对现有亚马逊网站政策的扩展,如图6-74所示。

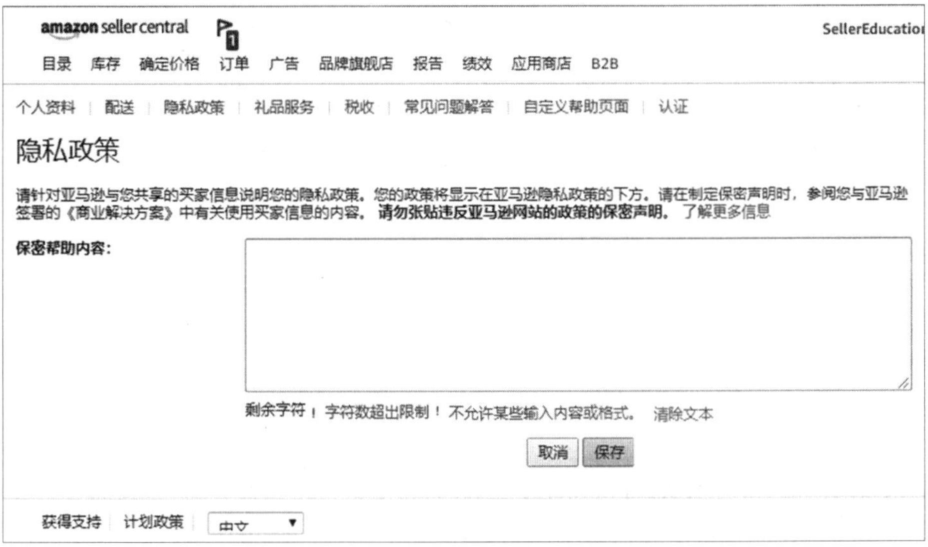

图6-74 您的信息和政策——隐私政策

"礼品服务"为选填项,如图6-75所示,卖家加入专业销售计划后,可以在此页面说明是否提供礼品包装或礼品赠言服务。

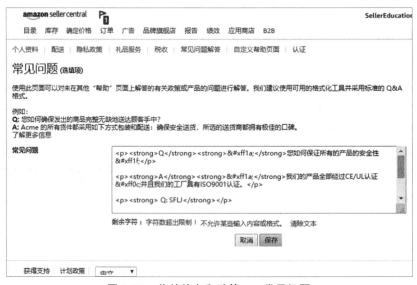

图 6-75　您的信息和政策——礼品服务

"常见问题"为选填项,如图 6-76 所示,使用此页面可以提供与政策或商品问题相关且未在其他帮助页面得到解答的答案。

图 6-76　您的信息和政策——常见问题

"自定义帮助页面"为选填项,可以在此创建、编辑自定义帮助页面,为买家提供与所售商品相关联的其他信息,以及特定于商品和特定于分类的其他详细信息。例如,所售商品为服装,可以提供尺寸表及不同身高、体重的消费者适合穿着的尺码。如图 6-77 所示,"编辑您的自定义帮助页面"中可以对已有的帮助页面进行编辑、修改排序、更改或删除。"创建新的自定义帮助页面"时,在对应栏目中,输入"自定义页面标题",如尺码信息、着装指导、选码建议等;在"自定义帮助页面正文"中输入详细的帮助文本;也可以点击上传"自定义帮助页面图片",完成自定义帮助的创建。

图6-77　您的信息和政策——自定义帮助

"认证"页面如图6-78所示,卖家添加认证,可以吸引企业客户,助其达成目标。

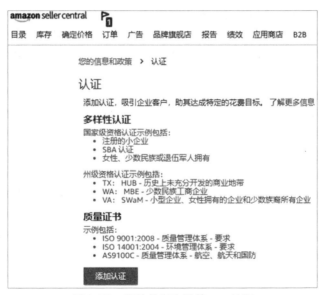

图6-78　您的信息和政策——认证

本章习题

第六章习题

第七章

亚马逊商品发布

【学习目标】 掌握亚马逊商品发布方法、步骤及注意事项。
　　　　　　 理解亚马逊商品详情页面的结构及所示信息。
　　　　　　 了解亚马逊商品发布的英文页面及下载表格。
【重点难点】 掌握亚马逊单个发布或批量上传商品的操作方法及流程。

第一节　商品发布基础知识

亚马逊商品发布的方式包括单个上传和利用模板批量上传。与其他跨境电商平台不同,亚马逊的商品详情页面由提供相同商品的所有卖家共享,当卖家发布的商品是亚马逊目录中没有的,则卖家可以为该商品创建报价,然后亚马逊将创建一个新的商品详情页面,根据制造商和卖家提供的数据来选择在商品详情页面中要展示的信息,并留有新品提示,帮助买家在浏览详情页面时可以看出该商品是亚马逊上销售的唯一商品。

为了保障买家的在线购物体验,亚马逊限制了卖家在给定的一周内可创建的ASIN数量,卖家允许创建的ASIN数量会随着销量上升而增长,因此亚马逊鼓励卖家优先发布能够快速提高销量的商品。此外,如果该卖家已建立销售历史记录,且创建了大量新ASIN,亚马逊保留暂时撤销创建新ASIN权限的权利,并按月重新评估卖家的销售状态。当卖家无权创建新ASIN时,可以将所售商品与现有ASIN相匹配。

亚马逊禁止卖家创建重复的ASIN,即为目录中已经存在的商品创建新ASIN,这样做可能会导致账户的ASIN创建或销售权限被暂停或永久撤销。当卖家创建的新商品发布后,其他销售同一种商品的卖家可以将新商品与亚马逊目录中的现有商品相匹配,在商品详情页面上发布报价,并根据商品价格、配送选项、状况及其他属性来控制自己的报价。本章后续小节将以美国站为例,详细介绍亚马逊商品发布的规则及步骤。

第二节　产品详情页面介绍

在介绍亚马逊商品发布方法前,需了解商品详情页的结构和所示信息。消费者可以在亚马逊站点的搜索框中用搜索词查找所需产品,如图7-1所示。

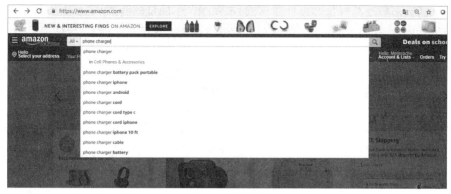

图7-1　搜索框

以 phone charger(手机充电器)为例进行搜索,搜索结果页面如图7-2所示。

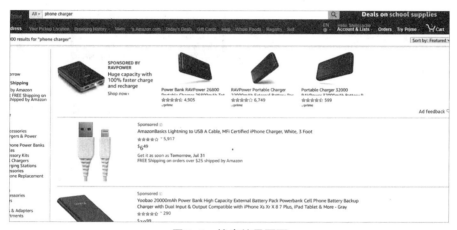

图7-2　搜索结果页面

点击第一个产品链接,进入商品详情页,如图7-3所示。

卖家可以看到商品详情页包括商品图片、商品标题、价格等信息。图7-3页面左侧为图片展示区域,第一张图片称为"主图",其他图片称为"辅图"。

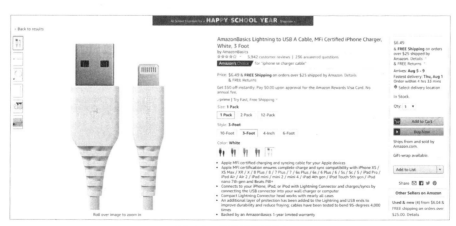

图7-3　商品详情页1

在主图右侧首先展示的是商品标题,标题下方"brand"后面是商品的品牌名称,如图7-4所示。在品牌信息下方,展示对应产品的评价星级、评价数量、商品价格及配送信息,以支持买家进行决策。

亚马逊上的大多数商品都是多属性商品,如不同颜色不同尺码的商品,被称为变体商品,可以通过一个页面进行展示,如图7-4所示的商品有多个颜色可选。对于买家而言,变体商品可以为买家提供更多商品选择范围。而对于卖家而言,变体商品可以汇总同款商品的销售数量及买家评论,有利于提高商品排名和浏览购买转化率等。不过,卖家不能单独追求变体数量,变体数量多,一方面可提高消费者在商品页面停留的时间,但另一方面也会影响消费者的选择。在本章第五节中将介绍如何填写变体库存,那里所称的"父商品""子商品"就是具有变体关系的商品名称,其中,"父商品"是指变体商品的总称,而"子商品"是指体现出不同变体特性的具体商品。多属性选项后面展示的是描述商品的关键信息,亚马逊只允许卖家设置五条,所以通常被卖家称为"五点描述",这部分信息也是卖家在上传商品时可以进行设置的部分,我们将在本章第三节中进行详细介绍。

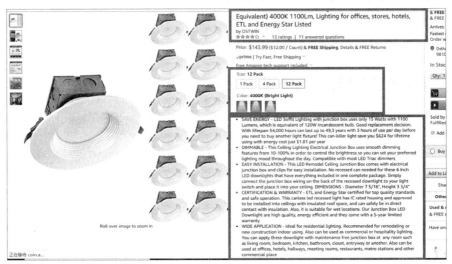

图7-4　商品详情页2

在商品详情页第一屏最右侧,如图7-5所示,买家可以查看商品价格、配送方式、具体配送费用、预计的送达时间,以及库存数量。位于库存信息后面的是"Add to Cart"(加入购物车)及"Buy Now"(现在购买)按钮。与其他平台不同,如果不同的第三方卖家或者亚马逊自营卖家所销售的产品"完全一致",那么在亚马逊上将会共享一个商品页面,只有一个卖家会获得这个产品的购物车(Buy Box)。因此,对于卖家来说,能否获得 Buy Box 非常重要,买家只能在同一个页面才能切换到非购物车的其他卖家。

买家继续向下翻看,商品详情页展示的是亚马逊推荐的购物建议,即如图7-6所示的消费者常用的购买组合,此处信息卖家是无法自行设置的。

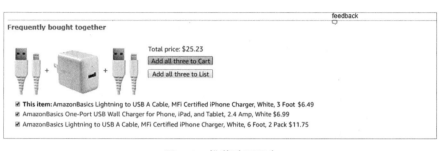

图7-6　推荐购买组合

图7-5　商品详情页3

　　在商品详情页的最下方,有两行推荐商品,如图7-7所示。其中一行带有"Sponsored products related to this item"的说明,展示的是与该页面商品相关联的其他品牌商品;另外一行带有"More to consider from our brands"的说明,展示的是与该页面商品更多的本品牌产品推荐,亚马逊通过这些推荐方式给买家提供更好的购买选择。

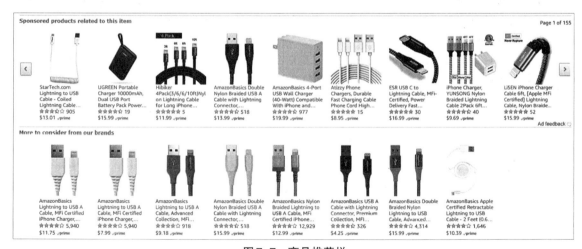

图7-7　商品推荐栏

　　不论是何种产品,这部分的信息都会包含在商品详情页中。此外,在商品详情页的最下方,还可以看到商品的买家问答及买家评价,如图7-8所示。后面的小节将具体介绍卖家发布商品的流程,以及如何在后台完成商品详情页信息的设置等内容。

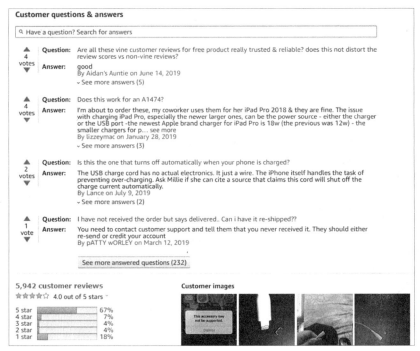

图7-8　买家问答及买家评价栏

第三节　单个商品发布

以美国站点为例,卖家进入卖家后台首页(https://sellercentral.amazon.com/),卖家可以通过点击"目录"模块下"添加商品"(见图7-9)或点击"库存"模块下"添加新商品"(见图7-10)这两种方法直接进入商品发布页面。

进入添加商品页面后,点击图7-11中的"创建新商品信息",进入商品上传的第一步:首先在亚马逊目录中查找您的商品,点击"我要添加未在亚马逊上销售的新商品"。

图7-9　添加商品

图7-10　添加新商品

图7-11　添加商品页面

选择最佳分类可以确保看到最适合卖家商品的数据字段,卖家可以使用分类搜索工具找到适合商品的最佳分类,或点击链接直接浏览分类再自行选择,如图7-12所示。

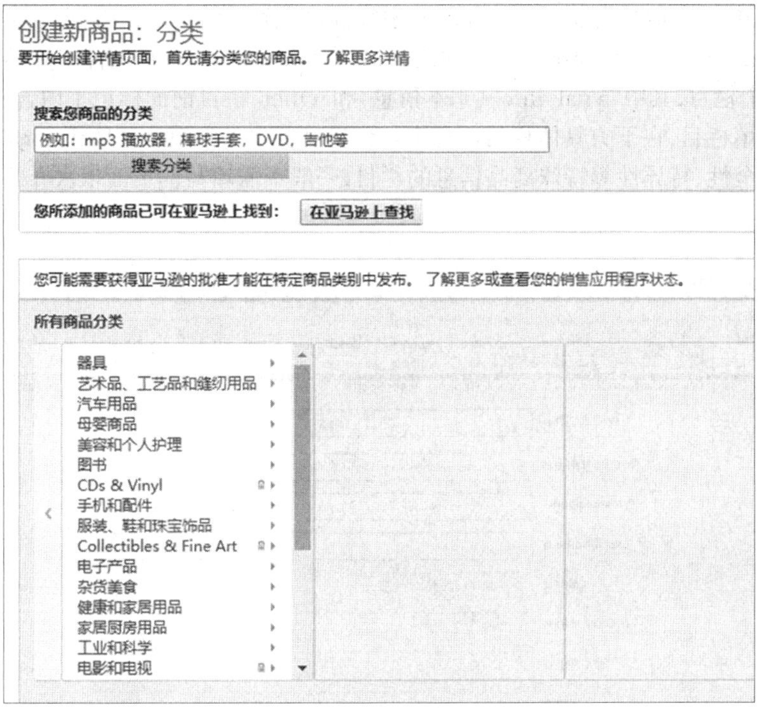

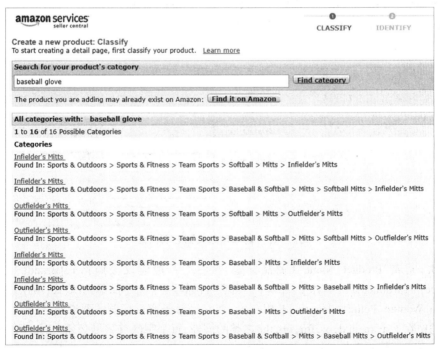

图7-12　商品分类页面

　　如果不确定商品的分类,可利用搜索工具查找分类。在对话框中键入商品名称中最基本的关键词,如"棒球手套""晚礼服"等,然后点击搜索按钮,在搜索结果页面的下方显示建议的分类列表,左侧显示类似商品的高级分类列表。卖家可以将搜索细化并限制在某单个分类中,通过浏览多个子分类才能达到最具体的级别,之后可以继续输入并提交商品信息来创建商品详情页面。以"棒球手套"(baseball glove)为例,搜索结果如图7-13所示,有很多个分类可以供卖家选择。

图7-13　棒球手套的分类搜索结果

卖家选择其中最合适的分类后,点击进入添加商品页面,在此首先打开页面右上角的滑动按钮——"Advanced View"(高级视图),进入如图7-14所示页面,填写上传商品更完整详细的信息。在该页面中共有8个栏目,其中"Vital Info"(基本信息)和"Offer"栏目前面标记了内含感叹号的三角形,表明这两项是必填栏目,在下方具体栏目前标记红色星号的也是必填项。"Variations"和"Compliance"栏是提交具有安全性、特异性等特殊商品信息的栏目,一般不需填写。下面依次介绍普通商品需填写的6个详情栏。

图7-14 创建商品详情页面

一、填写基本信息(Vital Info)

(1)首先需填写Product ID(商品编号)信息,可选项如UPC、EAN等,如图7-15所示。通常北美站点选择UPC,按照商品实际信息填写即可,如果卖家没有Product ID信息,需要到网站进行购买(https://www.gs1.org)。

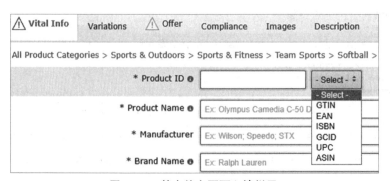

图7-15 基本信息页面必填栏目

(2)其次,完成"Product Name"(商品标题)撰写。一般建议按照格式[Brand]+[department/targetaudience]+[productname/style]([品牌]+[部门/目标顾客]+[产品品名/款式])的形式进行设置,如:"Amazon Women Petite Glen Plaid Blazer。"亚马逊对于商品标题的要求包括:标题首位必须是品牌名;标题中除了a,an,and,or,for,on,the之类的词外,每个字的首字母必须大写,不能全部大写或小写,也不能有任何特殊字符或标点符号,例如:®,©,™,!,$,&,*等;要注意选择英文输入法,在中文输入法状态下输入的内容会变成乱码;如有数字描述则需使用阿拉伯数字,而不可使用文字,例如要写2而不是Two。

卖家在撰写标题时可依据商品特点进行突出介绍,吸引消费者的关注,但标题应简明扼要,不要堆砌关键字,也不要出现过多的产品细节,标题字数要求服装类商品不可超过80个字符,鞋包类商品不可超过50个字符,其他品类少于200个字符;如果是多型号商品,则标题中不超过3个型号,其余可以在产品描述或产品特性中补充;如果所售商品需批量销售,可在商品名称后面添加"pack of X"。标题中不能显示公司、促销、物流、运费或其他任何与商品本身无关的信息。

(3)"Manufacturer"(制造商)信息是亚马逊卖家上传商品时的必填项,卖家按照商品实际的制造商填写此信息即可。

(4)"Brand Name"需填写商品的品牌名。如果销售的是非自有品牌的商品,须取得品牌方的授权、品牌商的增值税专用发票、采购相关合同,不可卖仿制品、假货品牌;商品品牌必须注册为商标;若卖家的经销商或供应商不是商品的生产制造商,则不可将制造商作为品牌名;如果商品的制造商名称没有注册为自有品牌,则不可将其作为品牌。

除上述四项基本信息外,卖家也可以根据实际情况填写:"color"(颜色)、"size"(尺码)等栏目,从图7-14中可以看到这几项栏目前面未加注星号,说明是非必填栏。

二、填写Offer(报价信息)

卖家需要填写的Offer页面下的信息栏包括商品价格、商品状态、配送时间及方式等,如图7-16所示。

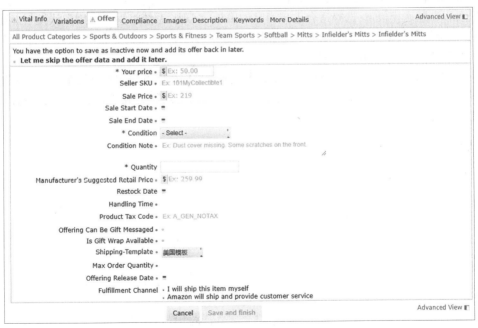

图7-16 Offer页面

(一)商品价格(Your Price)

按照卖家的实际计划填写商品价格,单位是目的销售站点的货币,如美国是美元。

(二)卖家SKU(Seller SKU)

卖家SKU虽然不是必填项,但是由于该项是卖家进行库存管理的依据,因此卖家需要填写此栏,按照实际库存管理使用的编码填写即可。需要注意的是,Seller SKU在填写完成保存商品后将无法更改,需要确保信息无误。

(三)特价(Sale Price)

如果卖家需要在指定时间内设置特价,需要在此页面设置具体的特价,以及特价开始和结束时间。

(四)商品状态(Condition)

目前在亚马逊上销售商品,中国卖家只允许销售全新产品,如图7-17所示,在"Condition"选项中选择"New"即可。

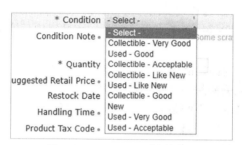

图7-17 Condition栏目选项

(五)订单处理时间(Handling Time)

如果卖家上传的是需要卖家自配送的商品,建议按照正常发货所需时间填写处理时间。如果不设置,系统默认订单处理时间为一个工作日内。一旦无法按时发货,就会影响卖家绩效考核指标中的迟发率。

(六)配送模板(Shipping-Template)

卖家可以在配送模板下,选择适合上传商品的模板。否则,系统将直接使用默认模板。通常情况下,配送费用会低于买家实际需要支付的金额。

(七)配送方式(Fulfillment Channel)

在不同的亚马逊站点,针对一个商品,可以选择卖家自配送或者使用亚马逊配送。在上传商品时可以选择具体的配送方式,通常情况下,卖家会先选择自配送方式,完成商品上传后,再将有需要的商品修改为亚马逊配送。

三、上传商品图片(Images)

每一款商品,卖家需要上传1张主图和最多8张辅图,如图7-18所示。

图7-18 Images页面

亚马逊对图片的要求如下。

（1）主图的背景必须为纯白（RGB：255，255，255）且图中无商标、无水印、无任何文字、无边框，也不能出现任何所售商品以外的商品或配件，包括包装盒。

（2）主图像素至少1000像素×1000像素，最多3000像素×3000像素，可支持图片放大功能，其中服装商品、英国平台的珠宝品类等主图最长边至少1001像素。

（3）如不是多件商品打包出售，商品主图只能出现一件商品，且商品一般至少要占图片的85%，鞋靴品类至少要占图片的80%。

（4）服装商品主图拍摄时必须要平铺或正向站立、双手下垂的真人模特，不能有过分暴露的图片。

（5）多属性类型商品，父子商品均须设置主图，子商品必须设置与其文字描述一致的商品主图，如颜色、款式等。

（6）辅图可以不是纯白背景，但也不允许有标志、文字或水印。

四、填写商品描述（Description）

如果卖家想添加更多详细的商品信息，在如图7-19所示页面中，"Product Description"位置填写具体的商品说明即可。产品描述栏中可以简要介绍产品的所属类别、用途、特性和优点，重点关注产品的独特性能，突出产品的最佳使用场景，也可以对制造商进行描述，但不要提及竞争对手。产品描述是一个文本字段，其字符数量有限，随产品类别而异，在提交前要注意检查拼写和语法。

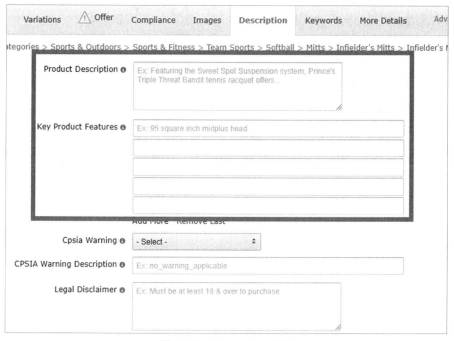

图7-19　Description页面

需要特别展示给消费者的信息可以在图7-19中的"Key Product Features"栏进行填写，目前仅支持最多五点描述。"五点描述"中展现的内容可包括产品功能、规格、用途、结构、优势、应用场景、质量保证等点。

五、添加"隐藏关键词"（Keywords）

超过一半的消费者打开亚马逊的购物页面，会通过输入一个或多个搜索词来完成商品的查找。隐藏关键词是与商品相关的通用词和同义词，一般对消费者不可见，可以为亚马逊提供额外信息，确保商品曝光率。卖家可以在单个上传商品时设置属于特定商品的关键词,如图7-20所示。

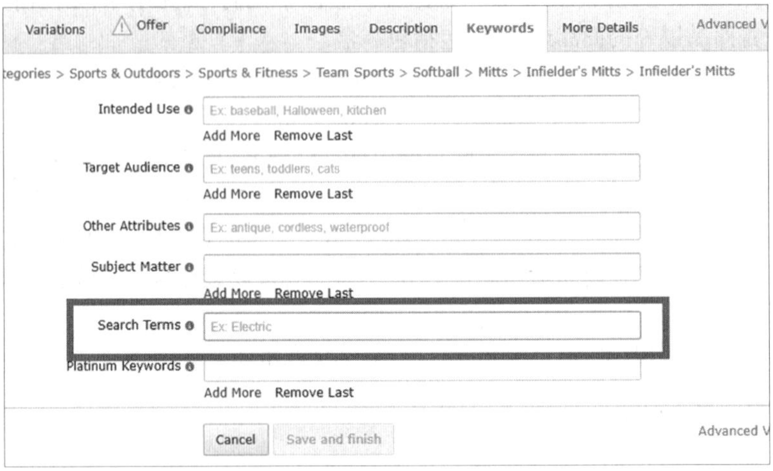

图7-20　Keywords 页面

针对输入的隐藏关键词,卖家需遵守以下基本要求。

(1)隐藏关键词的来源可以是核心关键词、同义词、场景词等,也可从评论问答中寻找,但不能使用与商品无关的词语(如别的公司的品牌名等),与物流、促销有关的词语(如 free shipping/on sale)、自己的品牌名及表示主观的词语(如很棒、很可爱、最佳、最低价、不可思议等)。

(2)词与词之间用半角空格隔开,不要大小写/全角半角同时输入,字符数限制在250个字节(不含标点,约166个全角字)。

(3)避免使用临时性陈述,如"新品"或"促销"。

六、填写更多细节(More Details)

对于商品重量、尺寸、材质、电压等细节属性,建议在更多商品细节中进行填写,如图7-21所示。不同的商品分类需填写的信息不完全一致。

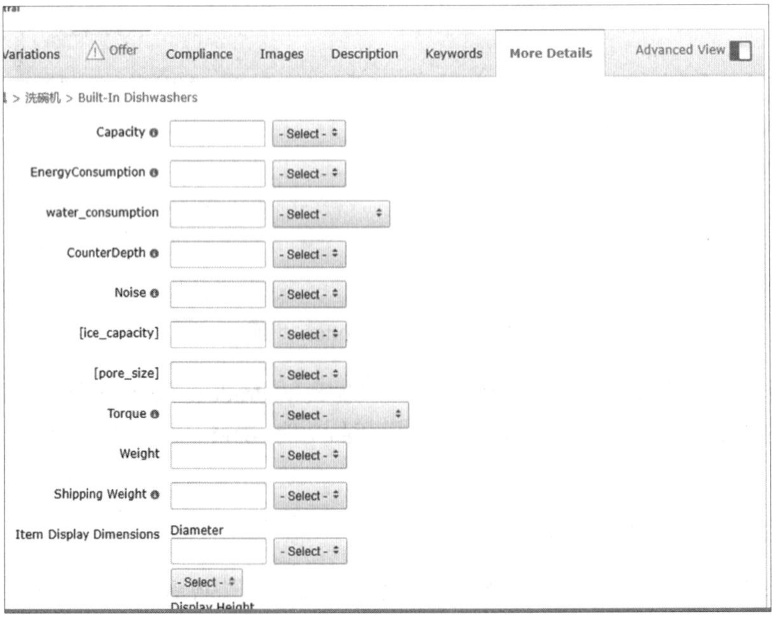

图7-21　More Details 页面

根据上述步骤,填写完成后点击保存"Save and Finish"(保存与完成)即可完成单个商品的上传流程。

第四节　多属性商品发布

卖家所售商品具有同款但不同尺寸、颜色或其他数据时,可使用多属性商品发布,从多个角度展示商品的不同特点,以利于买家做出正确选择。操作时,可点击图7-22中的"Variation"标签,在变体主题下拉列表中选择一个主题,以"ColorName"为例,则进入如图7-23所示的变体设置页面。在该页面中填写具体的颜色,完成后点击"Add variations",则进入图7-24页面继续填写每个颜色的产品信息,完成后点击"Save and Finish"进行保存,最后跳转到图7-25所示的库存管理页面,依次对每个变体下的商品进行"编辑",然后进入单个商品上传的步骤。

☞如何在亚马逊上传商品

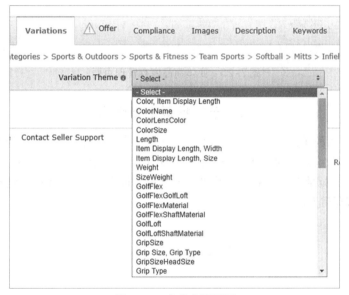

图7-22　变体主题页面

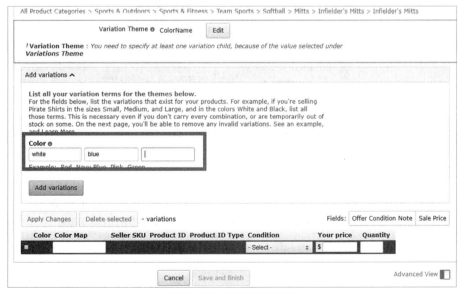

图7-23　变体设置页面

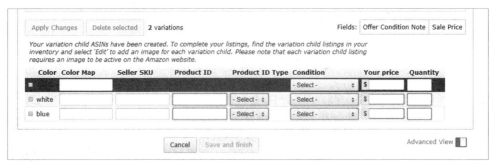

图7-24　变体基本信息填写栏目

图7-25　变体商品库存管理页面

第五节　批量上传商品

除了第三节节介绍的通过逐一上传的方式一次上传一个商品之外,还可以使用模板,一次批量上传多个商品。卖家多数会选用批量上传产品,因类似商品可以用模板上传。进入后台卖家中心点击图7-26库存模块下的"批量上传商品"选项,可进入批量上传商品页面,选择正确的商品类型,下载库存文件模板,完成填写后上传即可。

图7-26　批量上传商品

一、下载并填写单个商品库存文件

卖家可以根据具体的产品分类分步创建生成自定义库存模板,具体操作步骤如下。

(1)选择商品的类型,如图7-27所示,以 Dress 为例,选择计划上传的商品分类。

图7-27　搜索及选择销售的商品类型

(2)选择下载模板类型并完成填写。如图7-28所示,此处有三种模型可以选择,其中,"精简"选项仅包含与所选商品相关且在亚马逊目录中创建商品所需的必填属性(如 Product_SKU);"高级"选项包含与所选商品关联的所有属性(包含"必填""首选"和"可选");"自定义"选项让卖家可以选择与所选商品关联并且可以添加到模板中的属性组,它还包含"必填"属性字段,如图7-29所示。亚马逊建议卖家选择高级模板下载库存文件,以保证在上传商品时覆盖更多的商品信息。点击图7-30高级模板,点击"生成模板"。如图7-31所示,下载的模板中会新增刚请求的模板。

图7-28　选择模板的类型

图7-29　自定义模板页面

图7-30　高级模板页面

图7-31　新增生成模板

（3）下载刚生成的库存文件模板后，就可以添加自己的商品数据。下面先了解图7-32所示模板中的各个工作表所对应不同的功能。

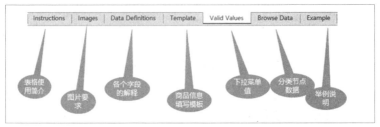

图7-32　生成模板文档的工作表栏

①Instructions：操作指南，对整个批量表格做基本介绍，如图7-33所示。

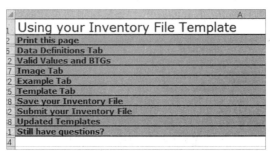

图7-33　Instructions页面

②Images：图片具体的要求和注意事项，页面如图7-34所示。

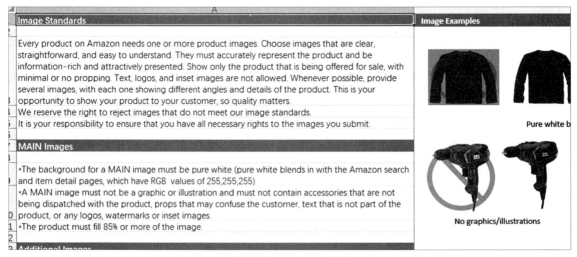

图7-34　Images页面

③Data Definitions：数据定义，规定模板中填写字段的具体要求、对应信息，提供填写实例并告知是否为必填项，如图7-35所示。

	A	B	C	D	E	
	How to complete your inventory template					
	Gt Field Name	Local Label Name	Accepted Values		Example	Required?
	Required					
	feed_product_type	Product Type	Input an appropriate product type.		AutoAccessoryMisc	Required
	item_sku	Seller SKU	Unique Identifier. If you don't enter a SKU we'll create one for you.		101MyCollectible1	Required
	brand_name	Brand Name	An alphanumeric string; 1 character minimum in length and 50 characters maximum in length.		Ralph Lauren	Required
	item_name	Product Name	An alphanumeric string; 1 character minimum in length and 80 characters maximum in length.		Arrow Men's Wrinkle Free Pinpoint Solid Long Sleeve, Light Blue, 16" Neck X 34" Sleeve	Required
	external_product_id	Product ID	Any valid GCID, UPC, or EAN.		5279173125000	Required
	external_product_id_type	Product ID Type	The type of standard, unique identifier entered in the Product ID field. This is a required field if Product ID is provided.		UPC	Required
	item_type	Item Type Keyword	Refer to the Browse Tree Guide (BTG) for valid values.		tank-top-and-cami-shirts	Required
	outer_material_type1 - outer_material_type5	Outer Material Type	An alphanumeric string; 1 character minimum in length and 50 characters maximum in length.		Cashmere	Required
	item_length_description	Item Length	Select a value from the Valid Values worksheet.		Knee-Long	Required
	material_composition1 - material_composition10	Material Composition	An alphanumeric string up to a maximum of 1,000 characters in length.		80% cotton, 20% polyester	Required
	material_composition101 - material_composition1010	Material Composition	An alphanumeric string up to a maximum of 1,000 characters in length.		80% cotton, 20% polyester	Optional
	color_name	Color	An alphanumeric text string; 1 character minimum and 50 characters maximum. If multiple colours are available, a unique record should be submitted for each product.		Sage, Navy, Emerald, Cherry, Red, Black	Required

图7-35　Data Definitions 页面

④Template：实际卖家需要填写的工作表只有"模板"这一页，如图7-36的所示。卖家需要将必填内容填入模版之中。同时，这个批量上传模版的格式是固定的，卖家不能随意修改。

A	B	C	D	E	F	G
TemplateType=fptcu	Version=201	TemplateSign:	The top 3 rows are for Amazon.com use only. Do not modify or delete the top 3 rows.			
Product Type	Seller SKU	Brand Name	Product Name	Product ID	Product ID Type	Item Type Keyword
feed_product_type	item_sku	brand_name	item_name	external_product_id	external_product_id_type	item_type

图7-36　Template 页面

⑤Valid Values：需要填写内容的全部可选项，如图7-37所示。

B	C	D	E	F	G
Product ID Type - [dress]	Item Type Keyword - [dress]	Color Map - [dress]	Department - [dress]	Style - [dress]	Size Map - [dress]
external_product_id_type	item_type	color_map	department_name	style_name	size_map
GTIN	dresses	Beige	baby-boys	Balconette	Large
EAN		Black	baby-girls	Classic	Medium
GCID		Blue	boys	Demi	Small
UPC		Bronze	girls	Double-Breaste	X-Large
ASIN		Brown	mens	Full Coverage	X-Small
		Gold	unisex-adult	Modern/Fitted	XX-Large
		Green	unisex-baby	Molded	XX-Small
		Grey	womens	Padded	XXX-Large
		Metallic		Plunge	XXX-Small
		Multicoloured		Push-Up	XXXX-Large
		Off-White		Seamless	XXXX-Small
		Orange		Soft	XXXXX-Large
		Pink			XXXXX-Small
		Purple			
		Red			
		Silver			

图7-37　Valid Values 页面

⑥Browse Data：如图7-38所示，卖家可以在此工作页查看所下载模板的对应的产品分类信息，所以卖家需要下载对应销售产品分类的上传模板。

A	B
Browse Node	**Browse Path**
dresses	Clothing, Shoes & Jewelry, Women, Clothing, Dresses

图7-38　Browse Data 页面

⑦Example：亚马逊提供上传模版的案例演示，如图7-39所示。

Detailed descriptions of examples in row.	sku	title	standard-product-id	product-id-type
demonstration purposes only. To create an inventory file, please use the Template tab.				
Example 1: This is an example of a single product with only one size and no variations. The product is by default a "child" with no "parent" (sometimes called an "orphan").	03AMZNTRUF01	Amazon Face Care Cleansing Pillows	079346140763	UPC

图7-39　Example 页面

模板各栏目填写完成后，系统会给出一个报告反馈，如果在反馈中留有问题，则需修改后再次申请提交，如果没有问题则可直接生效，转换为库存文件。

二、填写变体（多属性商品）库存模板

产品变体（也称为父子关系）是相互关联的产品集。在商品之间建立"父子"关系可帮助买家在单个产品详情页面上，根据产品的不同属性（如大小、颜色或其他特征），比较和选择产品。

（一）父商品

父商品是阐明各子商品共同之处的商品，它不用于出售，例如T恤可能有多种尺寸和颜色，则其中T恤是父商品，而子商品则是父商品的变体，如图7-40所示例子显示了T恤的商品关系。

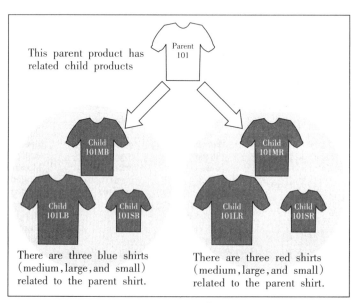

图7-40　父子商品

并非每个分类都支持父商品与子商品关系，但是如果卖家的商品存在相应的变体主题，就必须在添加这些商品时创建"父子"关系。例如，假设卖家在"美容化妆"分类下销售唇膏和护手霜，则查看"美容化妆"模板之后，会发现"美容化妆"分类支持颜色变体，但不支持香味变体。因为护手霜是按香味区分的，所以不能使用"父子"关系；但口红有多种颜色，所以必须为库存中的每个商品建立"父子"关系。若属于"美容化妆"分类不支持变体主题，则亚马逊会移除未正确使用既定变体主题的商品。

另外,并非所有相关商品都是有效变体。卖家可以从基本属性是否相同、是否仅在几个特定方面存在不同、买家是否期望在单一商品详情页面上找到这些商品、这些商品能否共享同一商品名称等要素判断特定商品是否为有效变体。

　　卖家在批量上传父商品时,填写要求如图7-41所示。

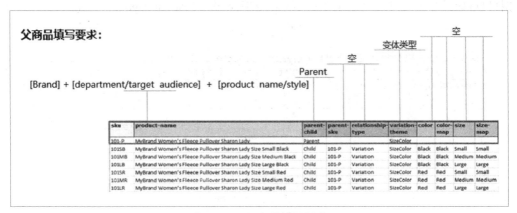

图7-41　父商品填写要求

(二)子商品

　　子商品是父商品的实例,一个父商品所关联的多个子商品都会存在某种特别之处,如尺寸或颜色不同等。填写要求如图7-42所示。

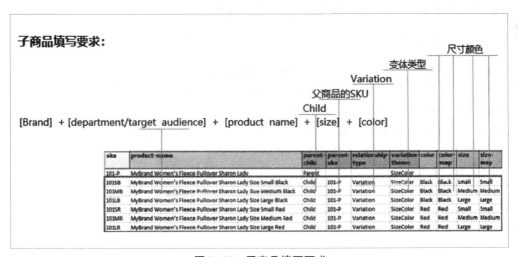

图7-42　子商品填写要求

　　填写完成的例子如图7-43所示。

A	B	C	D	E	F	O	P	Q	R	S	
TemplateType=fptcusto Version=201I TemplateSignature=U01E The top 3 rows are for Amazon.com use only. Do not modify or delete the						Variation				Basic	
Product Type	Seller SKU	Brand Name	Product Name	Product ID	Product ID Type	Parentage	Parent SKU	Relationship Type	Variation Theme	Update Delete	Clos
feed_product_type	item_sku	brand_name	item_name	external_product_id	external_product_id_type	parent_child	parent_sku	relationship_type	variation_theme	update_delet	clos
smallhomeappliances	A001-p	品牌名	父商品标题			Parent			ColorName	Update	
smallhomeappliances	A001-black	品牌名	子商品标题+对应颜色	UPC码	UPC	Child	A001-p	Variation	ColorName	Update	
smallhomeappliances	A001-white	品牌名	子商品标题+对应颜色	UPC码	UPC	Child	A001-p	Variation	ColorName	Update	
smallhomeappliances	A001-grey	品牌名	子商品标题+对应颜色	UPC码	UPC	Child	A001-p	Variation	ColorName	Update	

Instructions　Images　Example　Data Definitions　Template　Browse Data　Valid Values

图7-43　父、子商品填写完成例图

三、批量更新商品信息

对于商品比较多的卖家,如果想批量更新信息,也可以使用批量库存文件,在图7-44所示页面中填写商品分类、SKU、ASIN及需要更新的信息。其中在"Update_Delete"这一列中,如果是新上传商品,选择"Update"选项,如果是对已上传商品进行更新,则选择"Partial Update"选项。

批量更新—"以修改"Price"为例。

Product Type	Seller SKU	Brand	Product ID	Product ID Type	Title	Manufacturer	Item Type	Standard Price	Quantity	Basic Update Delete
feed_product_typ	item_sku	brand_name	external_product	external_product_id_ty	item_name	manufacture	item_type	standard_price	quantity	update_delet
monitor	SKU1		B0000000	ASIN				19.99		PartialUpdate
monitor	SKU2		B0000001	ASIN				20.99		PartialUpdate

TemplateType=fp Version=2(TemplateSig The top 3 rows are for Amazon.com use only. Do not modify or delete the top 3 rows.

从下拉菜单选择分类　　输入需要更新资料的SKU　　输入SKU对应的ASIN　　输入需要更新的内容　　选择 PartialUp Update

图7-44　批量更新库存商品文件

四、上传库存文件

在创建或修改库存文件后,卖家可以先检查库存文件,验证库存文件模板没有问题后上传库存文件。

(一)检查库存文件

检查库存文件的功能适用于参与专业销售计划的卖家,"检查库存文件"功能可让卖家在创建或更新亚马逊目录中的商品信息之前验证库存文件模板是否正确。该功能可检测文件中的错误并添加信息和格式,以便确定会导致错误和警告的商品,随后卖家可以在同一文件中更正错误和警告,并上传更正后的文件,以创建或更新卖家在亚马逊上的商品信息。简单地说,该项功能可以帮助卖家实现确定并更正常见错误、确定并更正质量提醒、自动创建变体等操作。

卖家在"批量上传商品"页面的"上传库存文件"部分,如图7-45所示,先选择要上传的文件类型,包括非媒介类商品的库存文件、标准图书加载工具文件、音乐加载工具文件、视频加载工具文件,通常选择默认的"库存文件"即可;然后点击"选择文件",浏览并选择包含已经填好的"库存文件模板",并点击"检查库存文件"按钮。如果卖家需要在上传完成时获得邮件提醒,可以在"邮件提醒"栏目中添加邮箱。

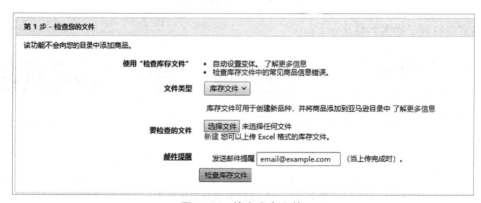

图7-45　检查库存文件

(二)上传文件

检查文件完成后就可以开始上传文件,如图7-46所示。在"文件类型"项下选择默认的"库存文件",浏览并选择已经填写完成的库存文件。如果卖家需要在上传完成时获得邮件提醒,可以在"邮件提醒"栏目中添加邮箱。

处理报告格式推荐选择Excel格式,该格式会在相应单元格中突出显示错误和警告,使卖家能够一目了然地找出问题,最后点击"上传"按钮。

图7-46 上传文件

五、监控上传状态

每次卖家上传文本文件时,亚马逊都会创建并发布一份处理报告,以此用于确认卖家的数据上传是否成功,并标识处理过程中可能遇到的具体错误,如图7-47所示页面。当卖家上传文件时,会有一个状态框确认文件已收到,图7-47所示页面的"上传状态"部分将显示最近上传的日期、时间、批次编码、状态和结果。此外,还有一列可为卖家提供可根据结果采取行动的链接。如果卖家输入数据未处理完毕,"状态/结果"列将会展示如下信息。

(1)状态:进行中本次上传的处理记录数量:0。

(2)激活的记录数量:0。

(3)出错的记录数量:0。

图7-47 监控上传状态页面

卖家可以使用"刷新"按钮来查看最新结果,文件处理完毕后,"状态"列将显示已更新的信息。如果任何商品因为错误未被激活,可单击"查看处理报告"链接下载处理报告来诊断并纠正所上传文件中的错误。下载错误报告后,可以看到如图7-48所示页面,卖家可查看具体的错误信息及错误的原因。

重新编辑文件后,可以单击"返回上传页面"链接,重新上传文件。

	A	B	C	D	E	F	G	H
1	Feed Processing Summary:							
2		Number of records p		57				
3		Number of records s		54				
4								
5	original-re	sku	error-cod	error-typ	error-message			
6	16	HR462TRM	8560	Error	SKU HR462TRM, Missing Attributes stand			
7	16	HR462TRM	20005	Error	Cannot associate image with an existing			
8	17	HR462TRX	8560	Error	SKU HR462TRXL, Missing Attributes stand			
9	17	HR462TRX	20005	Error	Cannot associate image with an existing			
10	43	SL00252BM	8560	Error	SKU SL00252BM, Missing Attributes stand			
11	43	SL00252BN	20005	Error	Cannot associate image with an existing			

图7-48　错误信息

第六节　匹配现有的商品信息

根据亚马逊商品的展示规则,如果不同的第三方卖家或者亚马逊是自营销售完全相同的商品,如果包装、品牌、具体的商品属性信息等完全一致,则卖家在发布新商品时,直接按照以下步骤匹配现有商品信息即可。

(1)进入卖家后台,从"库存"模板下选择模块下的"添加新商品",在图7-49所示页面中的"搜索"框中输入要发布商品的信息,如商品名称或商品编码等。

(2)以图7-50所示为例,输入要发布的商品ASIN后点击"搜索"按钮,亚马逊会直接匹配出现有商品信息。

(3)点击"出售您的"按钮,进入商品发布页面,输入并保存卖家SKU、价格、商品状况等特有信息,即可完成匹配现有的商品信息完成商品添加工作。该方法不需要再重新上传商品标题、图片、描述等商品基本信息,发布完成后买家会在同一个商品页面看到不同的商品购买选择,如图7-51和图7-52所示。

图7-49　添加商品页面(1)

图7-50　添加商品页面(2)

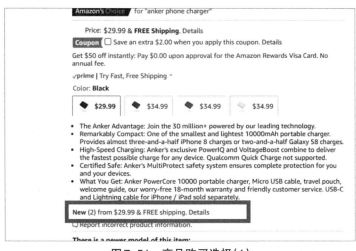

图7-51　商品购买选择(1)

Price + Shipping	Condition (Learn more)	Delivery
$29.99 ✓prime & FREE Shipping Details **$2.00 off.** Discount taken at checkout.	**New**	FULLFILLMENT BY AMAZON ⌄ • Want it delivered Tuesday, August 13? Choose **Two-Day Shipping** at checkout. See details • Shipping rates and return policy.
$29.99 + $3.99 shipping **$2.00 off.** Discount taken at checkout.	**New**	• **Arrives between** August 20-23. • Ships from CA, United States. • Shipping rates and return policy.

图7-52　商品购买选择(2)

本章习题

第七章习题

第八章

订单管理

【学习目标】 掌握亚马逊卖家查看订单并完成发货的方法。

理解买家退货时卖家的职责、权利和解决方法。

了解亚马逊买卖双方常见的消息问题。

【重点难点】 掌握亚马逊卖家进行订单发货、退货的合理方法及步骤。

卖家在运营过程中,要及时查看、追踪订单状况,要快捷、精准、合理地管理订单,尽早完成货物配送,确保订单安全到达买家收货地点。在跨境电商交易过程中,出现订单问题是在所难免的,例如买家提交了错误订单,或者收到的货物存在质量问题、故障、瑕疵,需退换货等。卖家收到买家的退货请求时,需合理选择解决方法,及时处理解决,这样可以确保不对买家的购物体验造成负面影响,也不会让卖家遭受更大的经济损失。

第一节　订单页面介绍

亚马逊卖家后台主页面中的"订单"模块中包括"管理工作""订单报告""上传订单相关文件""管理退货""管理SAFE-T索赔"等功能,如图8-1所示。

图8-1　订单模块各选项

订单报告可为卖家提供多个订单的订单配送信息。点击图8-1订单模块下的"订单报告"选项,跳转到图8-2所示页面,点击"添加或删除报告列",进入图8-3所示页面,卖家可以在选填列中自定义订单报告列,定制需要的订单报告。然后,在图8-2中,选择需下载的订单报告类型,包括"新订单""未发货订单""一天结束时的表格""已存档的订单"。常用的报告是"新订单"报告、"未发货订单"报告,其中"新订单"报告包含在所选天数内收到的所有卖家自行配送的订单,包括卖家已经取消的订单或确认为已经配送的订单。卖家可以立即请求报告,也可以根据需求设置,如按照每15分钟或者每日等频率设置,请求完成后,在下载报告的位置,点击"下载"即可完成下载。点击图8-2"未发货订单",跳转到图8-4所示页面,卖家通过待处理订单报告可列出到请求报告当天为止的所有待处理"订单"。需要注意的是,卖家只能每4小时请求一次待处理订单报告。

图8-2　新订单报告

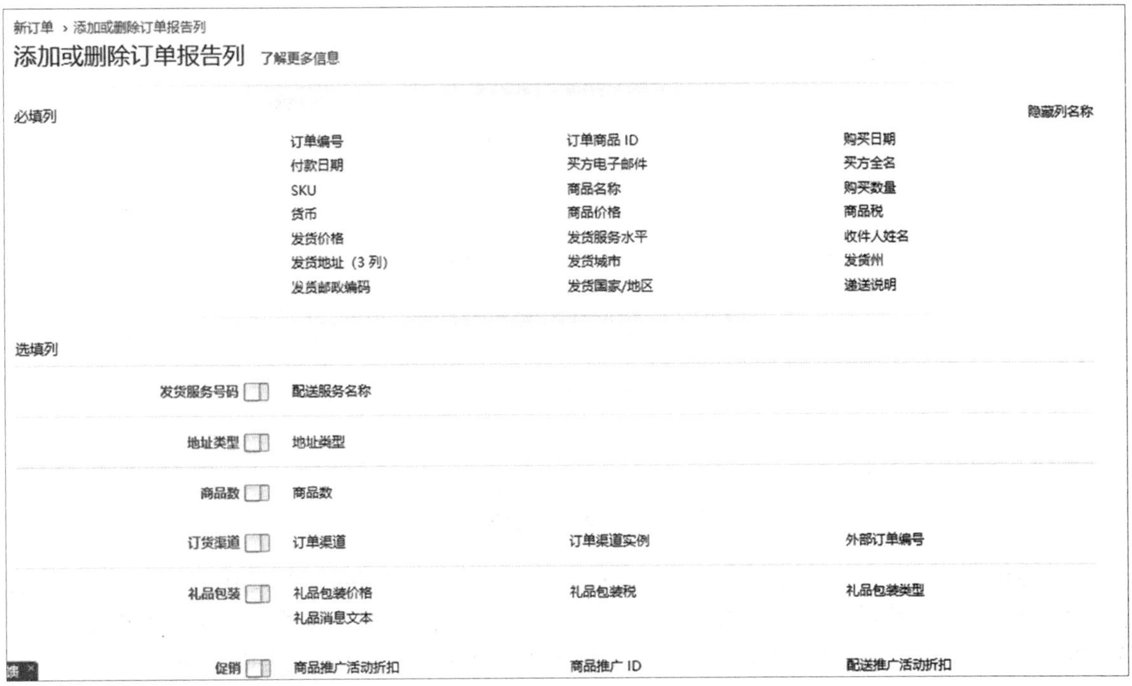

图8-3　定制订单报告列

图8-4　未发货订单报告

当卖家订单数量较多时,可通过"上传订单相关文件"选项实现对订单的批量更改,如图8-5所示。根据步骤,第1步"准备您的配送确认文件",点击"下载模板"并填写完整,该文件包含配送详情,如商品、数量、发货日期、承运人和追踪编码。第2步"上传您的配送确认文件",选择模板,并点击"立即上传"。上传完成后,卖家可以在第3步"检查文件状态和历史记录"查看最近10次的上传状态。如果处理报告出现任何错误,可修改配送确认文件,并返回第2步,重新上传修改。

上传订单相关文件

通过上传以下文件,对订单进行批量更改。

配送确认　盘点　订单取消

该文件包含配送详情,如商品、数量、发货日期、承运人和追踪编码。您所提交的数据可使买家查看其订单状态。 了解更多信息

1. 准备您的配送确认文件

使用我们的模板来准备您的配送确认文件,保存一份副本,以备稍后编辑之用。 了解更多信息

[下载模板]

2. 上传您的配送确认文件

上传您从配送确认文件模板创建的、以制表符分隔的配送确认文件。

查找要上传的文件位置: [选择文件] 未选择任何文件

[立即上传]

3. 检查文件状态和历史记录

查看您最近10次的上传状态,如果处理报告出现任何错误,请修改您的配送确认文件,并返回上述步骤2。 了解更多信息

日期和时间	批量编号	状态/结果

您尚未上传任何文件。

图8-5　上传订单相关文件

"管理SAFE-T索赔"选项目前中国卖家用得较少,本章暂时不做讲解。"管理订单"工具的功能包括查看订单列表,以及查看所选订单的详情,如商品、买家和配送信息。也可以执行与订单相关的任务,如打印装箱单和发放退款。本章后续各小节将详细介绍管理订单及管理退货等功能。

第二节　查看订单

点击图8-1中"订单"功能模块中的"管理订单"选项,可进入图8-6所示页面查看订单的配送日期、订单详情、配送服务、状态等信息。该页面通过可自定义的视图来显示卖家在所有销售渠道上的

所有订单。如卖家在亚马逊北美站进行销售,则 Amazon.ca、Amazon.com.mx、Amazon.com 等商品订单均会显示在订单列表中。

图8-6　管理订单页面

在查看订单时,卖家可以使用表8-1中所列的筛选条件来搜索订单,通过搜索"订单编号""ASIN""买家电子邮件""商品编码""SKU""商品名称""追踪编码"等条件查看订单中订购的商品数量、"联系买家"表单的链接、销售渠道、配送方式、付费人所在国家或地区等信息。此外,卖家也可以点击"发货日期(升序)"筛选订单,按订单日期进行排序,选择想要查询的订单。

表8-1　管理订单工具的功能及运用

管理订单工具	功能及运用
追踪编码	承运人提供的包裹追踪编码
ASIN	亚马逊商品编码,用于识别亚马逊目录中的商品
买家电子邮件	亚马逊提供的地址,可在"联系买家"表单中查看
商品编码	亚马逊提供的值,用于识别商品
SKU	库存单位,卖家的商品编码
订单编号	亚马逊为每个订单创建的唯一编号
商品名称	为商品创建的名称
配送方式	配送方式,亚马逊配送(FBA)或卖家自行配送
订单状态	包括"等待中""未发货""已发货""已取消""全部"订单
日期范围	在所选日期范围内创建的订单
销售渠道	在亚马逊网站或非亚马逊网站上购买,此高级搜索选项仅在卖家使用一个卖家账户在多个销售渠道上销售商品时显示
排序方式	订单搜索结果的排列顺序

默认情况下,"管理订单"页面上的订单列表会显示最近7天内所下的全部订单(见图8-7),包括"已取消"订单。除了"已取消"订单,卖家还可以在"订单状态"栏中看到不同配送方式下的不同状态,对于卖家自行配送订单,状态类型包含未发货、等待中、已发货、已取消、已申请退款;对于亚马逊物流(FBA)的订单,状态类型包含等待中、付款完成、完成、已申请退款;对于多渠道配送订单,状态类型包含无法补货、正在规划、配送、完成、已申请退款。

图 8-7　管理订单页面(2)

在这些状态类型中,处于"等待中"状态的订单可能表示买家的付款方式或便利店付款方式存在问题等,常见的原因包括以下4种情况:亚马逊无法获得买家信用卡的授权;买家选择了便利店付款,但尚未完成付款;在亚马逊物流订单中,买家已具备免费配送资格,正在等待订单中的商品全部拣货完毕;在亚马逊物流订单中,如果订单包含多件商品,但其中某件商品缺货,那么即使亚马逊选择拆分订单,先发送有存货的亚马逊物流商品,订单也仍将显示为"等待中"状态。

对于卖家自行配送的订单,若订单处于"待处理"状态,则表示买家的付款方式存在问题,如亚马逊无法获得买家信用卡的授权。此时,订单状态尚未从"待处理"更改为"未发货",则卖家将无法确认订单发货,付款和订单详情验证流程可以延长至21天。

对于"未发货订单"报告中的每个订单,以及可在"管理订单"页面上确认或取消的每个订单,亚马逊都会承担买家未付款的风险。"已取消"和"等待中"订单会显示为灰色,卖家不可对其执行操作。无论卖家是否提供优先配送服务,尚未确认发货的都会显示优先配送订单。无论订单是由卖家还是亚马逊物流(FBA)配送,在卖家将订单确认为已配送之前,由卖家配送的订单将保持"未发货"状态。

如果要查看特定订单的详细信息,可点击图 8-7"订单详情"列中的"订单编号"链接,进入图 8-8 所示的订单详情页面。点击页面右侧的"打印装箱单"按钮,系统将显示"打印"对话框和对应的装箱单,在"打印"对话框中点击"确定"可以随时打印订单的装箱单。卖家需将装箱单连同要发送的商品放入装运箱内,然后封箱。

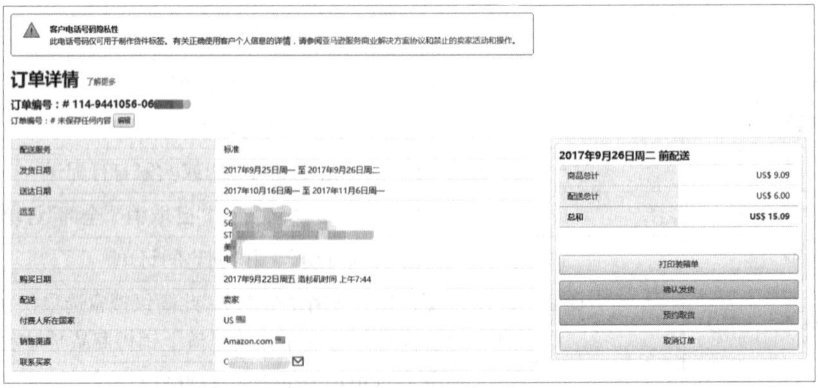

图 8-8　订单详情页面(1)

在"订单详情"页面中还可以看到详细的购买日期、发货日期和送达日期的时间范围。卖家需在发货日期所列的最晚日期之前确认发货,避免订单被取消。同时该页面也显示了配送方式,如果由亚马逊物流提供配送服务,则不会在订单详情页面中显示买家电话号码和电子邮件地址。而如图 8-8 中所示"配送"一栏显示为"卖家",则由卖家负责配送订单,亚马逊会在"联系买家"栏中提供一个能够在配送期间联系到买家的电话号码,但在完成配送后,此电话号码将失效。

此外,卖家必须在下单之日起30天内点击"确认发货"按钮,向亚马逊确认订单已发货。否则,亚马逊将自动取消订单,即使卖家已配送订单,也不会获得付款,而且之后亚马逊也不会向买家收取任何费用。在30天期限前的一周,卖家会在"管理订单"中看到一条警告消息:"请在 [日期] 前确认发货,以免订单被取消",并且卖家还会收到电子邮件通知。还需注意的是,即使卖家只为订单中的一件商品确认了发货,亚马逊也会向买家收取整个订单的款项。因此,如果没有确认整个订单,卖家将在"管理订单"中的"订单状态"栏目中看到"迟发"状态,并会在卖家账户主页看到警告消息。而且,即使卖家已为订单中的其余商品退款,上述消息仍会显示。

第三节　订单确认发货

如果是亚马逊物流的订单,亚马逊会自行完成发货,不需要卖家进行手动操作;卖家采用自配送,通常会有两种选择,一种是直接由境内发货到目的国(地区),另一种是卖家发货仓库设置在境外,直接从境外仓发货。相较于亚马逊物流配送,卖家自发货的包裹,买家需要花费更多的时间才能收到。同时,在包裹运输过程中,买家退货的风险,相较于亚马逊物流配送也更高。

卖家在收到订单通知并发送订单商品后,必须确认发货。卖家确认发货需提供发货日期、配送方式(包括承运人信息)、追踪编码(由承运人提供)等信息。在确认发货后,亚马逊会进行以下操作:向买家收取订单费用、向卖家的卖家账户支付订单费用、向买家发送确认发货的电子邮件,以及更新买家亚马逊账户中的配送信息,以便买家在线查看配送状态。如果卖家购买了配送服务,亚马逊会自动进行发货确认并上传追踪信息。

一、为某个订单逐个确认发货

为某个订单逐个确认发货的流程包括四个步骤。第1步在"管理订单"中找到该订单,然后点击订单对应的"操作"栏中的"确认发货",跳转到如图8-9所示"逐个确认发货"页面;第2步在该页面中输入"发货日期""送货方式""追踪编码";第3步,在"卖家备忘录"中选择输入任何有关该订单的特别备注;最后,点击"确认发货"即可完成确认发货工作。

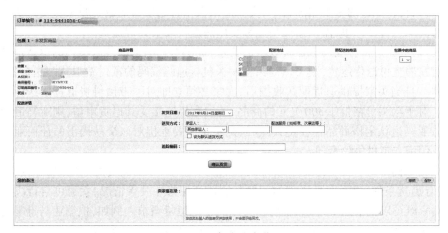

图8-9　逐个确认发货页面

二、为某个订单发送多个包裹

如果卖家收到一笔包含多件商品的订单并分别配送这些商品,则需要为这个订单发送多个包裹,基本流程如下:为某个订单的某个包裹确认发货后,点击"确认发货"页面底部的"添加新包裹";对于任一包裹,需从"包裹中的商品"下拉菜单中选择包裹内正确的商品数量,剩余的商品将自动移到其他包裹;输入该订单的"配送日期""配送方式""追踪编码";在"卖家备忘录"中选择填写相关备注,最后点击"确认发货"。

需要注意的是,对于符合Prime配送条件的订单,系统不会显示"确认发货"按钮,卖家必须为这些订单购买配送服务;如果卖家安排专人配送订单,则将承运人选为"其他";如果输入的信息有误,如追踪编码输入错误,卖家可在"管理订单"中,点击订单右上方的"编辑货件"按钮,然后点击"重新确认发货"。此外,亚马逊不建议卖家在未提供追踪编码的情况下确认发货。同时,卖家需要保证为所有商品分类下95%的货件提供有效的追踪编码,以满足亚马逊绩效指标中有效追踪率的要求。提供追踪信息也是卖家参与优先配送选项和保证送达日期等专属计划的必要条件。如果没有提供有效的追踪编码,卖家就更容易面临亚马逊交易保障索赔,影响账户的绩效。

第四节　订单退货

为了为买家提供更好的客户体验,不管是卖家自行配送的订单还是亚马逊物流配送的订单,买家都可以在亚马逊政策允许范围内申请退货。卖家需要及时查看并且批准退货,买家才能及时收到卖家的退款。对于亚马逊物流配送的订单,通常情况下,亚马逊会在收到退货申请后,第一时间进入退货流程。部分卖家在处理退货时,也可以选择仅退款不退货,提高买家的体验和客户满意度。同时,亚马逊在绩效指标上也会追踪卖家的"退货不满意率",在本书第十二章卖家绩效中会详细说明具体的考核标准。本节会详细说明不同渠道退货的要求和方法。

一、亚马逊订单退货

对于大部分商品,买家可以在订单送达后的30天内提交退货请求,如电视、音响在原始货件送达买家的30天内寄出,则可退货。也有特殊期限,列举如下。

(1)如果商品是以全新或二手状况配送,但在送达时有瑕疵或破损,则买家必须在收到商品后的14天内向卖家报告存在瑕疵或残损,并安排退货。

(2)如果商品在送达买家超过30天后出现故障且仍处于保修期内,卖家需协助买家向制造商寻求保修索赔。

(3)如果卖家自行配送的母婴用品订单,卖家应该根据自己发布的退货政策接受退货。如果卖家使用亚马逊物流配送母婴订单,需根据亚马逊母婴用品退货政策处理退货。

处理退货时,卖家需符合亚马逊退货政策的要求,提供所选国家或地区境内的退货地址或支付退货运费。若卖家需支付退货运费,则可以向买家发送包含追踪编码的预付费退货配送标签,或补偿买家支付的运费。且当买家提供退货配送收据后,卖家必须立即对不带预付费退货配送标签的退货商品进行赔偿。对于购买价格低于300美元的商品,若卖家拒绝接受其退货申请,则亚马逊会对该商品做出认定。若亚马逊认定该商品存在重大差异,则卖家需要承担对该交易提出的任何亚马逊商城交易保障索赔或信用卡拒付争议责任。

针对买家提出的不符合亚马逊退货政策的特殊退货请求,如在退货时间期限到期后提交退货请求、商品不符合退货条件,以及商品出现的问题与制造商保修相关等情况,卖家可自行决定如何处理这些请求。卖家既可以批准退货请求,也可以关闭或拒绝退货请求。例如,根据亚马逊零售退货政策中针对危险品的要求,买家不得退还由燃气驱动或包含可燃液体的危险品,不得退还送达超过30天的笔记本电脑或台式机。卖家可以将关闭原因详细告知买家并关闭请求,也可以在发放订单金额退款的同时发放优惠,或以发放优惠代替发放退款。在这种情况下,买方可以决定是否提起亚马逊商城交易保障索赔。若提起索赔,亚马逊将予以审查,并要求卖家提供其他信息。

二、多渠道配送买家退货

对于多渠道配送(Multi-Channel Fulfillment,MCF)订单的退货,卖家可以自行管理退货,也可以使用卖家账户中的工具。如果使用亚马逊服务处理退货,亚马逊将为卖家提供一个货件标签,买家可以将商品直接退回至亚马逊运营中心。

将退货商品运送回亚马逊运营中心的基本流程如下:在卖家平台的"订单"菜单中,点击"管理订单"—"高级搜索",在下拉列表中选择"订单编号"并在"搜索订单编号"文本框中,输入要退货商品的订单编号,然后点击"搜索"按钮进入"管理订单"页面。在该页面中点击订单编号,进入"订单详情"页面完成创建买家退货,选择"退货数量"和"退货原因",最后点击"提交"按钮,即可生成退货商品批准(Return Material Authorization,RMA)和退货货件标签,并发送给买家,以便其准备将包裹退回。

卖家如需追踪MCF退货,可在"订单详情"页面点击"退货状态"选项卡,查看退货的状态。待退货包裹在亚马逊运营中心处理完毕后,退货状态将显示为"已处理"。如果商品因买家原因造成残损,则"库存属性"列中会显示其他详情。

三、国际销售订单的买家退货

为配送至3家北美商城(美国、加拿大、墨西哥)的买家订单处理国际退货时,卖家必须针对退货情形在以下3种方法中选择合适的一种解决方法。

(1)退款不退货:提供全额退款,而不要求退回商品。

(2)提供国内退货选项:提供位于买家所在国家(地区)的退货地址。

例如,如果卖家在Amazon.co.uk上销售商品,则需要提供英国境内的退货地址。如果卖家没有当地退货地址,则可以向解决方案提供商网络上的国际退货提供商寻求帮助。如果卖家为配送至美国境内买家的Amazon.com订单选择此退货方式,则必须使用亚马逊的预付费退货服务,并且不能选择向美国买家提供自己的预付费退货货件标签。如果选择此选项,卖家必须在收到退货商品后的两个工作日内发放退款。

(3)提供预付费国际退货配送:为在卖家销售商品的商城中提交的退货申请提供自己的预付费退货邮寄标签。例如,如果卖家在Amazon.de上销售且发货地是中国,则需要为买家提供该商品从德国到中国所在地的退货标签,建议卖家在预付费退货配送标签中包含追踪编码。对于国际退货,卖家始终应该承担退货运费,即使是买家存在过失的退货也不例外。如果卖家提供境内退货选项,则无须退还买家存在过失的退货的原始运费。但对于卖家存在过失的退货,卖家还必须退还原始运费。

四、卖家退款方法

(一)卖家退款方法

卖家退款方法有如下3种。

1. 提供全额退款,而不要求退回商品

对于配送至美国买家的订单,卖家可以根据商品价格、分类和退货原因自动退款,而不予以退货。操作时,在"订单"的下拉菜单中点击"管理退货",选择需要退款的商品并点击"发放退款",并选择退款原因。虽然不要求退回商品,但也可以选择"买家退货",然后发放全额退款,待关闭退货申请时可选择"退款而不退货"作为原因,然后给买家留言。

2. 提供当地退货,更改卖家的退货地址

卖家可以在"设置"下拉菜单中点击"账户信息",进入"卖家账户信息"页面,前往"发货和退货信息"部分,然后点击"退货信息",选择现有当地地址作为默认退货地址,或者输入卖家有权使用的有效地址作为新的默认退货地址。

3. 在卖家销售商品的商城中批准退货申请

卖家可以从"订单"下拉菜单中点击进入"管理退货"页面,选择要批准的退货申请并点击"批准申请"。还可以在"退货邮寄标签"部分中,选择"我将为此申请提供预付费邮寄标签",上传退货标签,选择使用的承运人,然后输入追踪编码。或者也可以转至卖家平台账户的"买家与卖家消息"部分,通过

电子邮件将预付费退货标签发送给买家,此处的预付费标签提供商包括UPS(美国联合包裹运送服务公司)、DHL(敦豪国际航空快递有限公司)等。如果确定卖家未遵守使用要求,亚马逊将主动向受影响的买家发放退款,并允许买家保留或丢弃该商品。

(二)退货后的注意事项

卖家在确定买家的退货方法后,还要考虑以下几个方面。

1. 海关

对于国际退货,卖家有责任遵守所有进出口规则,并支付所有适用的关税和清关费用。

2. 使用亚马逊物流

如果卖家选择使用亚马逊物流,亚马逊将代卖家处理当地商城的退货,卖家无须担心是否要提供当地退货地址。

3. 收取重新入库费及提供部分退款

在某些符合亚马逊相关政策的情况下(见图8-10),如果买家退回商品,则卖家可能需要向买家收取重新入库费或提供部分退款。重新入库费按不包含运费的商品价格的一定比例收取,具体收取比例取决于商品类型及退货时的商品状况。卖家可计算重新入库费,并从卖家向买家发放的退款中扣除相应费用,因此只需向买家支付部分退款。如果超出退货有效期,卖家有权不接受退货;如果卖家接受退货,则可以按照图8-10所列的准则收取重新入库费。

退货请求	重新入库费
买家改变了购买意愿*,并在退货有效期内退还了保持原始状态的商品。	有。不超过商品价格的20%。
买家因商品在配送期间明显受损或因承运人导致的明显损坏拒绝收货。	没有。卖家支付退货运费,但是可能会向承运人或保险公司提出索赔(如果购买了保险的话)。
买家收到的商品已残损或存在缺陷。	没有。卖家可以向承运人或保险公司提出索赔(如果购买了保险的话)。
买家改变了购买意愿*,并在退货有效期内退还了非媒介类商品,但卖家收到的商品已残损或与卖家最初配送给买家的商品存在重大差异。	有。不超过商品价格的50%。
买家在退货有效期内退还了图书,但是带有明显的翻看痕迹。	有。不超过商品价格的50%。
买家在退货有效期内退还的CD、DVD、VHS磁带、软件、视频游戏、磁带或黑胶唱片已经开封(已从塑料包装中取出)。	有。不超过商品价格的50%。
买家收到的商品与其订购的商品存在重大差异并选择退货。	没有。
此处为列出的所有其他原因。	请参阅关于退款。

图8-10 重新入库费收取准则

提供部分退款是指在某些情况下,针对退还的商品提供部分退款。一般情况下,对于退货、取消订单和缺货商品,应给予全额退款。而发放部分退款仅应出于表示友好或解决补偿、争议类问题,如送达的商品存在轻微残损或与商品描述略有差异的情况。是否发放部分退款由卖家自行酌情决定,如果卖家决定发放,则建议提前征得买家同意,以免造成误解或导致亚马逊商城交易保障索赔。若要发放部分退款,可在卖家平台中"订单"选项卡下的"管理订单"菜单中,找到想要退款的订单,在"操作"列中点击"订单退款"或"订单编号",进入"订单详情"页面,已发货订单适用点击"订单退款"按钮来发放退款,同时填写各栏目信息,使卖家能够跟踪对某一订单的操作,包括优惠原因及对买家的承诺的提醒等。其中"退款原因""退款金额"等是必填项目,"买家须知""备注"等信息作为可选项,完成填写后即可点击"提交退款"按钮。

数据更新时间最长需要15分钟,提交退款后,系统将自动关闭所有相关的买家退货请求。卖家可以从"订单"菜单中的"管理退货"的已完成订单部分联系买家,而买家则可以选择为余额发起新的退货请求。

五、取消退款

卖家也可以选择取消退款。在卖家手动生成退款时,退款最长将在两个小时内保持"等待中"状态。如果退款金额或退款订单意外出现错误,这将为卖家提供额外的缓冲时间。但是,通过上传数据发放的自动退款无法取消,将立即被处理。取消退款的基本步骤为:在卖家平台的"订单"菜单中,点击并进入"管理订单"页面,点击卖家已发放退款的订单编号,在"订单详情"页面上,点击"取消退款"按钮。

成功取消后,卖家将在"订单详情"页面看到退款已取消的确认消息。如果卖家看不到取消退款链接,则表示退款已发放给买家且无法取消。在这种情况下,卖家可以联系买家,确认他们是否允许亚马逊从其信用卡重新扣款。如果买家同意,则需买家联系亚马逊客户服务以请求重新扣款。只有直接收到买家的请求,亚马逊才会从其信用卡重新扣除订单款项。从买家的信用卡重新扣除之后,重新扣除的金额将在卖家的付款账户中显示为一笔款项。如果卖家取消退款,则亚马逊不会通知买家,仅通知买家已经实际发放的退款。

第五节　联系买家

买家与卖家消息服务是唯一许可用于与亚马逊买家进行沟通的方式。借助买家与卖家消息服务,卖家可以通过卖家平台或电子邮件与买家进行沟通。无论采用哪种方式,这些往来消息都会显示在"买家与卖家消息"页面。卖家联系买家的方式包括点击买家的姓名,或点击"管理订单""反馈管理器""管理退货""管理亚马逊商城交易保障索赔",也可点击"买家与卖家消息"页面上的"联系买家"按钮。以管理订单页面为例,卖家进入图8-8所示订单详情页面,点击"联系买家",进入图8-11所示页面,即可与买家取得联系。

图8-11　联系买家页面

通常情况下,卖家只能在需要完成订单或回复客户服务咨询的情况下才可以联系买家,而不能出于营销或促销目的联系买家(包括发送电子邮件、寄信、打电话或其他方式)。在向亚马逊买家发送许可的电子邮件时,在与买家的任何沟通(包括包装箱中的广告插页)中,卖家都不能要求买家给出积极评论或仅要求获得良好体验的买家给出评论。此外,不能提供任何补偿来换取评论,包括现金或礼品卡、免费或打折商品、退款或赔偿及任何其他未来优惠。与此同时,卖家的邮件中不得包含任何网站的链接、亚马逊商品详情页面或店铺的链接、含有或显示卖家网站链接的卖家标志、任何营销信息或促销内容、其他商品的任何促销内容或涉及第三方商品或促销内容的信息等。

买家与卖家消息服务会保留两者之间进行的所有通信记录,即使卖家使用个人或公司电子邮件地址回复消息,此服务也会使用加密的电子邮件别名记录通信内容。这增强了买家与卖家沟通的安全性与便捷性,在一个位置即可查看通过此服务或卖家电子邮件系统收发的所有邮件,这些通信记录有助于减少纠纷和索赔。

对于卖家自配送的订单,买家与卖家消息默认为启用状态。亚马逊物流(FBA)卖家可以启用买家与卖家消息来回复专业的商品咨询问题,有助于降低商品退货率和改善亚马逊物流买家的体验。对于退货等相关问题咨询,由亚马逊客户服务提供解决方案。

一、消息权限设置

如果一个卖家有多人负责与买家进行沟通,可以使用消息权限批准或拦截他们与买家沟通的电子邮件地址。向买家发送的电子邮件消息如果既非来自为"买家与卖家消息服务"注册的电子邮件地址,也非来自卖家收取的另一个电子邮件地址,将被拒收。这些电子邮件消息需要在授权电子邮件地址后重新发送。

要添加其他已授权的电子邮件地址,可按照以下步骤操作:首先访问"消息授权"页面(地址为https://sellercentral.amazon.com/messaging/permissions),如图8-12所示;然后,点击"电子邮件"列下方的"+添加电子邮件地址",输入地址后从"已批准""被阻止"或"删除"选项中选择相应的状态,点击"保存"即可完成。

若要更改以前录入的电子邮件地址,可点击图8-12中的"编辑"按钮,从3个可用选项中选择要更改的电子邮件地址的状态,之后点击"保存"。

图8-12　消息授权页面

二、买家与卖家消息模板

在很多情况下,卖家可能会给不同买家发送相似消息,则可以点击卖家后台右上角的"消息"链接创建不同模板,无须每次重复编写相同消息。下面逐项介绍创建、使用及编辑或删除此模板的操作方法。

(一)创建模板

访问"管理邮件模板"页面(地址为https://sellercentral.amazon.com/messaging/templates),点击如图8-13所示的"创建模板"按钮,跳转到图8-14所示的模板编辑页面。在"模板名称"栏中输入名称,在"模板内容"栏中输入模板的电子邮件文本内容。"标签"栏是可选项,可以创建或选择要应用到此模板的标签。此标签将对卖家的模板进行分类,以便日后查找。最后点击"保存"即可完成操作。

图8-13　管理邮件模板页面(1)

图8-14　管理邮件模板页面(2)

(二)使用模板

访问买家与卖家消息页面(地址为https://sellercentral.amazon.com/messaging/inbox),找到卖家要回复的消息,然后点击位于"回复"框上方的"选择模板"下拉项,并从弹出的列表中选择合适的模板,模板文本将显示在"回复"框中。在发送消息前,卖家也可对消息进行个性化设置,最后点击"发送"按钮完成发送。

(三)编辑或删除模板

当模板需要修改时,可前往"管理邮件模板",点击要更改的模板旁边的"编辑"或"删除"按钮。当编辑模板时,在完成修改后点击"保存"按钮;删除模板时,点击"删除"按钮后,在系统提示"是否确定要删除此模板?"时确认删除。

三、买家与卖家消息常见问题

买家与卖家消息页面用于在保护双方隐私的前提下,促进二者在亚马逊商城中的互相沟通。每位买家会分配到一个唯一、匿名的电子邮件别名,用于与各卖家进行通信;卖家与同一买家的所有通信,所使用的匿名电子邮件别名都是相同的,因此也可以将自属匿名电子邮件别名作为真实电子邮件地址使用。下面逐项介绍"联系买家""消息递送""管理消息"页面,以及电子邮件地址、功能及其他信息。

(一)"联系买家"页面

卖家可以使用亚马逊提供的联系买家内容模板,此文本可自动翻译为买家商城使用的默认语言版本,从而无须输入重复内容,也有助于买家收到风格和语气一致的消息。此外,在"联系买家"页面上,卖家可以根据订单状态和特定商品分类选用联系原因。例如,如果订单尚未完成,将看到"联系买家以通报意外问题"的选项,但卖家还看不到"联系买家处理退货问题"的选项。

(二)消息递送

卖家在递送消息时可能会出现消息无法送达的情况,因为买家可以选择不接收所有卖家主动发送的消息,因此卖家的电子邮件会被屏蔽,卖家将收到退信邮件。但是,如果起初是买家先给卖家发消息,只要卖家就同一条消息回复买家,对方就不能选择不接收回复。因此,建议卖家如果回复被屏蔽,可尝试回复买家的原始消息,而不发送新邮件,并确保回复中含有对方的原始消息。卖家在发出电子邮件后,可以在"买家与卖家消息服务"中,点击"需要回复"下拉筛选条件,然后选择"已发送消息",查看是否发送成功及已发送给买家的通信内容。

不过亚马逊不会屏蔽卖家所发出的完成订单的重要信息,如商品定制问题、配送安排、与配送地址相关的问题等。不包括对于完成订单的重要性较低的信息,包括请求提供卖家反馈或买家评论;亚马逊已经发送过的订单、货件、配送或退款确认;主动提供的客户服务,如商品手册、商品使用技巧、常见问题解答、关于解决问题的建议;缺货或延迟通知,或者提供替代商品等应改为取消订单的情况。

(三)管理消息

卖家在管理消息时,需及时进入"买家与卖家消息"页面查看需要回复的消息,如果卖家收到一封无须回复的买家电子邮件,可以点击邮件下方的"无须回复",也可以在收到的电子邮件中点击"标记为无须回复"链接,这样亚马逊便不会记录该邮件的回复时间。

亚马逊卖家每天可以发送的最大消息数量是日均订单量的5倍,外加600条消息。卖家应注意减少发出不必要的消息,如无须使用"买家与卖家消息服务"另行发送货件通知或追踪编码,因为当卖家从"管理订单"页面确认发货时,亚马逊会代为发送。

四、电子邮件地址和功能

电子邮件别名共有35个字符(包括域名),比如:t969vz2jn3bdsy7@marketplace.amazon.com。

亚马逊也支持买家与卖家使用HTML电子邮件进行通信。此外,在本章第五节介绍过买卖双方可以在发出的电子邮件中添加附件。特殊地,当买家在订单页面以外的位置联系卖家时,发送的买家消息可能不会包含订单编号,此时卖家想要查找买家的订单信息,需在收到的消息"发件人"一栏中查看买家的电子邮件别名,在"管理订单"中搜索匿名电子邮件别名,即可找到买家的订单编号。

本章习题

第八章习题

第九章

亚马逊物流

☞亚马逊物流

【学习目标】 掌握创建亚马逊物流的入库计划。

理解亚马逊物流的设置、功能、服务与费用。

了解卖家自配送发货形式的优劣势。

【重点难点】 掌握亚马逊物流商品的创建与管理等全程设置方法。

亚马逊买家下单后,卖家有两种发货形式,一种为卖家自配送(Merchant Fulfilled Network, MFN),另外一种为亚马逊物流配送(Fulfillment by Amazon,FBA)。卖家自配送是由卖家完成从发货、配送到买家手中的全过程,流程如图9-1所示。图中显示这种发货形式包括境内直发及海外仓派送两种选择,境内直发通常情况下需要1~2周,而海外仓派送时效很快,通常只需要1周即可完成派送,最短1~3天即可投妥。如果卖家使用海外仓,还可以向亚马逊申请MFN Prime(MFN优先),提供与FBA完全一样的服务。本章详细介绍亚马逊物流配送的方式、货件,以及包装要求、库存管理、数量及地址的设置、配送报告等。本章以亚马逊美国站为例详细介绍亚马逊物流配送的方式。

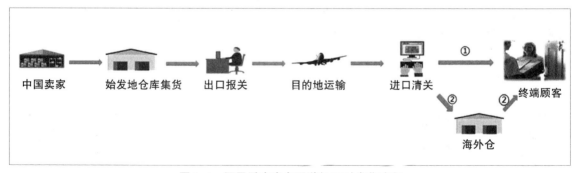

图9-1　亚马逊卖家自配送(MFN)发货流程

第一节　亚马逊物流(FBA)基础

亚马逊物流(Fulfillment by Amazon,FBA)是亚马逊为卖家提供的代发货业务,即卖家预先将货物存储于亚马逊指定的仓库,待货物售出后,由亚马逊完成捡货、配送等服务。亚马逊物流体系包括了三大部分:亚马逊跨境物流(AGL)服务、亚马逊物流(FBA)服务和亚马逊"购买配送"服务(卖家自配送MFN)。此外,为更好地满足卖家的物流需求,亚马逊还推出合作承运人计划(PCP)和服务提供商网络(SPN)。亚马逊物流配送的全流程可参考图9-2。

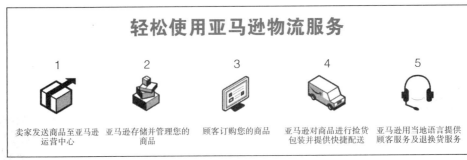

图9-2 亚马逊物流配送(FBA)发货流程

一、物流头程方式介绍

亚马逊物流头程是指卖家将商品从产地运送至亚马逊仓库(Fulfillment Center,FC),并完成运送过程中的报关流程、税费缴纳等的环节。这是使用亚马逊物流负责的订单终端配送的首项任务,所以被称为"头程"。

亚马逊物流头程发货方式包括快递、空运＋当地派送、海运＋当地派送和海外仓补货,卖家可以依据订单所需做出选择。其中,快递时效性高但价格相对更贵,适合卖家在需要快速补货时使用;空运＋当地派送的方式是相对性价比最高的形式,卖家应用范围更广;海运＋当地派送更适合持续稳定补货的卖家,但是时效性相对较差;卖家使用海外仓可以实现多跨境电商平台供货,及时补货到亚马逊库房。

二、FBA简介及费用介绍

(一)FBA简介

亚马逊物流配送提供的一站式服务如图9-3所示。FBA一站式物流的解决方案在买家下单前做好仓储管理,下单后在仓库内进行分拣包装,在2~3天完成包裹配送,并且能够提供当地语言的全天候售后客服,以及无忧的退换货服务。可以为卖家提供一站式物流的解决方案,解决常见的物流瓶颈问题,提供人力资源解决方案,还可以做到仓库全年无休。

图9-3 亚马逊物流一站式服务

同时,利用FBA可以帮助卖家接触到大量的Prime会员,使用FBA的商品进入亚马逊库房后,在销售期间会默认取得Prime的标志,享受Prime免费隔日达服务,并参加每年7月举办的Prime Day会员日的活动。亚马逊物流订购省、亚马逊物流轻小商品计划、多渠道配送和亚马逊物流出口等亚马逊物流工具可帮助卖家最大限度地提高销量并建立买家忠诚度。除此之外,使用FBA的商品,在产品具备竞争力的条件下,有更大的可能性获取购买按钮及购物车。在亚马逊运营过程中,比如Deal等营销推广活动,也是要求卖家的商品必须使用FBA,以保证买家获得更好的消费体验。涉及店铺绩效考核指标中与配送指标相关的,如果是FBA的商品,也将不会列为考核目标。具体可参考本书第十二章卖家绩效的具体内容。

MFN与FBA两种配送模式,二者各有优劣,详细对比可参考图9-4。不是所有的产品都适合使用FBA,但竞争比较激烈的产品,建议卖家使用FBA以提高产品的竞争力。

配送模式	FBA	MFN
选品限制	符合亚马逊商品要求和限制 有禁运/危险品限制 不适用超大、超重商品	符合亚马逊商品要求和限制
仓储+配送	亚马逊统一管理 有库存容量限制,有尺寸和重量要求 需要考虑库存周转问题	卖家自行管理 仓储灵活,压资金少
服务	亚马逊仓储,分拣,包装,配送+当地语言客服 全年无休	卖家自行管理
配送时效	大多数情况下2-3天	海外仓/跨境运输时间不确定
账户绩效	不考核迟发率和发货前取消率	迟发率<4% 发货前取消率<2.5%
竞争力	提升购买按钮获得率 商品曝光率、转化率	减轻卖家资金压力 选品灵活,库存灵活

图9-4　FBA与MFN的对比

如果卖家通过亚马逊物流销售商品,亚马逊将代表卖家提供客户服务,卖家可以利用亚马逊物流和卖家账户中的工具在全球范围内扩展业务。在表9-1中,简要介绍一些亚马逊物流服务的项目名称、内容及收费情况。

表9-1　亚马逊物流服务项目

物流服务项目名称	项目内容及优势	是否按件收取费用
合作承运人计划	亚马逊合作承运人可在将卖家的库存运输到亚马逊时,提供折扣较大的运费费率	否
多渠道配送	为卖家通过自身网站和其他渠道销售的库存订单提供物流服务	否
贴标服务	亚马逊会为卖家的库存贴上条形码标签	是
预处理服务	亚马逊会对卖家的库存进行预处理,以使其符合亚马逊物流预处理要求	是
重新包装服务	亚马逊可以对买家退回的符合条件的亚马逊物流商品进行重新包装,以便再次销售	否
库存配置服务	创建入库计划时,卖家的货件可能会拆分为多个货件并发往不同的亚马逊运营中心。利用库存配置服务,卖家可以将所有库存发往一个亚马逊运营中心,由亚马逊为卖家分发库存	是
人工处理服务	如果卖家在将库存发往亚马逊物流时选择不提供箱内物品信息,亚马逊将在运营中心手动处理这些箱子	是

(二)亚马逊物流订单的配送费用

关于亚马逊物流的订单配送和相关服务费用,卖家可以使用商品的分类类型和尺寸分段,来计算亚马逊物流(FBA)费用。具体方法如下:首先确定商品的尺寸分段,之后确定需支付的费用类别及费率,计算发货重量,最后计算配送费用。

按照商品的尺寸、重量可以将商品的尺寸分段分为标准尺寸和大件商品,其中标准尺寸商品分段可参考图9-5,大件商品分段可参考图9-6。卖家大多数商品的发货重量的计算方式是包装重量加上商品重量,包装重量是指包装箱和包装材料的重量,商品重量是指单件商品的重量。在各分段中,处于小号标准尺寸和大号标准尺寸且发货重量不足1磅的商品将向上取整到最接近的整数磅数;对于其余尺寸分段,发货重量将向上取整到最接近的整数磅数,尺寸分段此操作方法可参考图9-7。然后,根据以上列出的费率,使用发货重量来计算配送费用。

亚马逊使用这些标准化重量值计算发货重量,对于图9-5中重量超过1磅的大号标准尺寸商品,以及图9-6中的小号大件、中号大件和大号大件商品,当体积重量大于单件重量时使用体积重量。也就是说,在实际操作时每件商品的发货重量的计算方式是包装重量加上商品重量或体积重量,取商品重量和体积重量之间的较大值。其中,体积重量等于商品体积(长×宽×高)除以139。每个商品的总发货重量按向上取整方式取值(单位:磅),大件商品的体积重量假定最小宽度和高度为2英寸(约5.1厘米)。然后,根据图9-5、图9-6中列出的费率[1],使用发货重量来计算配送费用。

亚马逊物流配送费用(标准尺寸)						
	小号标准尺寸(不超过10盎司)	小号标准尺寸(10至16盎司)	大号标准尺寸(不超过10盎司)	大号标准尺寸(10至16盎司)	大号标准尺寸(1至2磅)	大号标准尺寸(2至3磅)	大号标准尺寸(3至21磅)
配送费用	$2.41	$2.48	$3.19	$3.28	$4.76	$5.26	$5.26 + 超出首重(3磅)的部分 $0.38/磅

注意:
* 服装、运动服装和户外服装商品将需要按件支付 $0.40 的额外配送费用。该费用不适用于钱包和皮带等服装配饰。
* 锂电池及包含锂电池或与锂电池一同销售的商品将需要按件支付 $0.11 的额外配送费用。

图9-5　标准尺寸物流配送费用

大件商品分段
这些分段仅适用于国内订单。

亚马逊物流配送费用(大件商品)			
小号大件	中号大件	大号大件	特殊大件
小于或等于71磅	小于或等于151磅	小于或等于151磅	
配送费用 $8.26 + 超出首重(2磅)的部分 $0.38/磅	$9.79 + 超出首重(2磅)的部分 $0.39/磅	$75.78 + 超出首重(90磅)的部分 $0.79/磅	$137.32 + 超出首重(90磅)的部分 $0.91/磅

对于等离子和屏幕不小于42英寸的背投大屏幕电视机,亚马逊将收取 $40 的特殊处理费。对于屏幕较小的电视机,由于其重量和易损坏程度等其他因素,也可能需要支付特殊处理费。

图9-6　大件商品物流配送费用

尺寸分段	包装重量	发货重量(向上取整到最接近的整数磅数)
标准尺寸(不超过1磅)	4盎司	商品重量[1] + 包装重量[2]
标准尺寸(超过1磅)	4盎司	商品重量或体积重量[3]中的较大者 + 包装重量
大件	1磅	商品重量或体积重量中的较大者 + 包装重量
特殊大件	1磅	商品重量 + 包装重量

图9-7　尺寸分段的发货重量计算方法

(三)移除订单费用

卖家可以让亚马逊退还或弃置储存在亚马逊运营中心的库存。此项服务按移除的每件商品收取

---

[1]亚马逊配送费率以最新公布在卖家平台的费率为准。

移除订单费用,可参考图9-8。通常情况下,移除订单会在14个工作日内处理完毕。但是,在假日季和移除高峰期,处理移除订单可能需要30个工作日或更长时间。

移除订单费用

服务	标准尺寸商品 (每件商品)	大件商品 (每件商品)
退还	$0.50	$0.60
弃置	$0.15	$0.30
清算	10% 的清算收益	10% 的清算收益

图9-8 移除订单费用

(四)退货处理费

对于在亚马逊上出售且属于亚马逊为其提供免费退货配送服务的选定分类商品,若买家实际退回至某个亚马逊运营中心,则会向卖家收取亚马逊物流退货处理费,费用金额等于某个指定的商品的总配送费用。这些分类包括服饰、钟表、珠宝首饰、鞋靴、手提包、太阳镜和箱包。特别要说明的是,在单个订单中向买家配送了多件商品时,亚马逊只根据一次仅运送了一件商品来收取退货处理费,因此单件商品要支付的退货处理费可能要高于总配送费用。

(五)计划外服务费用

如果库存抵达亚马逊运营中心时未经过适当的预处理或贴标,亚马逊可以为卖家提供此项服务,准确处理商品,不过卖家需承担按件收取的相关服务费用。

三、FBA 商品要求

(一)禁运商品

在发布亚马逊物流商品之前,卖家需要了解所售商品是否适合使用亚马逊的配送流程,是否属于受管制的危险品。卖家所售商品须符合特定的有效期要求及具有温度限制的商品要求,才有资格使用亚马逊物流。有些商品必须先获得批准才能在亚马逊上销售,某些商品有亚马逊销售资格,但是不能使用亚马逊物流配送,禁售和受限商品可参考本书第七章。遵守亚马逊物流商品准备要求、安全要求及商品限制条件是确保货物完成配送的前提,否则亚马逊运营中心会拒收、弃置或退还库存,禁止卖家今后向亚马逊运营中心发送货件,会对准备工作或不合规行为收取费用,还可能会暂停卖家的销售权限或者处以罚款。

常见的亚马逊物流禁运商品包括:酒精饮料(包括无醇啤酒),孔明灯或水灯,汽车轮胎,礼品卡、礼券和其他储值工具,带有宣传册、价格标签和其他非亚马逊标签等未授权营销材料的商品,包装松动的电池,存在残损或缺陷的商品等。而且,亚马逊物流不接受预先确定价格的标签或商品,需要预处理但未根据亚马逊物流包装和预处理要求进行预处理的商品,存在残损的二手商品,在发货前未向亚马逊正确注册标签或标签与所注册的商品不符的商品,以及不符合亚马逊与卖家之间任何协议要求的商品等。此外,对于非法复制、复印或制造的假冒商品,亚马逊有权拒绝卖家要求移除库存的申请并将销毁库存。

(二)商品有效期

亚马逊认为"最佳使用日期"或"销售截止日期"等同于有效期,对于常见商品中的外用和消费类商品,不论商品包装上是否注明有效期,亚马逊物流均视为具有有效期,例如属于"健康"和"美容化妆"分类且具有开封后使用期(PAO)标志的库存,会被标记为自其在运营中心得到处理之日起900天后过期。

要符合亚马逊物流的要求,食品和饮料类商品及运送时包含食品或饮料的商品必须采用分批控制方法,并且剩余保质期必须至少超过90天。抵达运营中心时将于50天内过期的商品会被标记为由亚马逊弃置,也不会将要弃置的商品退还给卖家。供定期服用或食用的具有有效期的商品的剩余保质期必须为服用期加上90天。例如,一瓶240片装、每天需服用一片的补充剂在亚马逊运营中心进行登记时的剩余保质期必须为240天加上额外的90天。

所有原厂包装箱子、内装多件商品的箱子和展示箱,以及其中的每件商品或捆绑商品上都必须注明有效期,且同一包装箱中的每个ASIN的有效期必须相同。有效期的印刷字号必须至少为36号,显示格式必须是MM-DD-YYYY(月-日-年)或MM-YYYY(月-年)。如果有效期采用其他格式,卖家必须粘贴具有正确格式的有效期的打印标签,使其覆盖现有的日期。

亚马逊的系统将采用世界标准时间(UTC)存储有效期信息。由于时区转换,包装箱标签上的日期可能与卖家最初输入的日期有所不同,因此最好使用数字日期格式。卖家必须用具有正确格式的有效期标签遮盖任何打印的制造日期,否则,可能会造成商品接收延迟,或者可能会导致商品在收到时已过期。

此外,亚马逊禁止销售要求冷藏、保鲜或冷冻的商品,以及易腐商品,包括但不限于新鲜肉类、水果或蔬菜。特别地,亚马逊物流在每个日历年的10月1日至次年4月30日期间接受易融化的商品,并在每个日历年的5月1日前提交针对易融库存的移除订单。此处所指的"易融"商品,是指可吃或可吞咽的热敏感商品,包括巧克力、酸奶、软糖和益生菌。储存在运营中心的易融商品必须能够在商品保质期内承受最低50华氏度(约10摄氏度)、最高120华氏度(约48.9摄氏度)的温度,而不会影响商品质量。在5月1日之后仍储存在运营中心、在5月1日至9月30日期间运至运营中心的任何易融库存都将被标记为"不可售"且被弃置。

四、FBA产品预包装要求及相关注意事项

(一)FBA产品预包装要求

向运营中心发送商品之前,务必了解所售商品是否适合使用亚马逊物流(FBA)配送流程。首先,卖家的库存商品在抵达运营中心前,必须根据所有适用的预处理类型对属于多个分类的商品进行适当的预处理或贴标,否则可能会产生预处理服务费。例如,如果卖家是成套出售多瓶洗发水和护发素,则这两样商品均须满足液体商品的预处理要求,且需贴上"套装勿拆"标签,以确保它们不会被拆分。

其次,向亚马逊运营中心运输商品时,需遵循包装要求,否则亚马逊可能会拒收、退还或重新包装,并由卖家自行承担相应费用。

(二)相关注意事项

1. FNSKU具有唯一性

FNSKU是FBA的产品标签编码,卖家对商品使用的任何FNSKU都必须是唯一的,且必须对应唯一一件商品。每个分类类型的商品,都必须具有不同的FNSKU,例如,同一款式的不同尺寸和颜色的服装,对应不同的FNSKU。

2. 可扫描条形码具有唯一性

每件商品都必须具有易于查看的外部可扫描条形码或标签,并确保货件箱外部没有其他条形码,以免造成接收过程中出现错误扫描。如果所使用的货件箱外部已有其他可扫描的条形码,可以使用不透明胶带覆盖,或使用黑色的毡制粗头笔涂抹,以使条形码不可扫描。

3. 包装要求

每件商品都必须单独、牢固地包装,包括套装商品,例如多册图书套装。亚马逊也不接受需要亚马逊组装多个零件的商品,例如把手和支腿单独包装但作为一件商品出售的手推车。

未采用安全包装的商品需要采用袋装式包装,或需要使用非黏性胶带或可移除胶带加以固定,例如宽袖筒或口袋。对于鞋靴类商品,无论材质如何,均须采用鞋盒或带窒息警告的聚乙烯塑料袋包装,确保不会暴露鞋靴材质。

套装销售商品须在其包装上添加一个标签,标注套装标记,明确表明该商品将作为单件商品进行

接收和销售。例如,作为一件商品出售的NASCAR(纳斯卡赛车)六件装Hot Wheels(风火轮)汽车特别套装,可以在包装上标注"套装勿拆""准备发货"等。

对于箱装商品,要求使用六面体箱子,且具有无法自行轻松打开的开口或盖子,在任何一侧施加中等压力时均不会坍塌。如果箱装商品具有穿孔侧或开口,则商品必须通过3英尺跌落测试,包括每侧一次跌落和中心处一次跌落。如果商品未通过跌落测试,则必须将其放入带窒息警告的聚乙烯塑料袋中,实现对商品的保护。

用来保护商品的聚乙烯塑料袋必须符合以下要求:平放时测量开口不小于5英寸;提供打印在塑料袋上,或以标签形式贴在塑料袋上的窒息警告,例如"Warning:为避免窒息危险,请避免婴儿和儿童接触此塑料袋""请勿在婴儿车、床、手推车或婴儿护栏中使用此塑料袋""此塑料袋不是玩具"等。这些警告应清晰印刷在醒目位置,同时,必须具有UPC、EAN等条形码,或可透过塑料袋扫描的X00标签,也可以在塑料袋外侧贴有X00或ASIN标签。此外,具有强烈气味的商品必须密封或袋装,以免气味进入其他商品,如蜡烛、香薰或狗狗牛筋棒。

4. 原厂包装发货商品

对于原厂包装发货的商品,已由制造商完成包装,箱内的所有商品都必须具有匹配的SKU和商品状况,且原厂包装发货商品的每个箱子最多包含150件商品,装有相同商品的各个箱子内都必须包含同等数量的商品。例如,24件装的原厂包装发货商品必须始终包含24件商品。因为原厂包装发货商品包装箱上不可显示可扫描条形码,只有箱内的商品才可以标注,因此各箱内商品数量相同,可以确保运营中心收到此类货件时,只扫描箱子内的一件商品即可,无须逐一扫描。如果制造商或分销商在一个大箱中包装多个原厂包装发货商品,则必须拆分成适合的原厂包装。

5. 有效期/保质期

如果卖家的商品有使用有效期,则须在单件商品上标注有效期或保质期,且必须以36号或更大字体标注在大箱上。显示格式必须是MM-DD-YYYY(月-日-年)或MM-YYYY(月-年)。如果商品已标注的有效期采用其他的打印格式,则必须粘贴具有正确格式的贴纸,使其覆盖原始有效期。

6. 商品预处理要求

对于商品预处理,亚马逊不接受营销材料,如预定价的标签、宣传册、商品价格标签或其他非亚马逊标签等。以下是不同品类的详细预处理要求。

(1)包装含液体的商品

液体和包含液体的套装、套件或捆绑商品在存储、配送过程中容易损坏,需采用双重密封容器,牢固包装,以保护亚马逊员工、其他商品和买家的安全。若不遵守亚马逊物流商品预处理要求、安全要求及商品限制条件,则业马逊运营中心会拒收、弃置或退还库存商品,并且禁止卖家向运营中心发送货件。因此,卖家要遵守有关玻璃容器、多件装液体商品包装及各种容器类型的体积限制的要求。

(2)包装球状、粉状和颗粒商品

球状颗粒、粉末和颗粒状商品是可倾倒的干燥商品,在运输期间和储存时残损率较高。有包含球状颗粒、粉末或颗粒物质的商品都必须能够承受3英尺跌落测试,且容器所含物品不出现泄漏或溢出。在经过5次3英尺坚硬表面跌落测试(底部平落、顶部平落、长边平落、短边平落、角部下落)后未出现破损或泄漏则表示通过跌落测试。无法通过跌落测试的商品则必须采用贴有窒息警告标签的密封塑料袋包装。

(3)包装玻璃、陶瓷、易破品和易碎品

易碎品应单独妥善包裹或装箱,以确保其在储存、货件准备或发至买家期间不会破损或造成安全隐患。例如,在一个酒杯四件套中,每个酒杯均须包裹,以防商品在包裹内相互碰撞导致残损。易碎品外包装须使用坚固的六面体箱子,或完全固定于气泡膜包装中,通过3英尺坚硬表面跌落测试。

(4)包装电池

干电池必须固定在包装内,以防电池端子和金属、其他电池接触,妥善包装,确保它们可以安全储存且做好配送准备。整包销售和多包成套销售的电池包装上都必须明确标示有效期,不可过期或出现残损。确保包装好的电池可以通过5次4英尺跌落测试,落在坚硬表面上而不出现破损现象。

如果多包电池封装在原始制造商包装中,则无须对电池进行额外箱装或密封。如果电池进行了重新包装,则需要采用胶带、密封箱或密封硬塑料吸塑包装,确保电池在箱内不会滚动,且电池端子不会相互接触。

(5)包装毛绒商品

使用清楚标注窒息警告标签的收缩包装或密封塑料袋来妥善包装毛绒商品,如填充玩具、动物和木偶等,以确保商品不会在入库、仓储、货件准备或发至买家期间残损。

(6)包装尖锐商品

尖锐商品具有尖锐或锋利边缘,一旦暴露,会对接收商品的亚马逊员工和买家构成安全隐患。因此,应使用吸塑包装,完全覆盖尖锐边缘并稳妥地固定商品,以确保商品不会在包装内四处滑动,锋利或尖锐边缘不会在接收、仓储、货件准备或发至买家期间暴露。也可以使用塑料卡扣或类似限制物品将尖锐商品固定于成型包装中,并用塑料包裹商品,以确保商品不会刺穿包装。

(7)包装服装、织物和纺织品

布料、织物和纺织品可能会因灰尘或湿气而发生残损,也会在入库、储存、货件预处理或配送给买家的过程中发生残损。因此,须将单件服装和由织物或纺织品制成的商品连同所有纸板衬垫一起放入密封塑料袋、收缩包装或包装盒内,确保包装盒没有褶皱或损坏并使用窒息警告标签清晰标记。

(8)包装小商品

"小商品"是指最大侧约小于4.76厘米的商品,该尺寸相当于一张信用卡的宽度。此类商品均需采用透明塑料封袋包装,且需在塑料袋表面积最大的外侧附上带可扫描条形码的商品描述标签,以免商品放错位置或丢失。这样还可避免商品在配送过程中因撕裂、污垢、灰尘或液体原因而发生残损。有些商品的尺寸可能不足以容纳标签,用袋子包装商品可确保充分扫描到条形码,又不会折叠商品的边缘处。

此外,在塑料包装袋上必须清楚标注窒息警告标签。如"为避免窒息危险,请避免婴儿和儿童接触此塑料袋"。

(9)包装珠宝

珠宝在配送过程中须按件单独妥善包装,以避免因材料暴露可能会出现撕裂、灰尘、污垢或液体原因所引起的残损。

(10)包装树脂玻璃

对于采用树脂玻璃包装或制成的商品,必须进行适当的商品准备,粘贴至少2英寸×3英寸的标签,表明该商品为树脂玻璃商品,以防止在配送过程中损坏。也有助于将树脂玻璃商品与玻璃制品区分开来,减少特殊包装和处理要求。

(11)打包母婴商品

任何针对4岁以下儿童且暴露表面大于1英寸×1英寸的商品必须放入密封塑料袋中或采用收缩包装,避免其在入库、仓储、货件准备或发至买家期间发生残损。建议将暴露的母婴商品放入清楚标注窒息警告标签的透明密封袋或收缩包装中(至少1.5密耳①),确保整件商品均密封(没有暴露表面),以防发生残损。

---

①密耳(mil),也被称为微英寸,是一种长度单位,换算关系如下。

1英寸=1000密耳。

1密耳=25.4微米。

1密耳=1000微英寸。

1密耳=0.0254毫米。

2.54厘米=1000密耳。

第二节　FBA库存管理

卖家在"筛选条件"栏中的"订单配送方"部分点击"亚马逊",即可在"管理库存"页面上查看亚马逊库存商品。当卖家下架或删除亚马逊物流商品时,卖家在亚马逊运营中心(Fulfillment Center,FC)的任何库存将不予退还或弃置,直到卖家提交移除订单。

一、FBA库存管理与库存费用计算

(一)FBA库存管理

在卖家为商品创建新商品信息之后,可以通过将"订单配送方"的所选栏目从"卖家"更改为"亚马逊",从而将该商品指定为亚马逊库存。也可以在管理库存页面上,选择要转换为亚马逊配送的商品,在"对选定商品执行的操作"下拉列表中,点击"转换为亚马逊配送",如图9-9所示。

图9-9　转换为亚马逊配送方法一

将商品转换为亚马逊配送也可以在已完成上架的商品中,选择一个或者单个商品进行操作。也就是说,如果卖家仅仅想将一个商品转换为亚马逊配送,可以直接点击"编辑"按钮,选择"转换为亚马逊配送"即可完成操作,如图9-10所示。同样地,要将已使用亚马逊物流配送的商品转换为卖家自行配送商品,可在同样的位置,选择"转换为卖家自行配送"。

图9-10　转换为亚马逊配送方法二

进入"转换为亚马逊配送"页面后,点击如图9-11右下角的"只转换"按键,可以转到"亚马逊库存"页面,或者点击"转换并发送库存",可以开始创建入库计划。

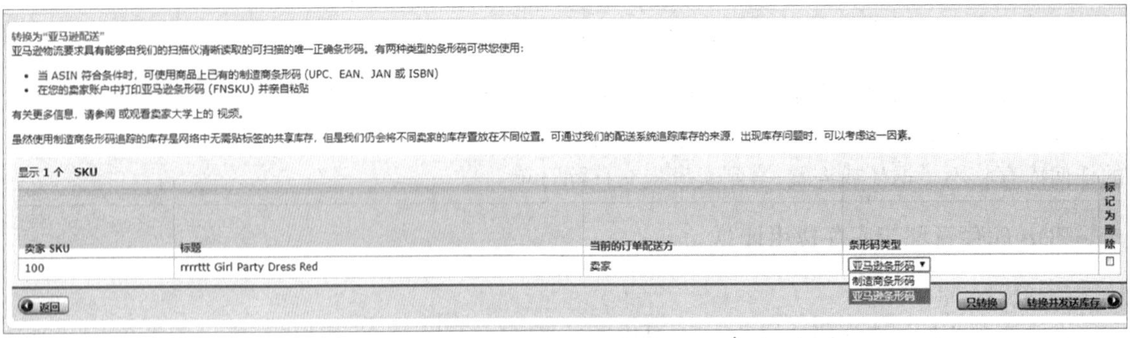

图9-11　转换为亚马逊配送页面

　　点击图9-12中卖家后台导航栏主页面的"库存"—"管理亚马逊库存",进入图9-13,可以查看到所有已经转换为亚马逊配送的商品列表,卖家可以查看到每个商品的入库数量、可售数量、不可售数量或者预留数量。

图9-12　卖家后台导航栏主页面

图9-13　亚马逊库存页面

(二)库存费用计算

1. 月度库存仓储费

　　对于卖家储存在亚马逊运营中心的所有商品,亚马逊将根据日历月和日均库存量收取仓储费,即按照库存在运营中心所占空间的日均体积收取。其中,体积是根据亚马逊物流政策和要求,对准备发货的商品进行妥善包装后测量得出的含包装尺寸,以立方英尺为单位。亚马逊可能会使用代表性样本来验证商品的重量和尺寸,如果亚马逊所获得的信息与卖家提供的信息存在差异,则将使用亚马逊关于商品重量和尺寸的信息来计算费用。亚马逊还会不时更改并反映关于商品重量和尺寸的信息有所更新后的测量结果,并以此作为计算费用的依据。

亚马逊一般会在次月的7日至15日之间收取上个月的库存仓储费。例如,要查看1月的库存仓储费,可参阅2月的付款报告,该报告包含2月7日到15日的交易信息。费用金额会因商品尺寸分段和一年中的不同时间而异。例如,若标准尺寸商品虽然小于大件商品,但因其在储存时需要经过更复杂且成本更高的装架、装柜和装箱工作,则费用将按立方英尺收取,因此标准尺寸商品的总仓储费可能会低于基于体积计算的大件商品。具体费用可以参考图9-14。

月份	标准尺寸	大件
1月—9月	每立方英尺 $0.69	每立方英尺 $0.48
10月—12月	每立方英尺 $2.40	每立方英尺 $1.20

图9-14　月度库存仓储费

2. 长期仓储费

除月度仓储费外,亚马逊还会对亚马逊运营中心的库存收取长期仓储费。每月15日,亚马逊物流(FBA)会进行库存清点,按每立方英尺6.90美元的标准对已在美国运营中心存放超过365天的库存收取长期仓储费(Long-term Storage Fees,LTSF),或每件收取0.15美元的长期仓储费,二者中取较大值。如2019年美国亚马逊物流费用变更一览中宣布,亚马逊将取消已在运营中心存放181至365天的商品的长期仓储费。此类商品库存于2019年1月15日支付上期的长期仓储费。此更改不具追溯效力,任何之前此类商品库存曾缴纳的仓储费均不予以赔偿。因此,卖家需要在日常的运营过程中及时关注亚马逊政策及费用的变更。在亚马逊运营中心存放超过365天的商品需每月按件支付长期仓储费,费用参考图9-15。在2019年2月15日之前,对于在亚马逊运营中心存放超过365天的商品,每件商品的最低仓储费率为0.50美元;自2019年2月15日起,该费率调整为0.15美元。卖家为避免长期仓储费的发生,可以提交移除订单,或为需要支付长期仓储费的库存设置自动移除。

2019 年 2 月 15 日及之后的长期仓储费	
库存清点日	在运营中心存放超过 365 天的商品
每月 15 日	每立方英尺 $6.90

图9-15　长期仓储费

二、商品入仓流程

按照亚马逊的物流要求,卖家需要做好发货前准备,创建货件计划、包装商品并将需要存储的商品发送到亚马逊运营中心。具体项目包括通过亚马逊物流危险品审核、完成预包装、打印并贴好商品标签、装箱为货件贴标、最后标记发货等货件流程,之后将货件交付头程物流服务商,开始头程物流配送。

在货件创建过程中,发送到亚马逊运营中心的库存通常会在运达后的3个工作日内进行扫描并做好销售准备,亚马逊会根据卖家的货件信息分配不同的库房(运营中心)给卖家。卖家根据指令,将准备发货的亚马逊物流商品装箱到不同的货件中,分别发送到亚马逊物流库房。将商品发送到亚马逊为货件计划指定的地址,就可以使库存更接近买家,并缩短配送订单的时间。亚马逊物流库房在收到货件后,会不断调拨物流库存,保证在商品销售过程中不同区域买家的购买需求。

需注意的是,亚马逊严禁卖家不按照已获批货件计划中的规定来运送商品,例如,在批准货件计划之后取消计划、开始运送计划中的部分商品之后却选择取消部分计划、按错误的路线运送货件或发送不完整的货件。这些做法会引起亚马逊对货件进行额外的处理,从而可能会延迟库存接收及其可供销售的时间。

此外,如果卖家不想拆分货件并将其运往多个目的地,则可注册亚马逊物流库存配置服务,将所有符合要求的库存发送到亚马逊指定的某个收货中心或亚马逊运营中心。待货件送达后,亚马逊会将商品发往其他亚马逊运营中心,并按件收取库存配置服务的服务费。

在操作中,卖家进入亚马逊卖家后台首页,在图9-16所示位置的右上角可以看到"设置"栏目的功能,点击"亚马逊物流",可进入"亚马逊物流设置"页面,如图9-17所示。点击"入库设置"栏右侧的"编辑"按钮,可进入亚马逊库存配置服务页面,如图9-18所示。

图9-16　亚马逊卖家后台截图

图9-17　亚马逊物流设置页面

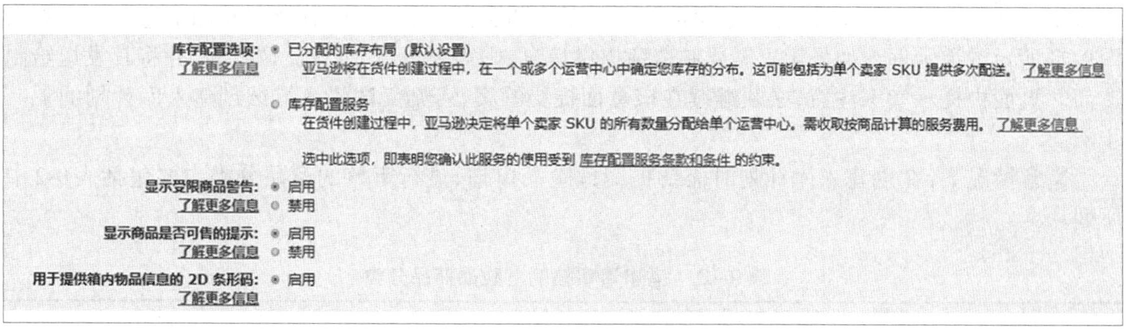

图9-18　库存配置选项

　　默认情况下,在卖家创建入库计划后,可以注册"库存配置服务",并将所有符合条件的库存发送到同一个收货中心或亚马逊运营中心,待货件抵达后,亚马逊会施行"分布式库存配置"。也就是说,货件可能会被拆分为多个货件,且将每个货件按照卖家要配送的商品和发货地来选择发往不同的收货中心或亚马逊运营中心,以便于买家更快收到货物。其中,为更好地分布卖家的商品,收货中心会帮助实现货件中转,接收商品并将其重新运输到亚马逊配送网络中的其他亚马逊运营中心。在卖家使用此项服务时,目的地收货中心或亚马逊运营中心由亚马逊来决定,可能会针对不同的货件选择不同的目的地,而卖家是无法选择把货件发往哪个收货中心或亚马逊运营中心的。任何收货中心或亚马逊运营中心成功接收商品后,卖家的商品即可出售。对于正重新运输到其他亚马逊运营中心的商品,买家也可以购买,但是,如果当前没有可以立即配送的其他商品,则显示给买家的发货日期可能是未来的某一天。此项服务按件收取费用,收费标准可如图9-19所示。

库存配置服务费	
标准尺寸 (每件商品)	
小于或等于 1 磅	$0.30
1~2 磅	$0.40
超过 2 磅	$0.40 + (超出首重 2 磅的部分) $0.10/磅
大件商品 (每件商品)	
小于或等于 5 磅	$1.30
超过 5 磅	$1.30 + (超出首重 5 磅的部分) $0.20/磅

图9-19　库存配置服务收费标准

　　若入仓商品暂时受限或暂不出售,卖家也可以在图9-18中,设置是否启用受限商品警告、商品是否可售提示及用于提供箱内物品信息的2D条形码,之后点击"更新"即可。

三、添加危险物品

(一)危险品审核品目类别

　　危险品,又称危险物质,是指因具有易燃性、腐蚀性、经过密封加压或含有其他有害物质而在处理、运输或仓储过程中可能对健康、安全、财产或环境带来风险的物品或物质,此类商品需要遵守相关运输和/或仓储法规。危险品存在于多种消费品分类中,包括个护用品(如易燃香氛)、食品(例如含气溶胶的烹饪喷雾)和家居用品(如腐蚀性浴室清洁剂)等。

　　为确保所有商品的合规性,亚马逊物流要求卖家在转换新品或现有商品时提供更多商品相关信息,因此,卖家需要为电池、包含电池的商品或可能被视为危险品的任何商品提供相关信息。操作时,点击图9-11中右下角的"转换并发送库存",进入图9-20页面,点击添加"添加危险品信息",将会弹出图9-21所示的提示框。如果卖家需要制造商提供信息,则需要点击"下载此调查表"并将其发送给制造商。页面中提示卖家注意,必须继续在该页面提交答案,否则无法进入继续创建入库计划的下一步骤。

通常情况下,在创建入库计划时需要提交危险品申请,进行审核的商品分类主要包括表9-2中所列。

表9-2 需申请审核的危险品商品分类

商品类别	商品具体品目
服装	附带充电电池的帽子,背心、帽子用硬化剂,服装去污剂
汽车用品	发动机、轮胎、内饰和油漆养护用品,机油和液体;铅酸电池、溢漏电池和防溢漏电池,气囊
母婴	婴儿梳洗、护肤品,抗菌商品
美容化妆和个人护理	喷雾除臭剂,头发定型剂、染发用品,香水,精油,美黑乳液、喷雾,防腐剂、消毒剂,肉瘤、疣去除液,驱虫剂,须后水、体毛清洁用品、电动剃须刀、脱毛液和护理用品、剃须霜或剃须泡沫,指甲油
消费类电子产品	移动电源、手机,充电器和电池,暗室用品,扬声器
食品和饮料	芳香精油;酒精含量较高的商品;装在加压容器中,处于乳液状的食品,如生奶油;烈酒
健康和家居用品	清洁剂、清洁器,洗碗液、洗碗粉,洗衣液、洗衣粉
家居装修	烧烤炉,害虫和昆虫防治用品
办公室	墨粉盒、碳粉盒,设备清洁剂,胶带、黏合剂和胶水,马克笔、荧光笔、钢笔和笔芯
宠物用品	护耳和护眼用品,跳蚤、苍蝇、蚊子、虱子和蜱虫防护品,止痒剂,除臭剂,水族箱玻璃清洁剂,水族箱水处理和测试套件
鞋靴	发光鞋、鞋底与鞋体去污剂、鞋油
运动户外	软弹气枪用品、野营炉、暖手炉、电动自行车和电子滑板车、自行车工具和设备、溢漏电池和防溢漏电池、救生背心
玩具	电动玩具、工艺品、拼砌套件、化学实验套装、喷漆和维修工具、喷雾套件、爆竹
视频游戏	控制器、无线和蓝牙耳机、手柄

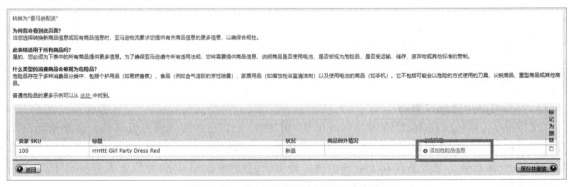

图9-20 转换为亚马逊配送页面(2)

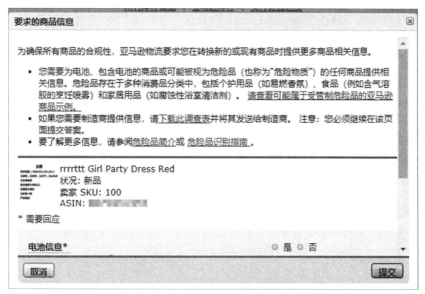

图9-21　添加危险品信息提示框

若商品属于需要危险品审核的品目类别,则要填写好图9-22页面所有信息,点击"提交",等待亚马逊通过卖家的危险品审核申请后,才能继续创建入库计划;如果是不需要审核的,则卖家可以直接进入创建入库计划下一步。

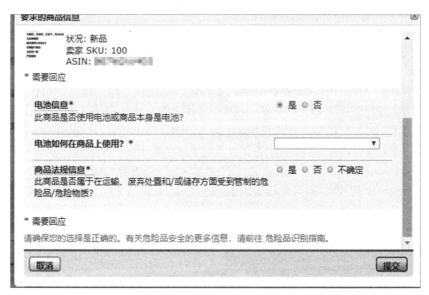

图9-22　添加危险品信息

(二)危险品文件工具

危险品团队会在4个工作日内审核被认定为潜在危险品却将配送方式转换为"亚马逊配送(FBA)"的ASIN。这里所称的"工作日"是指星期一至星期五,不包括公共假日。确定商品是否为潜在危险品的根据主要是目录信息,因此,卖家务必在创建商品或将商品转换为由亚马逊配送时提供完整且准确的信息,包括详细的商品描述和要点。如果提供的危险品信息完整且准确,亚马逊将在4个工作日内完成审核并对卖家的商品进行分类。但是,如果卖家提供的信息缺失、不完整、不准确或相互冲突,亚马逊可能会禁止商品通过亚马逊物流(FBA)进行销售。如果发生这种情况,卖家需要通过上传危险品文件工具,提供安全数据表(Safety Data Sheet,SDS)或产品成分信息表。

其中,安全数据表是一份由制造商或进口商编制的详细信息公报,包含16个部分,用于说明商品的物理和化学属性、对身体健康的危害、接触途径、关于安全处理和使用的防护措施、急救方法及控制措施。在创建亚马逊物流商品时提供完整且有效的SDS(Safe Data Sheet,安全数据表)有助于卖家审核避免延迟。

而产品成分信息表是亚马逊要求提供的文件,用于为根据相关法规或法律豁免提供SDS的商品收集特定危险品信息,仅适用于电池和电池驱动商品及不含有害化学品的商品。不属于这两类的任何商品不需要提交产品成分信息表,如果卖家想通过提交此表来代替SDS,则该表将被拒绝。且该表必须正确、完整填写,否则也会被拒绝。

使用"查找ASIN"工具可以检查卖家的亚马逊物流ASIN的分类状态,判断其属于危险品还是非危险品。亚马逊会定期对运营中心内可能属于受管制危险品的商品进行审核,这些审核有助于确保货件符合法规要求,也符合针对买家和员工制定的安全标准。如果ASIN正在接受审核,就说明其可能包含电池、化学品或其他可能使卖家的商品需要遵守运输或仓储法规的物质。

如果卖家的商品被认定为潜在危险品而在一个或多个亚马逊运营中心拥有库存,那么卖家需要在14个工作日内提供亚马逊要求的文档,以便于亚马逊完成商品分类。如果卖家未在此时间段内提供相关文档,亚马逊将弃置卖家的库存,费用自行承担。在卖家对商品进行信息增补时,如果对详情页面进行的更改与之前提交的信息不符,商品也可能会被标记为需要审核。

(三)未纳入危险品品目类别的特殊商品也需审核

未纳入危险品品目类别的商品,也可能会接受审核,可能有如下原因:部分商品需要或可能需要电池才能正常使用,但卖家在创建ASIN或详情页面时未提供详细的电池信息;商品详情页面或买家评论中提及电池,且商品被标记为需要进行危险品审核;需要供电且缺少详细动力源信息的商品;商品中可能包含其他潜在危险品,如屏幕清洁剂、气溶胶等,或与之一同销售。在这些情况下,卖家需填写并上传电池产品成分信息表或安全数据表。

(四)危险品审核过程及结果

危险品文件审核工作日内,卖家需始终使用上传危险品文件工具向亚马逊提供SDS或产品成分信息表。如果卖家通过联系卖家支持方提供文件,文件审核将至少需要7个工作日才能完成。上传文件后,卖家可以使用"查找ASIN"工具来查看危险品审核是否已完成,或是否需要补充更多信息。

如果在亚马逊运营中心有库存,亚马逊会通过电子邮件将审核结果发送给卖家,其中会详细说明更改的影响并简要介绍后续步骤。在审核完成后,卖家可使用"查找ASIN"工具或在卖家后台帮助中心搜索"危险品",确认是否已将商品转换为由亚马逊配送,如果尚未执行此操作,则需转换商品配送方式。如果卖家对商品的危险品审核结果有异议,则可上传新的SDS或产品成分信息表来支持自己的申请,也可以使用"查找ASIN"工具提出争议。

完成危险品信息审核后,点击图9-20中的"保存并继续"按钮,进入下一步。

第三节 创建入库计划

亚马逊物流可以帮助卖家在全球范围内扩展业务,在全球范围内开展销售的方式有通过亚马逊物流出口和全球开店两种。其中,"亚马逊物流出口"可以帮助卖家在亚马逊或卖家自身的网站上发布亚马逊物流商品,之后亚马逊会向世界各地的买家出口订单商品;而"亚马逊全球开店"可以帮助卖家在亚马逊全球的多个网站上发布和销售商品,将卖家的库存配送至所在国家或地区的亚马逊运营中心,然后由亚马逊将商品配送给买家。从本节开始逐项介绍亚马逊物流的入库、配送、出口、报告、服务等项目和功能的查看与设置方法。

一、选择条形码类型

由亚马逊配送的每件商品都需要一个条形码,在图9-11中"条形码类型"一栏,卖家在"制造商条形码"或者"亚马逊条形码"中选择计划使用的条形码。下面分别介绍两者的使用方法及要求。

(一)使用制造商条形码追踪库存

只要卖家没有更改条形码设置,则亚马逊在配送过程中始终默认使用制造商条形码来追踪卖家的库存。如果多个卖家的库存使用相同的制造商条形码,亚马逊可能会从中选择使用距离买家最近的商品配送订单,以此来加快配送速度。也就是说,当卖家收到买家订单时,如果其他卖家的相同商品距离买家较近,亚马逊可能会使用该商品来完成配送,同时,也会立即将一件订购商品从订单卖家库存转运至更近距离的非订单卖家的库存,这种做法不会影响订单卖家收取此次销售的款项。如果卖家针对使用制造商条形码追踪的库存提交移除订单,卖家将收到具有相同条形码的商品。但是,它们可能不是卖家最初配送至亚马逊的确切商品。

亚马逊可以追踪每件商品的原始卖家,为了确保能够准确追踪卖家的库存,亚马逊针对使用制造商条形码的商品指定了特定的资格要求。为符合资格,商品必须具备一些条件,例如,只有一个可扫描条形码的新品,该条形码与亚马逊目录中的一个ASIN相符,无有效期或保质期,且不属于危险品、消费类商品或外用商品,如护肤霜、洗发水或化妆品。

对于使用制造商条形码追踪的库存,具有相同ASIN的每个卖家,来源库存将分开存储在亚马逊的运营中心,若卖家要使用自己的库存独家配送订单,可以随时切换到亚马逊条形码。也就是说,如果制造商条形码与多个ASIN相符,则需要使用亚马逊条形码。在其他情况下,亚马逊可能也会要求使用亚马逊条形码。如果发生这种情况,亚马逊会提前通知卖家。卖家可以随时更新条形码类型,由于新设置仅适用于新商品,因此卖家无法更改现有商品的设置,而是必须创建新商品。在更改条形码后为某个ASIN创建的每个货件都将反映这一新设置,直到卖家再次更改为止。

(二)亚马逊物流商品条形码要求

在整个配送过程中,亚马逊物流使用条形码来标识和追踪库存,卖家发送至亚马逊运营中心的每件商品都必须贴有条形码。目前有三种条形码可用于标识商品:制造商条形码,包括GCID(Global Catalog Identifier,全球目录编码)、UPC(Universal Product Code,商品通用条码)、EAN(European Article Number,欧洲物品编码)、JAN(Japanese Article Number,日本通用商品编码)或ISBN(International Standard Book Number,国际标准书号);亚马逊条形码,如FNSKU;仅限于品牌所有者所营的某些商品的特殊需要,加贴具有唯一性的Transparency(透明计划)验证码,有助于品牌所有者和买家识别假冒商品。其中,Transparency代码是商品级别的验证贴纸,标志为"T",使用时不得被任何其他标签覆盖,也不得覆盖任何其他标签,目前此方法仅适用于品牌方,具体的原理和方法,可参考本书第十三章内容。

需要注意的是,自2018年4月17日起,GCID不可代替UPC、EAN、JAN或ISBN创建ASIN。如果卖家的品牌已获准加入亚马逊品牌注册计划且卖家的商品没有UPC、EAN、JAN或ISBN,则可以申请全球贸易项目代码豁免(申请入口为:https://sellercentral.amazon.com/gtinx/browser),进入如图9-23所示页面填写具体的商品分类及品牌,检查资格,符合资格的可以申请豁免。

对于未使用制造商条形码进行追踪的所有商品,包括具有有效期的商品、消费类商品、外用商品,如护肤品、洗发水和化妆品;经过预处理但条形码无法扫描的商品等,卖家都必须自行打印并粘贴亚马逊条形码,或按件付费后由亚马逊打印并粘贴条形码。

图9-23　申请全球贸易项目代码豁免之选择商品分类

卖家可以在创建亚马逊物流货件时,在如图9-24所示的"亚马逊物流商品条形码首选项"栏目右侧点击"编辑",在设置条形码类型中完成制造商条码及亚马逊条码的切换。

图9-24　亚马逊物流设置页面之亚马逊物流商品条形码首选项

二、设置发货地址及包装类型

进入图9-25所示的发/补货页面,可以点击"创建新的入库计划",编辑"发货地址",并选择"包装类型"。

图9-25　发/补货页面

在编辑"发货地址"时,务必将货件运输至正确的运营中心,如图9-26所示,以免因输入的地址不正确而导致货件被运到错误的亚马逊运营中心。为了节省时间,同时避免因运输错误而造成不便,在相应的文本框中输入地址信息并再次检查是否输入有误或有其他错误。如果要从其他国家(地区)进口商品,并且不想将商品直接运至目的地库房地址,则可以将"发货"地址设置为进口地址,则商品将会运输至最近的亚马逊运营中心,这是更为合理的路线安排。

完成后，请确保点击"从该地址发货"，请注意：字段带有 ＊ 为必填项。

国家/地区：＊	美国 ▼	
名称：＊	SellerEducation	
地址行 1：＊	街道地址，邮政信箱，公司名称	
地址行 2：		
	大厦、单元、楼层、房间等	
城市：＊		
州/省/地区：＊	请选择... ▼	
邮编：＊		
电话：		

从该地址发货

图9-26　发货地址编辑页面

"包装类型"栏目中的可选项包括"混装商品"和"原厂包装发货商品"，卖家可以依据所售商品的情况进行选择。如果货件包含SKU和状况均不相同的单独商品，需选择"混装发货"；如果货件包含之前由制造商包装的含有具有相同商品状况、匹配SKU的相同商品的箱子，则选择"原厂包装发货商品"，且每个装运箱必须包括相同的商品数量；如果在库存货件中包括上述两种包装类型，则每种类型均须以单件货件发送。并且，在某些情况下，制造商或经销商可能会在一个大箱中包装多个装运箱，如果大箱不符合原厂包装要求，则必须拆分成多个箱子。设置完成后直接点击"继续处理入库计划"。

三、设置数量

在"设置数量"页面上，"每个装运箱的商品数量"是指装运箱中的商品数量，而不是指大箱中装运箱的数量。原厂包装与多件装不同，原厂包装是要拆分并单独销售其中的商品，而多件装是以捆装商品或套装的形式销售。而且，原厂包装商品能够以多件装形式销售，但是必须根据套装销售商品的要求进行准备，卖家必须清除或覆盖箱子上的所有可扫描条形码，只有包装盒中的单个商品可带有可扫描条形码，否则亚马逊库房的人在收到货件后将不会进行货件处理。

一旦卖家选择了要发往亚马逊的商品，即可指定计划包含在货件中的每种商品的数量，如图9-27中框选所示，在"商品数量"一列填写计划入库的数量。商品在第一次被发往亚马逊库房时，需要按照实际商品的长、宽、高来填写商品的尺寸，并选择尺寸单位，点击"保存"。尺寸是亚马逊分配运营的标准之一，有些亚马逊运营中心可以收危险品，有些可以收大件商品，一旦出现错误分配的情况，亚马逊运营中心将有可能直接拒收卖家的货件。

图9-27　设置发/补货数量页面

四、预处理商品

(一)预处理商品的作用

对商品进行适当的包装和预处理有助于减少商品接收时间的延迟,在商品存放于运营中心期间为商品提供保护并打造更出色的买家体验。操作时,在创建亚马逊货件的过程中,点击图9-28中的"选择分类",进入图9-29页面,选择需要预包装的商品分类。

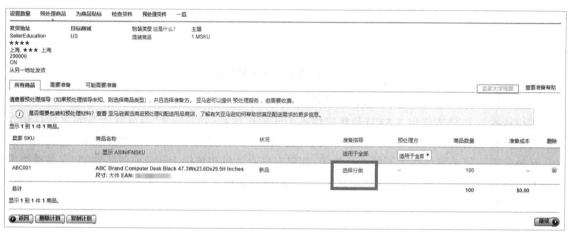

图9-28　预处理商品页面

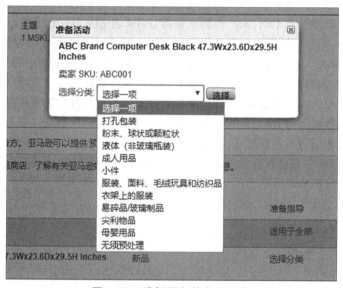

图9-29　选择预包装商品分类

(二)预处理商品操作方法

下面以"易碎品/玻璃制品"为例,展示预包装的操作参考。选择商品分类后,进入图9-30所示的"准备活动"页面,在此页面中可以看到此类商品的"准备指导"和注意事项。之后进入如图9-31所示页面,选择"预处理方"。此栏中有3种可选,包括"适用于全部""亚马逊"或"卖家"。

1. 亚马逊预处理

如果卖家希望亚马逊预处理商品,可选择"亚马逊",但是计划内的预处理或贴标是"亚马逊物流预处理服务"的一部分,可能会延迟货件的完整接收,然而,计划外的预处理或未包含在亚马逊物流中超余出来的贴标服务等预处理工作,可能会进一步延迟货件的完整接收,最长可达48小时。

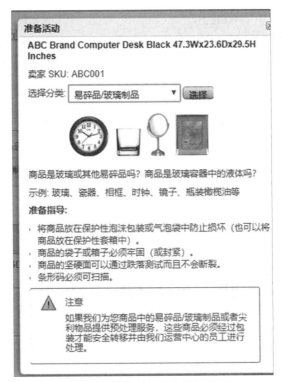

图9-30　玻璃制品准备指导页面

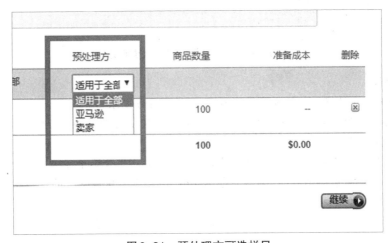

图9-31　预处理方可选栏目

　　待卖家确定启用亚马逊物流预处理服务后,亚马逊将对合格商品进行准备,制定配送计划,并基于所选商品应有的服务估算预处理服务费,按件收取费用。同时,对商品会有最低要求,商品若不符合要求,则亚马逊物流会拒绝预处理,只能由卖家自行进行商品预处理。例如,亚马逊可以接受任何状况的商品,包括新品、二手商品、收藏品及翻新品,也可以接受任何类型的商品,包括媒介类和非媒介类,但每件商品都必须有可扫描的条形码(ISBN、UPC、EAN或JAN),不得挤压、涂改、覆盖或者以其他形式损坏商品条形码。特别地,如果商品为易碎品或者尖利物品,则必须经过包装才能进行运输并由亚马逊的员工安全地进行处理,具体的预处理费用以实际收费为准,图9-32仅供参考。

每件商品费用	标准尺寸			大件		
预处理分类	预处理	贴标	总计	预处理	贴标	总计
易碎品 • 气泡膜包装 • 贴标	$0.80	$0.20	**$1.00**	$1.60	$0.20	$1.80
液体 • 塑料袋包装 • 贴标 (可选)	$0.50	$0.20*	**$0.50 至 $0.70**	$1.00	$0.20*	**$1.00 至 $1.20**
服装、面料、毛绒玩具和纺织品 • 塑料袋包装 • 贴标 (可选)	$0.50	$0.20*	**$0.50 至 $0.70**	$1.00	$0.20*	**$1.00 至 $1.20**
母婴 • 塑料袋包装 • 贴标 (可选)	$0.50	$0.20*	**$0.50 至 $0.70**	$1.00	$0.20*	**$1.00 至 $1.20**
尖利物品 • 气泡膜包装 • 贴标	$0.80	$0.20	**$1.00**	$1.60	$0.20	$1.80
小件 • 塑料袋包装 • 贴标 (可选)	$0.50	$0.20	**$0.70**	不适用	不适用	不适用
成人用品 • 塑料袋包装 (黑色或不透明) • 贴标	$1.00	$0.20	**$1.20**	$2.00	$0.20	$2.20

图9-32 预处理费用收费标准实例

2. 卖家预处理

如卖家在图9-31中选择"卖家"为预处理方,则需注意几项要求。

(1)所售商品为套装销售,则需标注套装标记,对于包装货件的纸箱,需要使用封闭的六面体箱子,通过跌落测试而不会坍塌。

(2)不得使用托盘尺寸的箱子,不得使用绳子、带子,不得将多个箱子捆绑在一起。

(3)需要使用塑料袋包装的商品,则需使用透明的、厚度至少0.04毫米的密封塑料袋,同时,开口大于5英寸的塑料袋,必须有窒息警告。

(4)针对有有效期的商品,在货件和单件商品上均须标注有效期,使用36号以上字体,格式按照MM-DD-YYYY(月-日-年)或MM-YYYY(月-年)。

(5)卖家不要在货件中添加任何营销材料,必须使用刀片被覆盖的安全刀来保证包装货件的安全,完成包装的货件不能捆绑,也不能使用打包带或大型订书机。

(6)保证货件尺寸不超过亚马逊运营中心的收货尺寸,否则运营中心将无法收货,如美国:商品尺寸大于144英寸×96英寸×96英寸(约365厘米×244厘米×244厘米),重量超过150磅(约68千克)。欧洲:商品周长(长+2×宽+2×高)大于300厘米,最长边大于150厘米,重量超过30千克的商品。日本:商品尺寸三边之和(长+宽+高)大于200厘米,最长边大于90厘米,重量超过40千克的商品。

(7)单个货件超过一定的重量或尺寸,需打托盘后才能入库,打托盘要求及标准如表9-3所示。

表9-3　货物装入托盘的要求及标准

国别（地区）	货物要求		托盘要求
	货件重量	货件尺寸	
美国	单个商品重量>50磅贴"多人合搬（TeamLift）"；单个商品重量>100磅贴"机械升降（MachLift）"；珠宝首饰或钟表的货件不得超过40磅	任意一边尺寸超过63.5厘米	标准托盘:木质托盘40英寸×48英寸（约100厘米×125厘米）单个打托高度（含托盘底座）≤72英寸（约182厘米）打托重量≤1500磅（约680千克）叠加打托（双层托盘）高度≤100英寸（约254厘米）托盘与集装箱顶部空隙>6英寸（约15.24厘米），与集装箱墙壁空隙>3英寸（约7.62厘米）
欧洲	15~30千克贴有"超重标签"		托盘尺寸:木质托盘英国100厘米×120厘米单个打托高度≤180厘米（含托盘）重量:单个<500千克,双层<1000千克叠加打托高度:德国/中东欧≤270厘米；英国、法国、意大利和西班牙<300厘米。空隙最少30厘米
日本	15~40千克贴有"超重标签"	大于50厘米×60厘米×50厘米	可使用塑料托盘,不可使用木托盘单个含底座的托盘高度不超过150厘米；重量不超过1000千克

完成所有商品预处理后,点击"继续",可以继续货件的创建流程。

五、为商标贴标

所有商品都必须具有条形码,如果商品有资格使用制造商条形码进行追踪,则无须打印粘贴亚马逊标签,如果无此资格,则须自行打印和粘贴亚马逊条形码标签,可以在图9-33中"贴标方"一栏的下拉菜单中选择"卖家",然后点击"为此页面打印标签"。或者在此选择"亚马逊",选择支付费用让亚马逊来执行此操作。对于同一个商品,一旦生成了商品标签,将保持唯一性。

对于需要使用亚马逊条形码的符合条件的商品,亚马逊物流将粘贴这类条形码,并按件收取费用。对于商品的条件要求并不很高,可以接受任何状况和类型的商品,只要具有一个与亚马逊在线目录中的ASIN对应的可扫描条形码（GCID、UPC、EAN、JAN或ISBN）即可,但不接受禁售商品、受限商品或高价品。当然,亚马逊自行确定商品是否符合使用亚马逊物流贴标服务的资格要求,对于原本满足上述要求的商品,也保留取消其使用此服务资格的权利。

启用亚马逊物流贴标服务,即表示卖家同意让亚马逊根据其所定条款和条件,为符合条件的库存商品粘贴亚马逊条形码,条款内容包括:当符合要求的商品到达运营中心后,亚马逊将使用卖家提供的商品信息来为这些商品粘贴亚马逊条形码,费用为每件商品0.2美元;会指导卖家拆分货件,以便将可使用亚马逊物流贴标服务的商品装在一起;可使用亚马逊物流贴标服务的货件也可能会被进一步拆分为多个货件;对于不符合亚马逊物流贴标服务要求的商品,卖家有责任粘贴任何必需的亚马逊条形码。

图9-33　需要贴标页面

如果卖家选择自行贴亚马逊商品标签（FNSKU），可在此页面点击"为此页面打印标签"，如图9-34所示，卖家可以自行选择每页纸打印标签的数量，最多44个。系统会自动下载一个PDF格式的文件，在该文件中卖家将看到100个相同的商品标签，如图9-35中所列截选页面。卖家将商品标签打印出后，确保清晰可扫描，贴到每一个单独售卖的商品外包装上，需要注意的是，如果商品出厂时已经有其他的条码，需用FNSKU完全覆盖那些条码，仅留唯一的亚马逊商品标签条形码可扫描，否则入库时，运营中心将无法做入库处理。

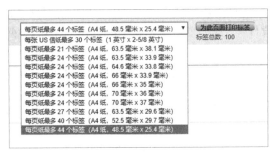

图9-34　为此页面打印标签之可选项

图9-35　商品标签PDF文档截图

六、检查并确认货件

（一）检查并确认货件的方法

卖家运往亚马逊的库存可能会根据卖家SKU被拆分成多个货件，卖家可根据多种因素为每个货件分配运营中心，包括商品的尺寸、分类、发货地址和其他配送渠道因素等。点击图9-36中所框选的"查看货件内商品"栏目，可以查看对应货件内的具体商品和数量，待确认无误后，可点击右下角的"确认货件"。

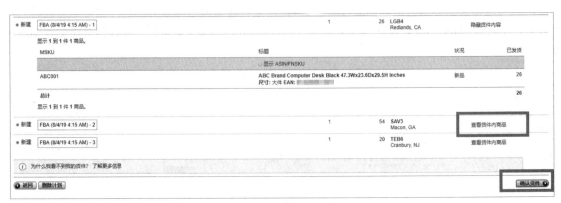

图9-36　检查货件

(二)检查要点和修改方法

在查看过程中发现有需要修改或重新选择的栏目,需要注意所选栏目是否符合订单中商品、运送的需求和条件,下面介绍几个需注意的检查要点和修改方法。

1. 检查商品数量

卖家可以查看和修改商品数量,但是只能更改商品数量的5%或6件商品,修改时如图9-37所示,卖家点击右侧"下载SKU列表",再次确认是否需要修改,如果需要,则点击左侧的"检查并修改商品"按键,即可完成货件中商品数量的修改。如果想要向货件添加更多商品或新商品,则必须复制货件或创建新的货件。任何超出允许范围的输入数量可能都需要支付额外的放置费用,除非已经在运输流程的准备货件步骤中提供了箱内物品信息,否则亚马逊建议不要打包和密封包装箱。

图9-37　修改商品数量

2. 检查配送方式

确认好数量后,卖家需要选择"配送方式",目前亚马逊在入库时,卖家有两种配送方式可以选择:小包裹快递(Small Parcel Delivery,SPD)和汽运零担(Less Than Truck Load,LTL)。

其中,小包裹快递是单独箱子包装的商品,货件箱单独贴标配送。小包裹任何一侧的长度均不得超过25英寸(约63.5厘米),重量不得超过50磅(约22.7千克)。如果其中包含单件重量超过50磅的大件商品,则需严格执行纸箱重量政策,若将超重纸箱发送到运营中心,则可能会导致亚马逊阻止卖家今后向运营中心运送货件。此外,用于小包裹快递的所有箱子均须符合货件和路线安排的要求来妥善包装,加贴亚马逊物流货件和承运人的标签,并按照包装和预处理要求页面上列出的要求进行预处理。

"汽运零担(LTL)"是指将装运箱或箱子固定在已贴标的托盘上进行运输。采用LTL时,货车上可能还装有运往其他目的地的货件。如果货件符合整车运输(FTL)的条件,货件将直接发往运营中心。LTL和FTL运输方式需要进行送货预约。通过货车运输商品需遵循货件包装要求,用塑料或拉伸膜将箱子固定到托盘上,一个托盘上的每个箱子都必须具有相同的货件编号,但只可是唯一的亚马逊物流标签,不能将某个箱子的物流标签影印、重复使用或修改,也不可用于其他箱子。且需满足以下要求。

(1)总货件重量必须不低于150磅(约68.0千克)。

(2)单独包装的托盘重量不得超过1500磅(约680.4千克)。

(3)必须使用GMA标准达到B级或更高级别且可4面打开的40英寸(约101.6厘米)×48英寸(约121.9厘米)木制托盘。

(4)托盘上的箱子不能延伸出托盘超过1英寸(约2.5厘米)。

(5)重量超过100磅,长度超过80英寸(约203.2厘米)或宽度超过30英寸(76.2厘米)的商品必须单独放在一个托盘上。

(6)如果多个箱子成套销售且总重量超过100磅(约45.4千克),则必须单独放在一个托盘上。

3. 确定包裹数量及标签

通常卖家会选择"小包裹快递"配送,下一步是按照图9-38选择包装类型,将所有商品装于一个箱子或者多个箱子。同时,进入图9-39所示页面,设置箱子的重量、尺寸,此处需要注意,重量单位是磅,尺寸单位是英寸,卖家需要按照实际情况如实填写,之后点击"确认",以便让亚马逊知道货件的信息。

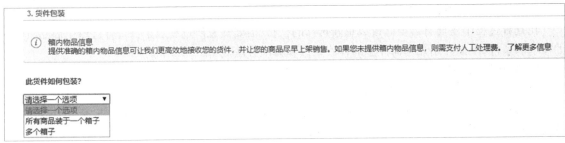

图9-38 选择包装类型

图9-39 设置货件数量及箱子重量、尺寸

选择好商品数量后,点击图9-40所示页面左上方的"打印箱子标签",系统会自动生成一个PDF格式的箱子标签,如图9-41所示,每个箱子标签都是唯一的,卖家需确保打印全套箱子标签,将其贴到每一个箱子的外包装上,不要放在箱子里或贴在箱子的接缝处,也不要复印、重复使用或修改标签以将其用于其他货箱。

图9-40 货件标签页面

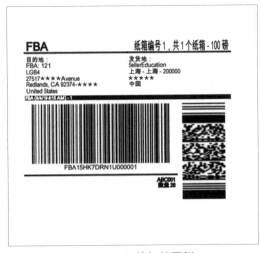

图9-41 纸箱标签图例

包装时为每个包装箱张贴货件标签和相应的承运人标签,并按照以下说明操作,有助于确保货件完好无损地送达亚马逊运营中心,并可以立即入库。

（1）使用箱盖完整的六面硬质包装箱，且要求包装箱仅使用批准的包装材料，不能添加其他的营销材料。

（2）使用一个地址标签，并且其中包含清晰、完整的发货和退货信息。

（3）货件中的每个箱子必须带有从"货件处理进度"中打印出的唯一的、自己独有的亚马逊物流货件标签，如果是使用大纸箱运送多个装运箱，则需在大纸箱上粘贴。

（4）如果使用的是已用过的箱子，需使用不透明胶带覆盖或使用黑色的毡制粗头笔涂抹，以去除所有旧的货件标签或标记，防止在接收过程中不小心扫描了错误的条形码。

（5）对所有商品进行单独包装时，应使用适合的包装材料、专用于运输的强力胶带，并在每件商品与箱子内侧之间填充2英寸（约5.1厘米）厚的缓冲材料，待箱子包装完毕后，轻轻晃动，确保箱内物品不随之移动。

（6）使用尺寸至少为6英寸（约15.2厘米）×4英寸（约10.2厘米）×1英寸（约2.5厘米）且重量至少为1磅（约0.5千克）[但任一边的长度均不超过25英寸（约63.5厘米）且总重量小于50磅（约22.7千克）]的箱子可以减少接收延迟。

（7）每个托盘需要四个标签，在每侧的顶部中心位置各贴一个，托盘上的每个包装箱也还需要带有自己的标签。

4. 检查入库条件

商品入库有一些需注意的事项，在此列举一些需避免的情况，有助于确保货件送达亚马逊运营中心后可以立即入库。

（1）请勿使用销售点包装箱，销售点包装箱是所售商品的一部分，并且通常包含一件商品，例如放在原始包装箱中进行运输和销售的咖啡机。

（2）请勿使用常用于展示商品的敞开式箱子，例如前开口箱子或没有箱盖的箱子。

（3）请勿使用托盘尺寸的箱子（也称为"Gaylord"）。

（4）请勿使用绳子、带子或外包装（塑料或纸质）。

（5）请勿将多个箱子捆绑在一起。

（6）务必为要发运的商品选择大小合适的箱子，如果包装箱过大，卖家需要使用足够的包装材料将其填满，以免箱子在运输期间被上面堆放的较重的箱子压塌。

5. 检查包装材料

使用合适的包装材料可以确保货件快速通过运营中心接收流程，并保护亚马逊的员工免受潜在安全问题的影响。可以使用的包装材料包括：气泡膜包装、完整的纸张（较重的牛皮纸最佳）、可允气的充气垫、聚乙烯泡沫板等。切勿使用的包装材料有：各种类型的包装泡沫塑料，包括由可生物降解材料或玉米淀粉制成的泡沫塑料、泡沫条、褶皱纸包装、碎纸、聚酯泡沫碎屑、发泡胶等。

6. 检查包装箱的尺寸、质量及标准

可接受的标准包装箱包括：普通开槽纸箱（Regular Slotted Carton，RSC）、B型瓦楞纸箱、ECT-32（边压强度测试）纸箱及200磅/平方英寸（约90.7千克/6.5平方厘米）（耐破度）纸箱。除了商品在制造商的原厂包装中配送之外，每件商品的周围至少填2英寸（约5.1厘米）厚的适当包装材料，商品与箱壁之间也应填充同样厚度的包装材料。

对于内含多件标准尺寸商品的箱子，该箱子尺寸要求其任何一侧的长度均不得超过25英寸（约63.5厘米）。如果箱子里包含长度大于25英寸的大件商品，则箱子可能会超出25英寸的上限，这种超大箱子会受到货件权限限制、额外费用或运营中心拒收的影响。

如果使用亚马逊合作承运人，需准确测量箱子和托盘的重量和尺寸，确保为每个货件提供准确的测量值。此外，需遵循在表9-3中所列的货物装入托盘的要求及标准，如美国亚马逊市场要求：箱子不得超过50磅（约22.7千克）的标准重量限值，除非内含单件重量超过50磅的大件商品；对于单件重量超过50磅的大件商品，需在箱子顶部和侧面贴上明确标明"多人合搬"的标签；对于单件重量超出100

磅(约45.4千克)的大件商品,必须在包装箱顶部和侧面贴上明确标明"机械升降"的标签;内含珠宝首饰或钟表的箱子不得超过40磅(约18.1千克)。

七、查看货件

查看货件可以进入图9-42所示页面中,点击"下载SKU列表",则系统会自动保存一个SKU文本格式,如图9-43所示。卖家可以再次检查之前步骤的设置,确认无误后,点击"处理货件"。如果卖家的一个货件被分为几个报告,配送到不同的运营中心,则卖家需要分别进行货件处理。

图9-42　查看货件

图9-43　SKU文本

处理好所有的货件后,点击"完成货件",可进入图9-44页面,卖家可以从中看到以上步骤中设置的货件的信息。需要注意的是,如果已经发货,卖家可在此页面"货件状态"下方点击"标记为已发货",否则货件到达亚马逊运营中心,将可能无法被运营中心收货。卖家也可以在"追踪货件"的区域直接填写"追踪编码"等货件具体的追踪信息,以方便查看。

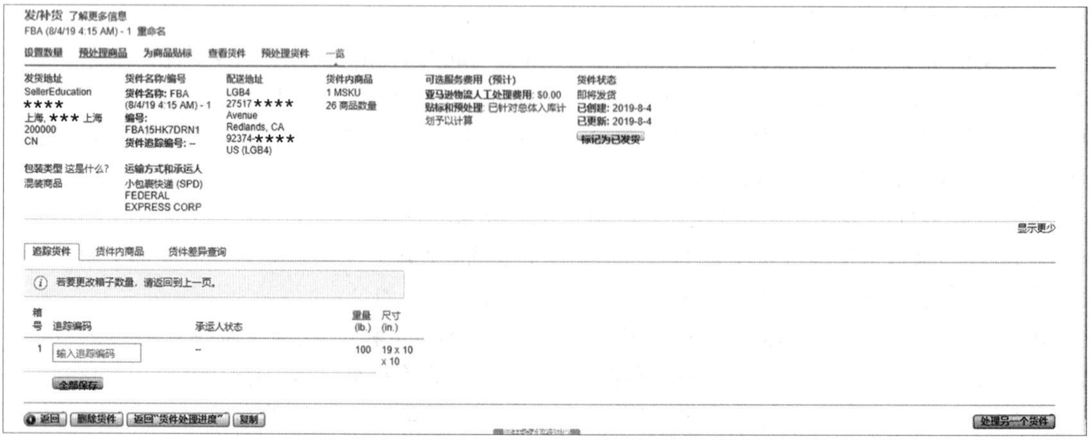

图9-44　发/补货货件一览页面

在货件抵达亚马逊运营中心后，"发/补货货件一览"页面上的"货件内商品"选项卡，如图9-45所示，卖家可以从中查看到货件内的具体商品信息，同时在接收商品后显示其状态。如果卖家在货件中发送的商品与接收的商品存在任何差异，可使用"货件差异查询"选项卡上的工具执行以下操作：先详细了解入库计划与运营中心收到的商品之间的差异，再提供有关货件包含商品的更多信息，最后发出请求对缺失商品或与预期不符的商品进行调查。

如果卖家的货件不符合货件差异查询条件，则可能是由于以下原因之一：运营中心仍在处理货件、货件尚未送达运营中心、货件包含商品已经接收完毕或已经过货件差异查询。

图9-45　发/补货货件一览页面之货件内商品栏

在亚马逊运营中心或收货中心收到卖家的库存后，该库存便可进行销售。卖家可以在货件处理进度中追踪货件的状态，其中状态会依次显示为"运输中""已完成配送""已登记""正在接收"和最终的"已完成"。查询已发货库存差异最长可能需要21天，要让亚马逊开始调查库存差异情况，货件必须满足如图9-46显示的条件。

状况	详情
交货证明	对于小包裹货件，亚马逊需要所有已发运包裹的追踪编码。如果您在创建货件时未提供这些信息，请在【追踪货件】选项卡中输入这些信息。 对于汽运零担 (LTL) 或整车运输配送 (FTL) 货件，请在【货件差异查询】选项卡上的【上传文件】部分上传提货单 (BOL)，其中显示承运人提货时货件中箱子的数量和总重量。该文件必须带有亚马逊的盖章，以确认该货件已登记到运营中心。
同一货件中的所有箱子均已完成接收	如果您的货件分为多个箱子发运，这些箱子可能会在不同的时间运至运营中心。只有当货件的所有箱子都运达且完成接收后，亚马逊才能开始调查差异情况。
货件符合开展调查的日期要求	在"货件一览"的【货件差异查询】部分所示的日期当天或之后，您的货件才符合调查条件。 在此日期到来之前，请耐心等待，这有助于确保货件中的商品有足够的处理时间，并根据需要运至其他运营中心。
在运达后9个月内提交请求	请在货件运达运营中心后9个月内告知我们货件中的任何差异，以便我们的调查人员查找您缺失的商品。 根据亚马逊物流丢失和已残损库存赔偿政策，超过此调查申请时效后，您就不再符合对缺失商品提交货件差异查询请求的条件。

图9-46　要求调查库存差异的条件

对于货件中符合进一步调查条件的商品，卖家可以在"状态/需操作"列中选择一项操作，具体的状态可以参考图9-47，货件差异查询不会影响卖家已经入库的可售库存，此信息有助于亚马逊高效完成调查和解决问题。卖家必须先为商品选择一个状态和/或一项操作，并确认是否因有商品漏发或多发而进行货件差异查询，才能预览和提交调查请求。之后，亚马逊将确认接收数量，并尝试对漏发和多发的商品进行货件差异查询。

状态/操作名称	描述
商品漏发	您已确认您或您的供应商漏发了这些商品，或错发了其他商品。
商品缺失 – 请调查	您已确认这些商品原本包含在货件中，需要亚马逊进一步调查。
多发了商品	您已确认您或您的供应商多发了商品或发运了与货件原始记录不符的其他商品。
与预期不符 – 请调查	您已确认这些商品原本未包含在货件中，需要亚马逊进一步调查。
无须操作	已经自动对商品进行货件差异查询，因此无须执行进一步操作。
等待接受危险品审核	为确保运营中心内的库存对于买家和运输方的安全性，可能需要审核您的商品是否符合危险品要求。审核中的这些商品无法被运营中心接收。了解有关亚马逊物流危险品审核流程的更多信息。
已完成调查 – 已完成数量统计并已确认	已调查此商品的接收数量，并已在运营中心确认此数量。如果您可以提供能帮助我们找到这些商品的信息，请通过我们的联系我们页面联系卖家支持。
已提交	商品已通过【货件差异查询】选项卡进行提交，因此无须进一步采取操作。

图9-47　货件差异查询

以上是一个创建货件的完整过程，如果需要处理其他的货件，点击图9-45中右下角的"处理另一个货件"即可。

第四节　物流报告与绩效

一、亚马逊配送货件报告

卖家可以针对亚马逊已配送订单的已完成货件，下载一份文本格式(.txt)的报告，报告内容包括订单、货件，以及包括商品价格和配送地址信息的商品数据。在这份"亚马逊配送货件报告"中，将列出在卖家所选择的时段中所有已完成的亚马逊配送货件。报告数据通常在商品发出后几个小时之内即更新，有时可能需在发货24小时后填充，可能无法包括在指定时段内已发货的所有商品，因为可能有的商品已发货但尚未报告给亚马逊系统，这些商品将在未来的某个时间段内进行报告，以确保在任何指定的日期范围内报告数据始终一致。卖家可针对过去最多18个月的货件请求报告，最大日期范围为31天。若请求更早或日期范围更大的报告，则可能会被系统取消。如果订单数量较多，可能需要一段时间才能生成报告，指定较短的日期范围有助于更快地生成报告。请注意，该报告旨在提供货件级别的信息，如果想要了解在特定日期范围内发出了哪些订单，需使用"所有订单"报告。

二、库存绩效指标(IPI)分数简介(美国)

为了使得卖家更好地管理亚马逊物流库存，亚马逊为卖家后台提供了库存绩效考核功能。操作时，点击卖家后台导航栏主页面的"库存"栏下拉列表中的"管理亚马逊库存"，进入库存控制面板，如图9-48所示页面。点击图中所框选的"查看在库库存详情"栏，可以进入图9-49页面中查看目前的亚马逊库存绩效情况。

图9-48　库存控制面板

图9-49　查看库存绩效页面

2020年1月20日的库存绩效指标分数计算发生了什么变化？

自2020年1月20日起，亚马逊在计算您的库存绩效指标分数时会同时考虑您的近期和长期库存绩效。您最终的库存绩效指标分数会基于所得分数更高的时间段。

亚马逊的目标是确保库存绩效指标能够代表您的整体库存绩效。亚马逊改变了库存绩效指标的计算方式，使分数能够迅速反映近期的改进，并且对于销量存在季节性波动或近期库存管理方面有变化的卖家而言更稳定。

"库存绩效"控制面板主要用于优化卖家的亚马逊物流业务。在此页面中，可以寻找机会来提高销量、降低成本、追踪关键绩效指标，还可以与其他卖家对比绩效。库存绩效指标（Inventory Performance Index，IPI）是衡量一段时间内的整体绩效的单一指标，亚马逊使用IPI来衡量卖家的亚马逊物流业务绩效和库存周转速度。IPI分数基于卖家通过储备畅销商品和高效管理现有库存来推动销售的能力，得分区间为0~1000。当IPI高于550，则表示卖家的业务出色；若低于450，则表示应该立即采取措施提高分数。IPI控制面板中会显示其中每个分类的绩效条，如图9-50所示，卖家可以根据不同的颜色，判断目前的绩效情况，及时改善。目前有4项指标直接影响IPI，包括冗余库存百分比、无在售信息的亚马逊库存百分比、亚马逊物流售出率、亚马逊物流有存货率。

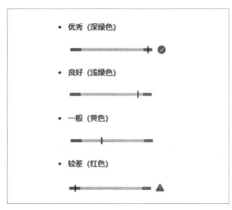

图9-50　IPI绩效条示例

(一)冗余库存百分比

冗余库存百分比,是指被确定为冗余库存的亚马逊物流库存商品所占的百分比。由于存在仓储费和保管成本,储备过多库存会降低收益,因此使用此数值可以帮助卖家追踪绩效并提高收益。

"库存绩效"控制面板上会显示与"冗余库存百分比"相关的四个指标,包括绩效条、冗余商品数量、总预计仓储成本、管理冗余库存。其中,"冗余商品数量"所指的商品数量,是指保管库存数量商品的成本,高于采取降低价格等可提高销量或清除冗余商品的措施成本。该值的计算基于商品的市场需求量,以及包括费用、商品成本、资本成本投入的成本总额。"总预计仓储成本"是在不采取任何措施来提高销量或清除库存的情况下产生的预估费用总计,包括仓储费(如长期仓储费)和适用的储存成本。"管理冗余库存"表明有多少SKU存在更快售完库存的建议措施。

(二)无在售信息的亚马逊库存百分比

因商品信息存在问题而无法供卖家购买的库存会导致销量降低并产生仓储成本,此类库存称为"无在售信息的库存"。这一分类的绩效按亚马逊上当前无法供购买的亚马逊物流库存商品所占的百分比(即无在售信息的库存百分比)来衡量,除了绩效条,"库存绩效"页面上还会显示与"无在售信息的库存百分比"相关的两个指标,包括无在售信息的商品数量和修复商品信息按钮。其中,无在售信息的商品数量,是指在亚马逊运营中心有库存但无在售信息的商品总数,即表明有多少SKU在亚马逊运营中心有商品但无在售信息。修复商品信息按钮的功能是通过点击该按钮来访问修复无在售信息的库存页面。

(三)亚马逊物流售出率

亚马逊物流售出率是指追踪卖家售出的商品与平均持有库存量的比率。这一比率有助于随着时间推移准确了解卖家的库存状况,即使卖家刚在几周前向亚马逊发送了一个货件,卖家也可以在业务报告中追踪所售商品的商品详情页面所获得的流量和转化率。

亚马逊物流售出率的计算方法是,查看"库存绩效"控制面板中"售出商品数量"一栏所显示出的卖家在过去90天内售出并配送的亚马逊物流商品总数量,除以该时间段内卖家在亚马逊运营中心的平均可售商品数量。得出计算结果后,点击页面中"提高售出率"一栏,则可显示一个数字以表明有机会提高售出率的ASIN的数量。之后可以点击访问图9-51中的"库龄"页面,查看相关建议。卖家可以通过使用商品推广功能进行推广、改善关键词或开展促销活动来提高商品销量,这样可对卖家的整体业务产生长久影响并能够使所售商品成为畅销商品。

图9-51 亚马逊物流库龄页面

(四)亚马逊物流有存货率

保持可补货的畅销商品有存货,有助于最大限度地提高销量,要追踪卖家在这一分类的绩效,可以使用"亚马逊物流有存货率"。这是可补货亚马逊物流 ASIN 在过去30天有货的时间所占的百分比,按每个 SKU 在过去60天售出的商品数量计算。

除绩效条外,"库存绩效"页面中该栏目下还会显示两个相关指标,包括最近30天内亚马逊物流的预计销量损失和"立即补货"。其中,最近30天内亚马逊物流的预计销量损失在计算时,数值等于商品缺货时的预计商品销量乘以平均销售价格。该数值表明有多少 SKU 的供应天数短于备货时间,这意味着供应商可能需要加急配送订单,以免缺货。

基于这四个指标,建议卖家寻找相应发展策略来提升 IPI:减少冗余库存以便提高收益;修复无在售信息的亚马逊库存,确保库存可供购买;提高售出率以平衡库存可售周数;保持畅销商品有货以便提高销量。

第五节　亚马逊物流重新包装及翻新服务

点击图9-52所示页面中右侧的"编辑"按钮,可进入图9-53所示页面,这是亚马逊物流为包装残损但处于可售状况的商品提供的重新包装和翻新服务。对于符合条件的商品,系统会自动重新包装,而翻新是一项可选服务。

图9-52 亚马逊物流设置页面之翻新设置

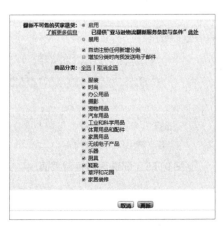

图9-53 翻新设置可选项

一、亚马逊物流重新包装服务

亚马逊将对每件退货商品进行评估,以确定其是否可以进行重新包装。确认后,亚马逊物流会重新包装符合条件的买家退货,以便它们可以作为新品销售。重新包装包括更换聚乙烯塑料袋或气泡膜包装,或重新装箱商品;还包括对有品牌和无品牌的包装箱及聚乙烯塑料袋进行重新包装。该服务适用于零售商品和亚马逊物流退货商品,且无法在卖家的设置中禁用。

二、翻新服务

卖家可以在图9-53中选择是否启用翻新服务,以及具体覆盖翻新服务的商品分类。卖家可通过可选翻新服务,让亚马逊提供其他包装服务。根据商品的不同,亚马逊物流可以对包装箱进行重新贴胶带、重新涂胶水和重新装订;去除过多的胶带、非商品标签和贴纸;重新装入有品牌和无品牌的瓦楞纸箱。鞋靴和服装翻新还可以包括蒸汽清洁,以及去除污渍和气味。完成设置后,点击"更新"即可。

第六节　亚马逊物流出口计划

一、亚马逊物流出口计划操作方法

亚马逊物流出口计划可帮助卖家确定符合亚马逊物流出口条件的商品,配送卖家的国际订单,处理进口关税和清关,并将商品配送到国际买家的地址,将业务扩展至100多个国家或地区。国际买家都可以访问卖家本地商城,可以购买符合亚马逊物流出口条件的商品,并支付国际配送运费和关税。而卖家则无须支付配送亚马逊物流出口订单的任何额外费用。此外,卖家也可随时将商品从亚马逊物流出口中排除,或将部分国家或地区从其中排除。

卖家也可以使用卖家平台账户中的商品信息向在 Amazon.com 上购物的国际买家销售符合亚马逊物流出口条件的商品。除了多渠道配送订单外,卖家无须支付其他费用即可使用亚马逊物流出口计划。需要注意的是对于使用亚马逊物流出口,需确保所有商品均可在没有任何许可或其他授权的情况下合法出口,并且可以合法地进口至其他国家或地区,同时遵守当地的所有适用法律。操作时,点击图9-54中"编辑"按钮,进入图9-55中的出口设置页面。卖家可以设置是否启用亚马逊物流出口服务,同时点击"编辑"按钮,即可选择出口服务覆盖的国家或地区,如图9-56所示。设置完成后,点击"更新"按钮即可。

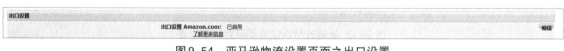

图9-54　亚马逊物流设置页面之出口设置

图9-55　配送区域限制页面

图9-56 选择出口服务不可覆盖的国家或地区

二、不符合亚马逊物流出口条件的原因

商品不符合亚马逊物流出口条件的原因可能有多种,包括出口限制、进口限制、运输和物流限制及尚未处理的ASIN,如表9-4所示。

表9-4 不符合亚马逊物流出口条件的商品

出口限制	进口限制	运输和物流限制
武器和仿制武器	酒类	重型或大件商品,如床垫或床
植物、植物商品、种子和泥土	武器、武器组件和武器配件,包括防身喷雾、BB/气枪/彩弹枪及部件、瞄准具、枪套和便携包	危险品
动物和某些动物制品	化学品,包括杀虫剂、化肥、工业用化学品、汽车用化学品和某些清洁剂	较大或独立的锂离子电池
监控设备	食品、药品和补充剂,包括宠物食品和宠物补充剂	二手油,如食用油或机油
激光指示器和相关商品	医疗器械,包括诊断套件、医疗警报装置和性别决定套件	
	药物用具	
	成人用品	
	酿酒设备	
	婴儿学步车、婴儿自行喂养设备和汽车座椅	
	密码电子设备	
	赌博相关商品和用具	
	仿真货币	

(一)来源国或地区的出口限制

对于某些类别的商品,来源国家或地区的法律禁止将商品配送至海外。例如,为了国家安全,美国政府禁止出口军用商品。通常会被限制出口的商品类型包括:武器和仿制武器,植物、植物商品、种子和泥土,动物和某些动物制品,监控设备,激光指示器和相关商品等。

(二)目的国的进口限制

尽管来源国家或地区可能允许出口某种商品,但目的地国家或地区拥有与可能进口之商品相关的自有政策。为避免出现延迟、清关问题及不佳的买家体验,亚马逊通常会限制对以下类型的商品进行国际配送,但政策因国家/地区而异,亚马逊也会根据各个国家或地区进行评估,如酒类;武器、武器组件和武器配件,包括防身喷雾、BB/气枪/彩弹枪及部件、瞄准具、枪套和便携包;化学品,包括杀虫剂、化肥、工业用化学品、汽车用化学品和某些清洁剂;食品、药品和补充剂,包括宠物食品和宠物补充剂;医疗器械,包括诊断套件、医疗警报装置和性别决定套件;药物用具;成人用品;酿酒设备;婴儿学步车、婴儿自行喂养设备和汽车座椅;密码电子设备;赌博相关商品和用具;仿真货币等。

(三)运输和物流限制

物流或运输也存在某些限制。例如,超过特定尺寸和重量的商品不得参与亚马逊物流出口计划。运输和物流限制商品包括:重型或大件商品,如床垫或床;危险品;较大或独立的锂离子电池;二手油,如食用油或机油等。

(四)尚未处理的ASIN

这些是等待审核以确定是否符合亚马逊物流出口条件的商品。亚马逊每月会针对资格条件处理一次新的ASIN。卖家需确保商品包含完整的商品描述或要点,以便其能够在下一周期中得到处理。

第七节　其他物流产品

一、轻小物流计划

亚马逊物流轻小商品计划有助于降低价格低于7美元的轻小亚马逊物流库存的订单配送成本。参与该计划的商品可以获得 Prime 资格,Prime 买家可享受标准配送服务(3~5个工作日),而非 Prime 买家可享受免费配送服务(6~8个工作日)。以美国站为例,轻小商品计划仅适用于尺寸不超过16英寸(约40.6厘米)×9英寸(约22.9厘米)×4英寸(约10.2厘米)、重量不超过10盎司(约283.5克)且价格不超过7美元的新品。有些类型的商品不符合要求,包括:受限商品、亚马逊物流禁运商品、成人用品、危险品、有温度要求的商品(如巧克力)、现由亚马逊物流提供服务且使用制造商条形码(而不是亚马逊条形码)进行追踪的商品、周转缓慢的商品(ASIN 在亚马逊上销售超过90天,但在过去4周售出的商品数量少于25件)。

如果某个ASIN在标准亚马逊物流中有库存,卖家必须为该ASIN创建新商品信息才能注册加入轻小商品计划。或者该商品在标准亚马逊物流中的库存不足30件,才能为其注册加入轻小商品计划,卖家可以通过链接(https://sellercentral.amazon.com/fba/programs/snl/feeds)注册加入这一计划。具体如图9-57所示,点击"快速注册"加入轻小物流计划,卖家也可以在以上链接中取消轻小物流计划注册。

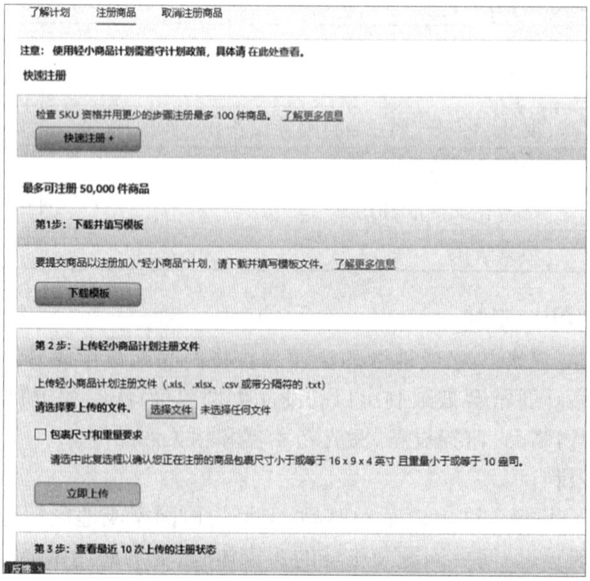

图9-57　注册轻小物流计划

二、亚马逊其他跨境物流介绍

除了传统的跨境物流方式外,亚马逊还提供全球物流服务,全球任何卖家都可以借助亚马逊领先的物流技术能力把货物交付给任何地方的客户,更简单、安全、高效且成本更优化。亚马逊全球物流可以免费将货物锁定在指定的亚马逊运营中心,减少因分仓造成的额外成本,减少空运、海运的入仓时间及运输成本,提升入库效率,提高旺季的销售额及销售利润,网上创建管理订单、确认提单、跟踪货物运输进度、管理结算单和月度账单,物流状态全程可视化,门到门时间可控,货物交由亚马逊后优先预约送货、目的地优先入库,确保货物及时进仓。

一站式服务可以节省目的地仓储等候和其他额外费用,帮助卖家把更多精力投入选品和营销,保持可靠的旺季转运时效,提早进入销售窗口,有效提高现金流转的效率,减少库存,提升物流供应链的效率,卖家可以通过链接 https://gs.amazon.cn/agl.htm/ref=as_cn_ags_hnav1_agl,注册成为新的亚马逊全球物流用户,具体的费用也以网站公示为准。

以上为亚马逊物流相关的所有内容,在发布亚马逊物流商品之前,务必了解卖家使用亚马逊配送商品订单时应遵循的各项政策和要求。买家可以针对由亚马逊配送的订单为卖家留下反馈,而卖家也可以删除与亚马逊提供的订单配送或客户服务相关的负面反馈。

本章习题

第九章习题

第十章

亚马逊营销推广工具(不含广告)

【学习目标】 掌握亚马逊促销的类型及创建方法。

理解亚马逊优惠券及秒杀活动的创建及使用。

了解亚马逊美国站点的早期评论者计划。

【重点难点】 亚马逊促进商品销售的几种常用方法及操作要点。

当买家在电商平台中购买商品时,倾向于在同种类型商品中选择质优价良、销量较高、买家评论数量多且评分好的商品。不论是新品,还是清仓商品,营销推广工具都可以帮助卖家提高销售排名,吸引更多买家。

第一节 亚马逊促销(Promotion)

促销(Promotion)可以帮助卖家将商品从竞争中脱颖而出,从而提高销售量及知名度。但只有当商品赢得购买按钮时,促销才最有效。如果促销信息不显示在详情页面上,买家只有在结账时才能看到。如图10-1所示,买家进入商品详情页后,会在"Special offers and product promotions"的位置查看到具体的促销信息,该信息根据卖家所设置的促销形式的不同而不同。

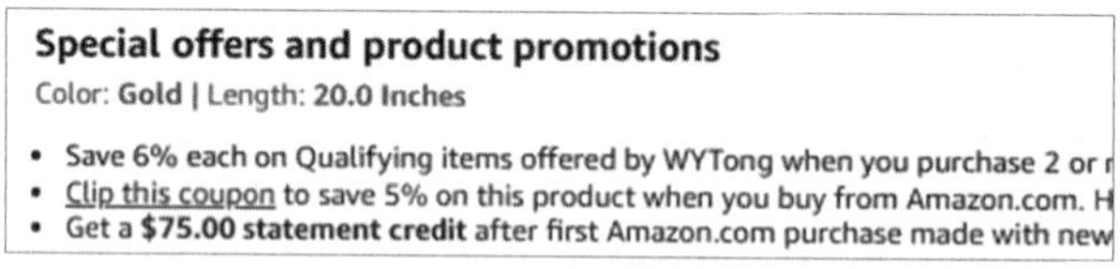

Special offers and product promotions

Color: **Gold** | Length: 20.0 Inches

- Save 6% each on Qualifying items offered by WYTong when you purchase 2 or r
- Clip this coupon to save 5% on this product when you buy from Amazon.com. H
- Get a **$75.00 statement credit** after first Amazon.com purchase made with new

图10-1 促销信息

在进行商品促销时,促销在任何时候都不能以任何形式作为激励买家评论的措施。带有"亚马逊已确认购买"(Amazon Verified Purchase)标记的商品评论,表示撰写发表该评论的买家是在该商品链接下完成购买,并且没有以Prime Day、黑色星期五或其他促销活动等所提供的较低折扣价购得该产品,同时完成购物后没有因多种问题而对产品进行退货退款。而针对促销购买的买家评论却不一定能获得"亚马逊已确认购买"标记,也就是说,如果卖家因设置了较低折扣的促销而获得了买家购物后的回评,则可能无法获取VP标识。这样做可以防止卖家制造不可靠的商品好评,使有购物需求的买家看到更加真实、客观的产品评论。

此外,卖家需要自行定制所有促销消息,如果为单个商品提供多个促销方式,需谨慎设置,以便这些促销均可有效应用。设置或执行错误可能会导致促销结果与宣传的条款和条件不符,这样可能会导致买家投诉,即使结果对买家有利,也可能导致产生额外成本。

一、促销类型

创建促销时,卖家可以选择的促销类型有两种,包括"折扣""买一赠一",在图10-2中可以看到各选项及其示例,本章会详细介绍不同促销活动的创建方法。

促销类型	示例
折扣	• 购买一件或多件符合条件的商品,可享受七折优惠。 • 每购买 5 双袜子,可享受八折优惠。
买一赠一	• 购买 2 支唇膏,可免费获赠 1 支唇膏。 • 购买一个麦芬烤盘,可免费获赠一盒麦芬杯。

图10-2　促销类型及示例

二、促销订单的销售佣金

亚马逊依据商品分类情况,针对买家订单中的所有商品收取最低销售佣金。对于享受促销或折扣优惠的订单,亚马逊会针对应用促销或享受折扣后的总销售价格来收取销售佣金。这里所指的"总销售价格",包含商品促销价格及所有运费、礼品包装费或其他费用。如果买家购买商品"A"并免费获赠商品"B",那么亚马逊会针对商品"A"的总销售价格来收取销售佣金。在部分商品分类中,也可能会针对两商品分别计算其销售佣金,在商品"A"和商品"B"的两种计算结果中选择收取最低销售佣金。

三、创建促销

在图10-3所示的卖家账户后台主界面中,在"广告"一栏下,点击"管理促销"即可进入创建促销页面,如图10-4所示。卖家可以在"创建促销"选项卡上,点击想要提供的促销类型所对应的"创建"按钮。

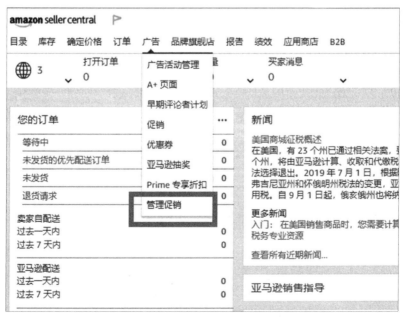

图10-3　卖家后台主界面——广告栏

图10-4　创建促销可选类型

　　不同类型的促销活动的创建方法及步骤有异同之处,可参考表10-1中将各种活动的步骤及完成任务做简要对比。下面依据不同的促销类型,分别逐步介绍如何创建购买折扣、买一赠一的促销商品。

表10-1　不同的促销类型及创建步骤

促销类型	创建步骤		
	第一步	第二步	第三步
	选择促销条件	设置促销时间	选择优惠码类型、自定义信息
购买折扣 (Percentage Off)	设置购买条件及适用范围,包括最低金额、最低购买数量及每次购买商品数量		
买一赠一 (Buy One Get One)	设置购买条件,选择适用商品范围、类别及赠品		

(一)购买折扣(Percentage Off)

　　点击图10-4中"购买折扣"下方的"创建",进入购买折扣创建页面,具体操作步骤基本可分为以下3步。

1. 第1步:选择促销条件

　　进入图10-5所示页面后,卖家首先要设置促销需要满足的购买条件,包括"最低金额""此商品的最低购买数量"及"每购买商品(数量)"3种选择。其中,"最低金额"是指消费达到一定金额后方可享受折扣价格,例如,设置最低金额为100美元,购买折扣为10%,则当买家的消费金额达到100美元,即可获得售价10%的减免;"此商品的最低购买数量"指购买商品数量达到一定数量即可享受折扣价格,例如,当此数量设置为2时,则买家购买1件为原价,买2件及以上方可享受10%的折扣;"每购买商品数量"指购买的每件该商品都可以享受折扣,没有数量限制。

　　此外,在"须购买商品"项下,选择创建完成的商品列表,在"买家获得"栏目中设置减免折扣比例即可。需要注意的是,此处的购买折扣,是需要填写折扣的百分比,例如图10-6中本栏为10,表示买家购买满足促销条件的商品后,结算时可以享受9折的价格。

　　同时,卖家可以自行设置"适用范围",包括系统默认选择的须购买商品及额外购买的商品两种选项。其中,若选择系统默认设置的"须购买商品",则要继续填写该栏目下方的"促销层级",例如卖家计划设置满199元打9折,满299元打8折,不同层级的折扣,就是在此处填写设置完成的。其次,若买家需要额外购买商品才能享受折扣,则卖家需要填写买家需要额外购买的商品的ASIN编码,如图10-6所示。但在此类适用范围下,卖家无法设置不同的促销层级。

　　最后,如果有不想参加促销的商品,可以直接在对应栏目中选择排除相应的商品类别。

图10-5　创建购买折扣第1步:选择促销条件

图10-6　额外购买商品设置

2. 第2步:设置促销时间

如图10-7所示,卖家可以自行设置促销开始及结束的时间,命名内部描述名称即可。与免运费的促销时间一样,亚马逊仅允许卖家设置最早于4个小时以后生效的促销。

图10-7　创建购买折扣第2步:设置促销时间

3. 第3步:更多选项

本步骤中所填写的各栏目与免运费的设置相似,卖家根据需求,在图10-8中选择不同的优惠码类型及显示文本即可。

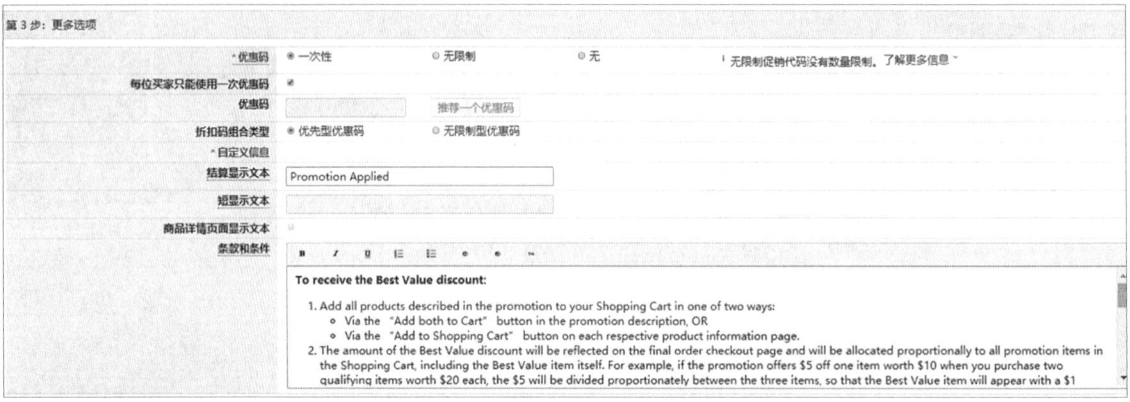

图10-8 创建购买折扣第3步:更多选项

完成以上3步设置后,点击设置页面"查看",进行页面检查,完成后点击"提交",购买折扣即完成了设置。

(二)买一赠一(Buy One Get One)

点击图10-4中的"买一赠一"下方的"创建"按钮,即进入该类型促销活动的创建页面,具体操作步骤基本可分为以下3步。

1. 第1步:选择购买条件

在图10-9中,参考购买折扣设置,选择"买家所购商品",设置买家买一赠一需要满足的条件;然后,选择"须购买商品",此栏与购买折扣栏类似,适用范围包括"须购买商品"及"额外购买的商品"两种选择;"买家获得"栏目系统默认为"赠品",具体设置可以参考上述购买折扣页面的设置方法;最后,卖家需要设置"买家优惠的适用商品数量",如果有例外不参加买赠的商品,则在"不参加促销的商品"栏目中选择排除类别即可。

图10-9 创建"买一赠一"第1步:选择促销条件

2. 第2步:设置促销时间

具体参考本章第一节中所介绍的购买折扣的活动设置要求。

3. 第3步:更多选项

卖家根据需求选择优惠码类型,具体可以参考本章第一节中所介绍的免运费的要求和注意事项。

3步完成后,点击"查看",再次检查促销页面是否有误,确认无误后,点击"提交",促销会根据设置时间按时开始。在促销的设置过程中,如果有任何必填项没有填写,促销都将无法查看提交。

第二节　早期评论者计划

买家做出的商品评论会影响商品的曝光率、搜索排名和客户的信任度。有统计结果表明,商品的第一条评论最高可将销量提高3.5倍。"早期评论者计划"的实施目的在于鼓励已购买某款商品的买家通过评论来分享他们的真实体验,以此来帮助品牌所有者获得早期评论,增加页面浏览量,实现销售额提升,也有助于其他买家做出更明智的购买决定。

参与此计划需要先注册商品,之后该计划会向购买已注册商品的买家提供小奖励,直到收到的评论数量达到5条,例如价值3美元的礼品卡,以此来鼓励买家对商品提供反馈信息及评论。卖家直到通过此计划收到评论后才需要支付费用,注册包含整个SKU变体系列。操作时,在如图10-10所示卖家后台主页面的广告标签中,点击"早期评论者计划",可进入如图10-11所示页面,开始注册商品。

图10-10　卖家后台主界面

图10-11　早期评论者计划注册页面

在搜索框中输入SKU,如果是有变体的商品,卖家需要使用父商品的SKU进行搜索,输入后点击"检查资格"。系统会判断商品是否符合早期评论者计划的要求,如果符合要求,系统会自动进入图10-12所示页面,卖家再次确认好商品信息后,点击"Enroll in Program",进入图10-13所示页面,即完成早期评论者计划的商品注册。点击"View on Dashboard"(注册控制面板),进入图10-14所示页面,卖家可以查看所有已经注册早期评论者计划的SKU、注册日期、早期评论者计划评论数量、状态及账单情况等。

图10-12　确认商品信息页面

图 10-13　成功注册早期评论者计划

商品名称/父 SKU/ASIN	子 SKU 已注册	注册日期	早期评论者计划评论	状态	账单
Infielder's Mitts 父 SKU 1M-8N6E-★★★ ASIN B07VWHY★★★	2	19-8-17	0	已注册 运行中	-
未检索到商品信息。 父 SKU us-teacup-★★★ ASIN B07SPWJ★★★	0	19-6-5	0	已注册 运行中	-
未检索到商品信息。 父 SKU H6-HRXV-F★★★ ASIN B07Q9HV★★★	0	19-4-12	0	已注册 运行中	-

图 10-14　早期评论者计划注册控制面板

一次早期评论者计划注册包含父 SKU 系列中的所有 SKU 或独立 SKU，卖家注册一个父 SKU，则所有子商品将会一起进行注册并固定下来，因此，卖家不必单独注册子 SKU，注册后获得的报告页面中显示的 SKU 也是已提交进行注册的父 SKU。买家评论通常也是在同一变体系列商品间共享，获得的有关某个子 SKU 的评论会显示在该系列的所有其他商品的详情页面上。对于每个已注册的父 SKU，亚马逊将在收到第一条评论后，向卖家收取注册费用，并持续执行此计划，继续征集评论，直至商品收到 5 条评论或达到注册之日起 1 年后。商品评论少于 5 条、定价高于 9 美元的 SKU 符合此计划的注册条件。如果报价低于 9 美元，则卖家仍可在该计划中注册商品，但亚马逊会停止征集买家评论。

早期评论者计划的注册费用是一次性缴纳 60 美元，再加上任何适用税费，不会按照评论数量多次收取，也不会因收到的评论数少于 5 条而退回费用。如果商品未收到任何评论，将不会收费。在此计划中注册某个 SKU 后，卖家将无法取消注册。批量上传 SKU 文件时，费用会显示在上传按钮旁边；单个提交 SKU 文件时，费用会显示在确认注册按钮旁边。在费用得到处理后，它将在卖家后台账户对账单中显示为"早期评论者计划费用"交易，可以依次点击卖家平台－报告－付款交易一览来查看账户对账单。

目前，早期评论者计划适用于亚马逊美国、英国和日本商城。如果卖家发布的某个 SKU 同时在多个国家出售，则可以注册该计划。以亚马逊美国站为例，如果卖家发布的某个 SKU 同时在美国和其他商城出售，且卖家在美国站注册该计划，则仅征集在美国商城上购买该 SKU 的买家所做出的评论。

亚马逊希望获得真实的评论，因此会从尽可能多的买家中进行选择，仅邀请已购买相应商品的买家分享其真实的体验，无论他们提供 1 星评论还是 5 星评论，都不会为这些评论者提供免费或折扣商品，也不为所有购买计划商品的买家提供评论奖励。在买家购买商品时，亚马逊并不会透露商品是否参与了此计划，以利于购买该商品的买家发布的是真实评价，并不受到可能会得到奖励的影响。

亚马逊在选定评论者时，会从购买参与此计划的商品的所有买家中选择，选定的买家一定要符合亚马逊的资格条件，即没有诽谤或提供虚假评论的历史记录，并且不要求在提供评论后获得奖励。只要早期评论者计划符合社区准则,亚马逊便不会修改或移除这些评论,还禁止卖家与买家就其评论进行交流,以免对买家评论的内容或星级评定产生影响。同时,亚马逊员工、参与此计划的卖家及其亲朋好友均没有资格参与此计划,这样评论者可以在评论征集期间提交真实且符合亚马逊社区准则的评论,可以帮助其他买家做出明智的购买决定。

第三节　优惠券

优惠券是可以帮助卖家吸引买家购买商品的一种工具,卖家可以为单个商品或一组商品提供折扣,还可以通过亚马逊享受优惠券自动推广。买家可以通过优惠券主页(https://www.amazon.com/coupons)、搜索结果、商品详情页面、"所有卖家报价"页、购物车等来查找优惠券,如图10-15和图10-16所示。

图10-15　优惠券1

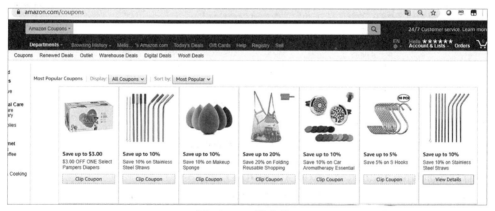

图10-16　优惠券2

一、优惠券资格条件

卖家反馈评级达到3.5及以上的专业卖家,可以获得提供优惠券的资格。没有收到买家任何反馈评级的卖家也可以获得提供优惠券的资格。但卖家不能明示或暗示地将优惠券作为买家评论的奖励,使用了优惠券的购买交易的买家评论也不一定能获得"亚马逊已确认购买"徽章。

从商品的角度来看,没有评论的商品无须达到任何平均标准即可获得提供优惠券的资格。但是,二手商品、图书、音乐、影视、视频游戏、收藏品或经认证的翻新商品、成人用品、性健康用品、狩猎和垂钓、枪支和枪支配件等是没有资格拥有优惠券的。此外,商品还必须符合以下条件。

(1)已有评论的商品必须达到平均标准。有1~4条评论的商品在亚马逊商城的平均星级应至少达到2.5星,有5条以上评论的商品在亚马逊商城的平均星级至少为3星。

(2)配送方式可以是卖家自配送、亚马逊配送或卖家自配送Prime。

(3)状况必须为"新品"。

(4)商品详情页面上不得包含可能令人反感、令人尴尬或不恰当的内容,例如图片中不可包含暴露性、种族攻击性、宗教相关的内容;不可包含其他商品的销售链接。

二、优惠券创建

在图 10-17 所示卖家后台主页面的"广告"栏目中点击"优惠券",进入图 10-18 页面,点击"Create a new coupon",开始创建优惠券。

图 10-17　卖家后台主界面

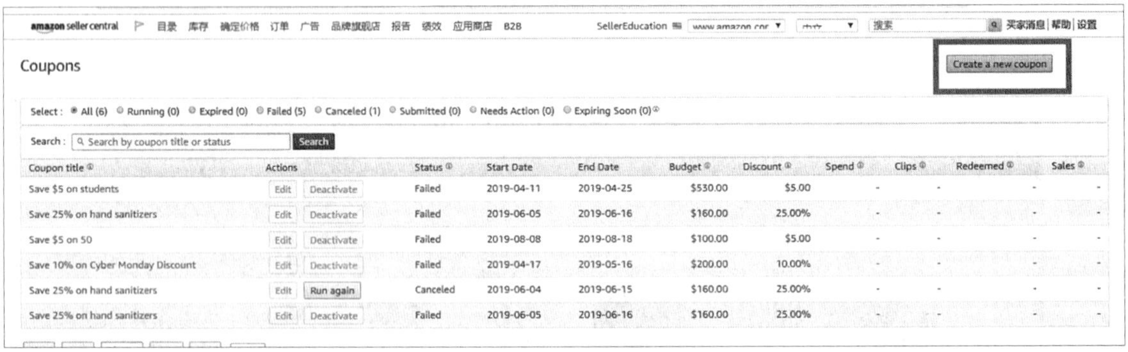

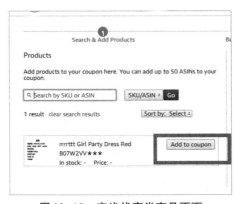

图 10-18　优惠券管理页面

(一)查找添加商品(Search & Add Products)

在图 10-19 搜索框中输入商品的 SKU/ASIN,点击"Go"进行搜索。在搜索结果的右侧有"Add to coupon"按钮,点击后可加入实施优惠券的商品,并进入图 10-20 所示页面。卖家最多可以一次性设置 50 个商品来使用同一规则优惠券,也可以点击图中"Remove"按键来移除已选的优惠券商品,商品添加或移除编辑完成后,点击"Continue to next step"进入下一步。

图 10-19　查找优惠券商品页面

图10-20　添加或移除优惠券商品页面

(二)设置折扣及预算

可以选择的优惠券类型包括"满减"(Money Off)或"折扣"(Percentage Off),如图10-21所示。其中,"满减"活动值为具体金额(单位:美元),"折扣"活动值为百分比,亚马逊要求优惠券的最低折扣和最高折扣分别为5%和80%。需要注意的是,"折扣"和"满减"优惠券会与同时进行的其他促销所提供的折扣相叠加,包括秒杀、促销、优惠价格、企业商品价格和赠品。例如,某件价格为100美元的ASIN通过秒杀提供20%的折扣,同时又提供折扣为5%的优惠券,那么优惠券的折扣与秒杀的折扣叠加后的总折扣为25美元。

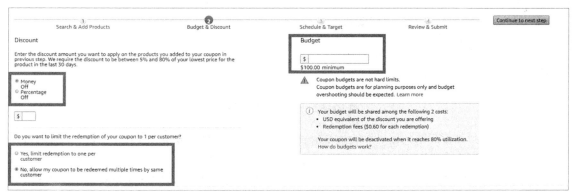

图10-21　折扣及预算设置页面

卖家可以在图10-21所示折扣及预算设置页面中限制每一位买家的优惠券使用数量,并可为此次的优惠券活动设置预算。亚马逊美国站点要求卖家预算最低为100美元,没有最高金额限制。在活动过程中,当预算使用率达到80%时,亚马逊会将优惠券下线,然后分配剩余的20%来为已经领取优惠券的买家进行兑换。为使买家获得最佳的优惠券体验,亚马逊允许买家们在禁用优惠券发现功能后约30分钟内兑换优惠券。有时买家在这30分钟内的兑换金额会超过预算剩余额,卖家会看到支出超过预算的提示。如果预算金额较高,支出超过预算的风险则会降低。对于10000美元以下的预算,支出超过预算的金额可能高达预算的15%以上,此时,卖家为优惠券设置的预算将分摊到提供给买家的折扣的同等金额或亚马逊每次收取的0.60美元兑换费中。

通过一个示例来看看预算的运作方式:假设卖家所售商品价格为25美元,折扣活动中为买家提供4美元的优惠券,在推出优惠券的第一天,共有50名买家领取优惠券并购买了该商品。卖家在此日交易中的成本计算如下

$$交易成本=卖家提供的折扣金额×兑换次数+兑换费×兑换次数$$
$$=4×50+0.60×50$$
$$=200+30$$
$$=230(美元)$$

根据买家对卖家的优惠券的兑换情况,预算在第二天将会减少230美元。当预算使用率达到80%时,亚马逊会将对应的优惠券下线。将折扣和预算设置完成后,点击"Continue to next step",进入下一步。

（三）设置优惠券标题及优惠券时间

此步骤进入图10-22所示页面,卖家需要在此设置优惠券标题,"优惠券标题"是指买家在优惠券主页上浏览优惠券时,在优惠券图像下看到的内容。对于跨优惠券的标准客户体验,亚马逊会根据卖家输入的折扣自动生成优惠券标题的前3个单词,如"Save 15% on"。卖家要为参加优惠券折扣活动的商品制定品名,例如参加活动的商品为洗手液,原品名中包括关于产品不同大小和类型的描述,参加活动后,优惠券标题可以是"洗手液节省15%"。

需注意的是,卖家禁止在优惠券标题中输入攻击性词语、折扣百分比或提及事件,例如"黄金日""黑色星期五"等。若不遵守这些规则,亚马逊将停用该优惠券。

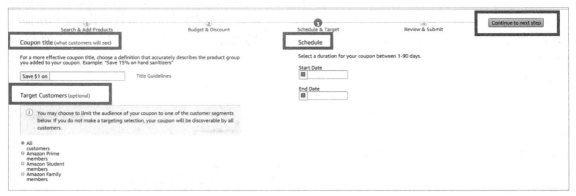

图10-22 优惠券设置页面

卖家可以选择将能接收到优惠券的买家限制到特定客户中,此设置非必填项,如果不做受众目标选择,则所有买家都可以看到优惠券。同时,跟促销类似,卖家需要设置优惠券有效的开始时间和结束时间,根据亚马逊的要求,优惠券的有效时间范围应该在1~90天内,点击"Continue to next step",进入下一步。

（四）优惠券预览提交

如图10-23所示,亚马逊会根据前几步已经完成的设置,展示优惠券预览页面,卖家再次查看优惠详情,确认无误后,点击"Submit coupon"（提交优惠券）,进入图10-24页面。在优惠活动开始时间前6小时左右,优惠券将被锁定,卖家无法在其生效前对其进行任何更改,在此期间,亚马逊的系统会对优惠券运行验证规则,确保其买家提供合理的价值。优惠券生效后,卖家还可以增加预算或延长优惠持续时间,最长可延长90天,操作时可以点击"Go to coupon dashboard"（转到优惠券一览表）,进入图10-25所示亚马逊优惠券控制面板。在此页面可以查看所有已经设置的优惠券,卖家可以直接点击"Edit""Deactivate""Run again"等按钮完成编辑或重新开启已经完成设置的优惠券。也可以将有问题的或者需要取消的优惠券设置为失效状态,但需要注意的是,取消操作可能不会立即生效,因为系统设置为在取消前已领取优惠券的买家可以在约30分钟内使用这些优惠券结账。

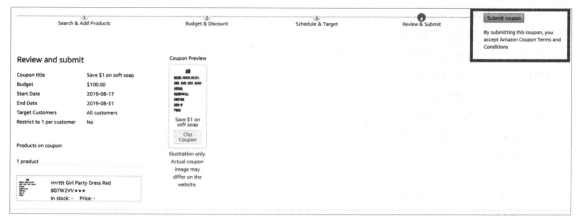

图 10-23　优惠券预览页面

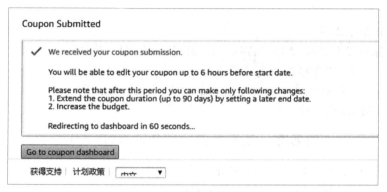

图 10-24　优惠券提交页面

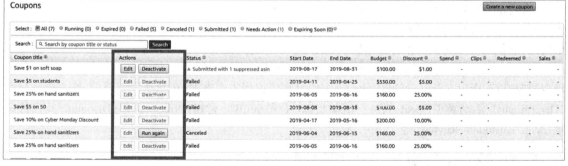

图 10-25　亚马逊优惠券控制面板

三、了解优惠券错误及纠正措施

在优惠券开始生效时间前约6小时,亚马逊系统会开始对优惠券进行一些规则验证,以确保它向买家提供合理的优惠活动及价格。这些规则会在优惠券有效期间持续执行,如果优惠券中的一个或多个ASIN不符合这些规则中的任意一条,亚马逊就会禁用该ASIN上的优惠券,并激活其他通过验证之ASIN上的优惠券。以下是可能在控制面板上看到的部分错误,以及卖家为纠正这些错误可采取的措施。

（一）价格错误

优惠券活动要求折扣价格至少比过去30天内的最低商品价格低5%,若未满足此规则,则该ASIN暂时不可添加到优惠券。此时,卖家可以通过编辑修改来降低商品价格,或者创建一个更高折扣的新优惠券。此错误意味着卖家在过去30天的某个时间点曾以低于当前的价格出售此商品。系统会检查卖家在当前价格上提供的优惠券折扣是否高于过去30天内最低价格的5%。如果未通过此次检查,亚马逊会禁用该ASIN上的优惠券,卖家会看到错价。

例如,如果某个ASIN在20天前曾以30美元出售,而现在相同ASIN的价格为60美元,则亚马逊会要求卖家将折扣定为在30美元的基础上至少优惠5%。这意味着使用优惠券后,最高净折扣后价格为28.50美元或者更低。今天创建的优惠券必须提供足够的折扣金额,以便买家在使用优惠券后支付的价格至少不高于28.50美元。

（二）库存错误

若库存不足,亚马逊会暂时将该ASIN排除在优惠券外;库存充足时,亚马逊将自动重新激活该ASIN上的优惠券。

（三）星级评定低于3.0

优惠券对商品有以下要求:如果商品有1~4条评论,其星级评定不低于2.5;如果有5条以上评论,其星级评定不低于3.0。特殊的是,如果商品还没有收到任何评论,也符合此要求。若出现错误评定消息,则可能是由于相关ASIN未满足此规则。在ASIN符合此资格规则后的大约24小时后,系统会自动重新激活此ASIN的优惠券。

第四节　亚马逊促进销售活动（Deal）

亚马逊的不同站点均有亚马逊活动的独立页面,以美国站为例,如图10-26所示,点击首页的"Today's Deals"(今日特价),进入图10-27所示页面。亚马逊活动共分为三个类型,包括"Lightening Deals"(LD,秒杀)、"Best Deals"(BD,7天促销)、Deal of The Day(DOTD,镇店之宝)。其中LD和BD卖家可以自行在卖家后台设置,而DOTD则需要向亚马逊客户经理提出申请,符合要求的情况下才能参加。而且LD具有营销优势,可以帮助卖家提高商品点击率、转化率及销量,清理积压库存或季末商品,可提高卖家的销售排行和品牌知名度,并具有连锁反应效应,在秒杀活动结束后继续推动买家的搜索和购买。因此本章会重点讲解LD的相关知识。由于在同一站点,每天有非常多的亚马逊活动在同时进行,所以在亚马逊活动页面左侧,买家可以根据需求在图10-28所示页面中,筛选商品分类（Department）、活动类型（Deal Type）、活动状态（Availability）、价格（Price）、折扣（Discount）及评价星级（Avg. Customer Review）等。

图10-26　亚马逊美国站主页面

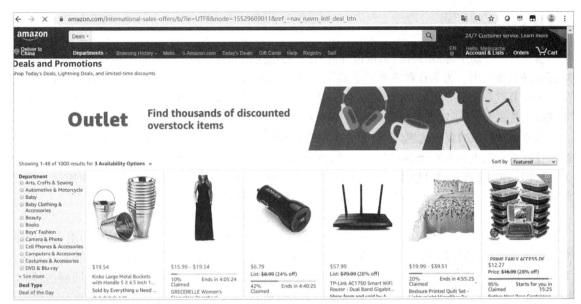

图10-27 每日特价页面

图10-28 亚马逊活动页面栏目截选

一、秒杀设置

参与秒杀活动中,折扣最低、销量最好的商品,将在促销的首页或靠近首页的位置进行推广,此处对买家最具吸引力。为了让秒杀有机会显示在突出位置,卖家可以在创建秒杀时考虑商品所对应的买家消费习惯和偏好。比如,若买家喜欢供货能力较强的秒杀商品,则包含尽可能多的变体,例如尺寸、颜色、款式等;若买家喜欢低价商品,则争取提供尽可能低的价格。

秒杀是一种限时促销优惠,也是亚马逊为买家提供的不断更新的折扣商品信息,因此参与秒杀的商品仅在亚马逊促销页面上显示几个小时,通常为4~12个小时,时间由亚马逊来决定,一般不能在7天内对同一ASIN重复推出秒杀活动。推荐商品参与秒杀不仅有助于提升销量,还能减少库存。想参与秒杀活动的卖家及其所售商品,需符合促销活动的条件,列举如下。

(1)必须是专业卖家,每月至少有5个卖家反馈评级,且整体评分至少为3.5星。

(2)想参加秒杀活动的商品须为新品,不可为二手商品,且在亚马逊商城拥有销售历史记录且评分至少为3星,不是受限商品或具有攻击性、令人尴尬或不适宜的商品。可以包含尽可能多的变体,尤其是某些商品买家因产品特点、规格及适用性等有不同需求,如同一款服装、鞋靴的不同颜色、尺寸均可列示于一次秒杀活动中。在设置秒杀商品的名称时,如果包含变体,则为父ASIN的商品名称;若想更改秒杀名称,则需要在创建秒杀前更新ASIN或父ASIN的商品名称。

(3)至少在秒杀计划开始日期前7天,审核确保商品数量达到秒杀方案中的数量,秒杀图片与详情页面所示图片相匹配。

(4)在所有地区均符合亚马逊Prime会员制度要求,符合定价政策、买家商品评论政策及促销频率政策等。

需要注意的是,如果卖家的商品已获得秒杀批准,之后又违反了上述标准,比如,在父商品中添加在创建秒杀时未被推荐的新变体,则亚马逊会立即取消卖家的秒杀活动,并且可能没有资格要求退还秒杀费用。

在具体操作时,在卖家后台点击图10-29所示页面中箭头所指的位置——广告标签下的"秒杀",进入图10-30所示秒杀设置页面。

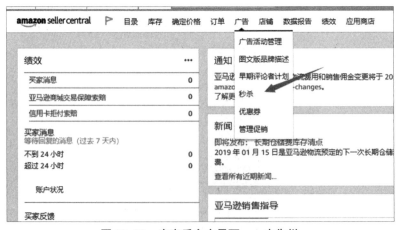

图10-29 卖家后台主界面——广告栏

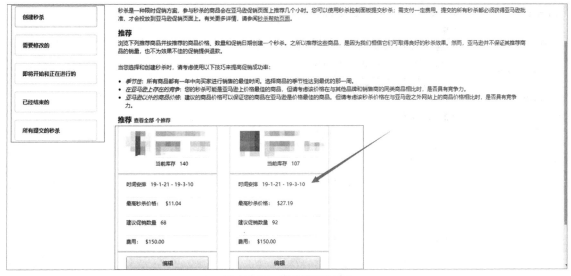

图 10-30　秒杀设置页面

　　卖家可以在此页面中查看系统推荐的秒杀列表及具体的秒杀信息,如果计划上秒杀的商品已经展示在推荐列表,可以点击"编辑",则系统会弹出图10-31所示页面,卖家可在此页面中设置秒杀时间安排。目前亚马逊仅支持以"周"为时间单位来选择秒杀,会根据秒杀商品的历史销售情况推荐秒杀价格和秒杀数量。卖家可以根据实际情况调整秒杀价格,但只能调低价格,并确认库存情况是否可以满足秒杀的需求,根据计划的库存设置秒杀数量,填写完成后,点击"提交",秒杀即设置完成。

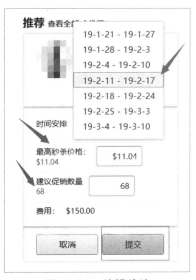

图 10-31　编辑秒杀

　　如果卖家计划设置的秒杀商品,没有在图 10-30 中直接出现,卖家需要在图 10-32 中箭头所指的位置,点击"查看全部",卖家可以查看所有符合秒杀的商品。如图 10-33 所示,找到计划设置秒杀的商品,点击"创建",进入图 10-34 所示页面,完成秒杀详情备注、时间的选择,以及商品图片、详情及定价。在图 10-35 所示的位置,完成秒杀价格和数量的确认,系统也会同时在此页面中提示单次秒杀需要的费用,通常,设置在不同时间点的秒杀价格可能有所差异。确认无误后,点击"提交",即完成秒杀的设置。

图 10-32　秒杀设置页面

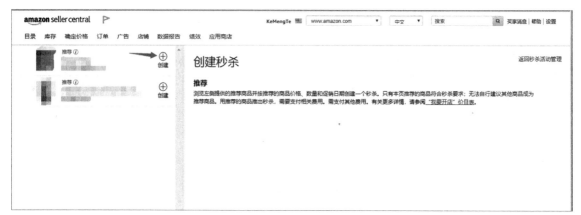

图 10-33　创建秒杀图标

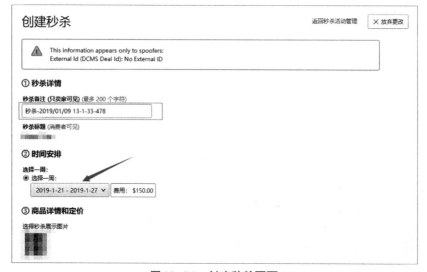

图 10-34　创建秒杀页面

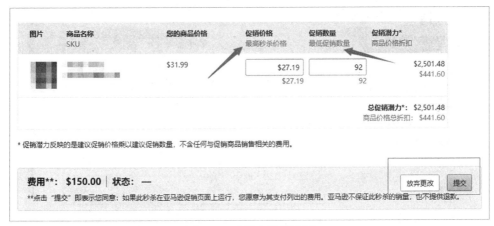

图10-35　提交秒杀页面

二、了解秒杀的状态

（一）监控秒杀状态

创建秒杀后,可以通过图10-36所示"秒杀活动管理"页面来监控秒杀的状态。卖家可以在秒杀控制面板中,查看"即将开始和正在进行的"秒杀活动。

图10-36　即将开始和正在进行的秒杀活动页面

可以点击"已经结束的"按钮进入图10-37所示页面,点击右侧的"查看",会进入图10-38所示页面,卖家可以查看已经结束秒杀活动的表现情况,为下一次的秒杀设置提供依据。

图10-37　已经结束的秒杀活动页面

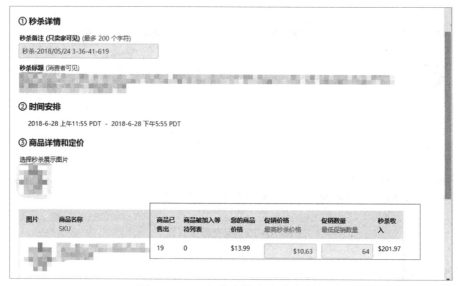

图 10-38 已经结束的秒杀活动详情

也可以点击"所有提交的秒杀",进入图 10-39 所示页面,查看所有状态下的秒杀活动,如"已取消""已结束""未定""审核中"等。

图 10-39 所有提交的秒杀活动页面

(二)不同秒杀状态下买家的操作

下面简要介绍在不同的秒杀状态下,卖家的执行操作建议。

1. 未定

秒杀活动设置和管理的过程中,若一个或多个值包含错误,则卖家需要编辑、修改已输入的值,然后重新提交给亚马逊进行审批。

2. 审核中

这个状态表明卖家所设计的秒杀活动正在等待亚马逊批准。通常情况下,秒杀活动会立即获得批准或遭到拒绝,但建议卖家耐心等待 15 分钟,再查看其状态。

3. 需要编辑

在此状态下,卖家需要修改秒杀中突出显示的部分,然后重新提交以供审批。

4. 待处理

表明所申请的秒杀活动符合基本条件,但是尚未设置时间表。亚马逊将在秒杀计划开始前的一周内提供日期和时间,待时间提供后,状态会发生改变。

5. 即将开始(最早开始日期前7天的待定日期/时间安排)

表明所申请的秒杀活动符合条件,但是尚未设置时间表。秒杀的时间安排将在开始日期前的一周内确定。

6. 即将开始

秒杀活动已准确制定该活动推出的特定日期和时间。其中,时间表是自动生成的,无法更改。如果卖家不希望在该日期和时间推出秒杀,可以在计划开始时间25小时前取消秒杀,这样不会受到任何处罚。

7. 已禁止

这是因提交申请的秒杀活动不符合资格要求而显示的状态。对于每个显示为灰色的ASIN,卖家可点击其左侧的"信息"按钮了解被禁止的原因,然后对商品价格、数量或库存进行必要的更改。卖家必须在计划开始时间至少25小时前执行此操作,以免秒杀被取消。

8. ASIN显示为灰色

因商品不符合资格要求,所以ASIN会显示为灰色。卖家无法编辑已显示为灰色的ASIN,只能将其从秒杀中移除。但是,如果显示为灰色的ASIN过多,卖家可能无法创建或重新激活秒杀。

9. 正在进行

表明秒杀已按照其开始和结束日期如期进行。秒杀处于"正在进行"状态后,对于参与秒杀的ASIN,卖家唯一能够更改的是增加秒杀数量。不可对ASIN进行任何其他更改,否则可能导致秒杀被暂拒或取消。

10. 已取消

秒杀可能由于卖家手动操作而取消,也可能是由于在秒杀活动开始前被亚马逊暂拒,如卖家未在计划开始时间至少25小时之前解决此问题,则秒杀被取消。如果违反了亚马逊的秒杀频率政策,亚马逊也可能不提前通知卖家就取消秒杀。

此外,完成创建秒杀活动后,应避免对参与秒杀的ASIN或父ASIN进行一些不必要的更改,例如,卖家勿删除或停售"管理库存"页面中的任何商品;勿更改参与秒杀的任何商品的SKU编号;如果秒杀包含变体,应避免更改父ASIN,包括创建新的子ASIN作为父ASIN下的变体,更改父SKU或删除/停售"管理库存"页面中的父商品等。

例如,在为一共包含小号、中号、大号共3个尺寸变体的商品创建秒杀后,要避免在之前同一个父商品下创建秒杀时,增加不存在的新的变体,如"X小号""X大号"等。在初始秒杀推荐中不包含的任何新变体ASIN将没有资格参与秒杀,如果参与将导致整个秒杀因不再满足资格标准而被暂拒。

本章习题

第十章习题

第十一章

亚马逊广告

【学习目标】 掌握在亚马逊创建"商品推广"广告活动的方法。
　　　　　　 理解亚马逊品牌推广活动的创建方法。
　　　　　　 了解品牌推广的意义和创建方法。
【重点难点】 亚马逊可以完成商品广告推广的不同方式的各自特点。

第一节　商品推广

☞亚马逊广告

　　商品推广是一种按点击量付费的广告解决方案,可以在PC端、移动端及亚马逊应用中显示。卖家可以通过广告、设置定位关键词、亚马逊系统自动定位关键词或商品属性来提高商品的曝光度。买家点击卖家的广告后,就会进入所推广的商品详情页面。在此项服务中,卖家可以控制要在竞价和预算上投入的费用,并且衡量广告的业绩。

　　值得注意的是,只有当商品位于黄金购物车内并且买家查看广告时,亚马逊页面才会显示商品广告。黄金购物车是指商品详情页上的购买按钮,买家可在该框中向购物车添加商品,以此开始购物流程。在亚马逊网站中多个卖家可以销售同一商品,如果有多位合格卖家在销售同一商品,则可配送至买家地址的卖家可竞争该商品的"购买按钮"。为了向买家提供尽可能好的购物体验,卖家必须满足相应的绩效要求,方可获得竞争"购买按钮"的资格。对许多卖家而言,"购买按钮"投放有助于提高销量,只有专业销售账户的卖家才有资格获得"购买按钮",绩效越好,越有机会赢得"购买按钮"资格。为使亚马逊能够准确评估卖家绩效,亚马逊要求卖家具有充足的订单量,具体要求因分类而异。

一、商品推广资格要求

　　要参与商品推广,卖家必须满足特定资格要求,包括账户要求和商品要求。其中,账户要求是指卖家为专业卖家或供应商,拥有信誉良好的有效账户,具备有效的付款方式,能够完成广告所面向的国家或地区的配送任务,并且所售商品属于一个或多个支持的分类且有资格加入黄金购物车。商品要求是指所推广的商品需符合推广条件,不可以推广成人、二手或翻新商品,也不可推广不符合零售政策的商品,以及因缺少重要商品信息或包含错误信息而被禁止显示的商品等。此外,如果商品具有多个变体(父子关系),则只有变体(子项商品)才符合推广条件。

二、亚马逊商品推广的广告展示位置

　　为了让买家能更加便利地找到卖家推广的商品,商品推广活动会在亚马逊的多个位置显示广告,可能显示在台式机浏览器、平板电脑浏览器和移动浏览器中,也可能显示在应用的不同位置。例如,

在图11-1、图11-2、图11-3所示页面中,广告分别显示在搜索结果的第一行、中间位置及底部;如图11-4中,所示页面中为在台式机浏览特定分类的产品页面,广告可能显示在浏览结果页面的最后一行;如图11-5中,所示页面为商品详情页面,广告可能显示在商品信息之后。同时,广告也有可能出现在平板电脑浏览器、移动浏览器、移动应用等移动端。

此外,亚马逊还会不断测试新的广告展示位置和设计,力图为买家打造最佳的购物体验。新的广告展示位置推出后,卖家可以在"广告活动管理"和"广告报告"中查看结果,会发现广告活动的展现量、点击量及商品销量均有提高。亚马逊会不断分析新广告展示位置的效果,卖家无须对自己的广告活动进行任何更改便可使用这些新的广告展示位置。但是卖家可能需要评估广告活动预算,因为新的广告展示位置可能会提高广告展现和点击量,亚马逊会按照点击次数收取卖家费用,从而增加卖家需要支付的费用。

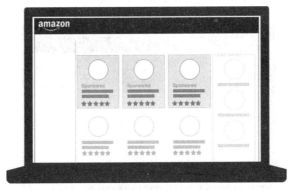

图11-1 搜索结果第一行的广告位置

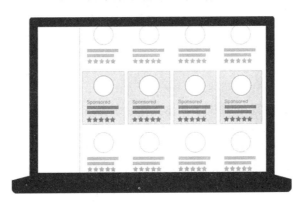

图11-2 搜索结果中间的广告位置

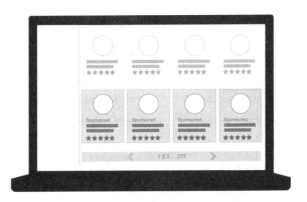

图11-3 搜索结果底部的广告位置

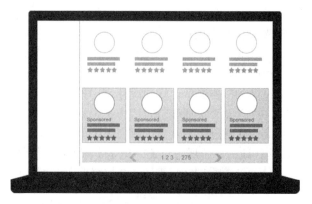

图11-4　台式机浏览特定分类页面的广告位置

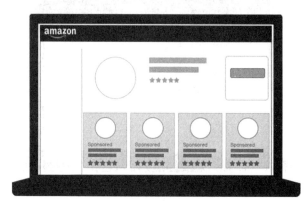

图11-5　商品详情页面的广告位置

三、创建商品推广活动

(一)创建广告活动

卖家后台有专门的广告标签,如图11-6所示卖家后台主界面中的"广告"栏中,点击"广告活动管理",进入图11-7所示广告活动控制面板。在此页面,可以查看目前所有的广告活动,在广告正式投放后,数据区域会出现广告花费、销售额、曝光量及广告投入产出比等相应指标,还可以自己添加指标,如图11-8中所示栏目,卖家可以在数据区域设置属于自己的定制化数据指标。在图11-7所示页面中,点击"创建广告活动",进入如图11-9所示页面,然后选择"商品推广",点击"继续",进入图11-10所示页面,开始创建广告活动。

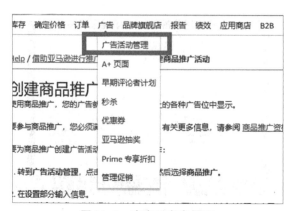

图11-6　卖家后台主界面

图11-7 广告活动控制面板

图11-8 投放广告指标

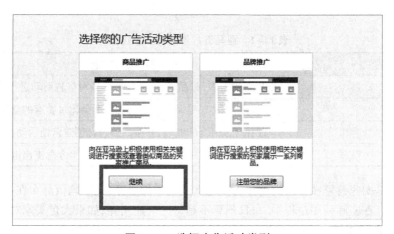

图11-9 选择广告活动类型

图11-10 创建广告活动页面

(二)广告定位的方法

当创建广告活动时,首先要进行广告定位,如图11-10中可以看到"定位"栏目可选项包括"自动投放"和"手动投放"两种。其中,选择"自动投放"后亚马逊会将广告定位于所售商品的关键词及类似商品的详情页面中;选择"手动投放"则卖家可以选择可定位到买家搜索的关键词或商品,并设置自定义竞价。下面分别介绍这两种定位的不同操作方法。

1. 自动投放

若卖家将广告定位于"自动投放",则先完成信息设置及广告创建,之后逐步选择投放类型、竞价策略、活动商品等,以完成竞价设置。

(1)创建广告活动

创建广告活动,首先要设置部分输入信息,包括"广告活动名称""广告组合""每日预算""开始/结束日期"等。

首先,卖家可以根据要推广的商品类型或季节性商品来为广告活动命名。但卖家选择的广告活动名称只有卖家可以在广告活动管理中查看,买家不可查看,也不会出现在广告中。

"广告组合"是一组广告活动,卖家可以按相应方式进行组织以便满足推广需要。按品牌、商品分类或季节创建广告组合,以提供结构和管理广告活动。卖家可以在广告活动管理中跟踪广告组合业绩,按广告组合创建广告活动报告,并在账单报表中查看按广告组合分配的支出,同时,广告账户中的广告组合不会相互竞争,可以帮助确保持续向客户展示最佳广告活动。广告组合还可以通过多种方式来简化卖家的日常广告活动管理,可以参考表11-1中所列的几种常用的组合类型。通常,一个广告活动一次只能属于一个广告组合,如果卖家评估后认为没有设置广告的需要,可以直接在图11-10中选择"无广告组合"。

表11-1 亚马逊广告组合主要类型

广告组合类型	实施办法及功能
多品牌管理	根据营销需求,按品牌、业务线或季节对广告活动进行分组
预算上限	定义预算上限,并确保广告活动支出不会超过卖家的营销需求
跟踪业绩	查看广告组合的业绩,并按广告组合创建营销活动报告
简化账单	简化账单明细,按每个计费周期内的广告组合总支出进行细分

"每日预算"是卖家愿意在一天内为广告活动支出的平均金额,该平均值分布在一个月内,适用于该月内的每一天。在实际使用过程中,每日预算不是每天匀速用完,如果大量买家对卖家推广的商品感兴趣,则会在几分钟内花费较少的预算。卖家可以随时更改每日预算,在管理广告中,可点击预算列中的预算金额并输入新的金额,也可以通过点击广告活动名称并选择广告活动设置来更改每日预算。当卖家的广告活动达到预算时,亚马逊会向卖家发送一封电子邮件通知,告知卖家广告活动超出预算,也会在广告活动管理中显示此通知。如果卖家选择增加预算,预算将会在次日进行重置,但其间广告不会中断,广告活动将继续显示给买家。有时,预算通知中的信息可能与卖家在广告活动管理中看到的信息不匹配。预算通知是账户提醒,而广告活动管理中显示的信息则反映了可能需要更多时间处理的广告活动报告。需要注意的是,当卖家收到通知时,需及时查看以确保达到预算。如果达到了组合预算或商品推广总预算,卖家需要调整这些上限以利于广告活动继续进行。

卖家在"开始/结束日期"中选择广告活动的开始和结束日期。广告活动可以设置为立即开始,也可以设置一个未来的开始日期,其间可以随时暂停广告活动,并在之后重新启动。而结束日期可以设置具体结束时间,也可以设置为"无结束日期",持续投放广告活动。待到达结束日期后,广告活动将被存档,已存档的广告活动无法恢复,想再次发起该商品的广告活动需要进行更改,并创建一个新的广告活动。

（2）选择投放类型

"投放"是指使用关键词和商品在搜索和商品详情页中向相关买家展示广告。对于商品推广活动，卖家可以创建两种类型的投放："自动投放"和"手动投放"。"自动投放"可以帮助卖家轻松快速地创建广告活动，亚马逊会为卖家使用多种默认策略，将广告与关键词以及与卖家的广告商品相似的商品进行匹配，或者与寻找对应推广商品的买家进行匹配，根据与商品信息相关的买家搜索为卖家选择关键词和商品匹配。例如，如果广告商品与买家的搜索结果紧密匹配或松散匹配，广告就有可能在搜索结果中显示。

同样，亚马逊将在卖家的广告商品的替代品或补充品的商品详情页面上显示广告。在创建广告活动后，卖家可以在"广告活动管理"中查看这些不同的定位策略，即紧密匹配、宽泛匹配、同类商品和关联商品，并进行更改以满足广告活动目标。例如，可以提高一个策略的竞价，以实现卖家的广告目标。待广告活动投放后，卖家可以在"广告活动管理"中查看广告活动业绩，以监控广告的展示次数和点击次数，并修改定位以实现业务目标。

（3）选择竞价策略

上面提到亚马逊会根据买家搜索进行竞拍，以确定向买家展示哪些广告，当买家在亚马逊搜索商品时，亚马逊会进行实时竞拍，以确定是否有哪些广告会出现在此次特定搜索的结果中，并确定这些广告在页面上的显示顺序。选定在竞拍中竞争的广告必须满足最低相关性标准。对于在竞拍中竞争的广告，亚马逊将综合考量卖家的竞价、广告与买家搜索的相关性来对广告进行排名并展示给买家。自动投放下，卖家设置好基本输入信息后，下一步需要在图11-11中的位置选择具体的竞价策略。

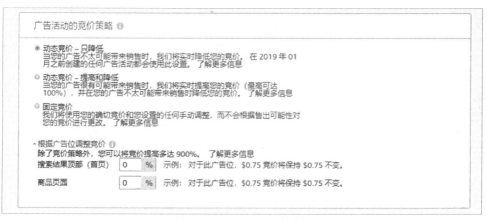

图11-11　广告活动的竞价策略

卖家可以从图11-11中所列的三种竞价策略中进行选择，选择最适合广告活动目标的策略，此设置适用于广告活动中的所有竞价，单次点击成本竞价是在有人点击卖家的广告时，卖家愿意支付的每次点击费用。每次点击费用可能实际上低于卖家设置的单次点击成本竞价。需要注意的是，竞价绝对不要超过卖家愿意为单次点击支付的费用。具体的运作方式如下。

①当卖家选择"动态竞价——只降低"策略时，对于不太可能转化为销售的点击，亚马逊将实时降低卖家的竞价，2019年1月之前创建的任何广告活动都采用此策略。假设卖家正在推广手表，且针对关键词"运动手表"的竞价为1.00美元。如果亚马逊发现根据预测卖家的广告转化为销售的可能性降低，例如，相关性较低的搜索查询、效果不佳的展示位置等，则亚马逊可能会将卖家用于相应竞拍的竞价降低至0.20美元。

②当卖家选择"动态竞价——提高和降低"策略时，对于更有可能转化为销售的点击，亚马逊将实时提高卖家的竞价；而对于不太可能转化为销售的点击，亚马逊将降低竞价。对于搜索结果首页顶部的展示位置，亚马逊不会将竞价提高超过100%；而对于其他展示位置，亚马逊不会将竞价提高超过

50%。由于此策略会根据转化率的比例向上或向下调整卖家的竞价,因此与其他两种策略相比,卖家的广告支出可以实现更高的转化率。假设卖家正在推广手表,且针对关键词"运动手表"的竞价为1.00美元,当亚马逊发现广告更有可能转化为销售时,例如,出现在高度相关搜索查询中的广告、效果良好的展示位置等,亚马逊可能会将用于相应竞拍的竞价设置为1.40美元。如果亚马逊发现广告不太可能转化为销售的其他情况,则可能会将卖家用于相应竞拍的竞价降低至0.20美元。对于搜索结果首页顶部位置上的广告,亚马逊当前可将卖家的竞价1.00美元调整为最大2.00美元,而将所有其他展示位置上的广告竞价调整为最大1.50美元。

③当卖家选择"固定竞价"策略时,亚马逊将针对所有广告机会使用确切竞价,而不会根据转化率调整竞价。与动态竞价策略相比,使用此策略的广告支出可能获得更多曝光量,但转化率较低。

除了竞价策略外,卖家可以根据广告位置将竞价提高900%,包括搜索结果顶部、亚马逊首页及商品页面。

(4)设置广告组名称

广告组是一组共享相同关键词和商品的广告,卖家可以考虑将属于相同分类和价格范围的商品分为一组,在启动后编辑广告活动,以在"广告活动管理"中创建额外的广告组。如图11-12所示,卖家需要根据所选商品设置广告组名称。

图11-12　创建广告组

(5)添加商品

卖家需要在广告活动中添加要推广的商品,如图11-13所示,卖家在左侧可以查看所有符合条件的商品,点击"添加",商品将被添加到右侧选择栏,如果需要移除,点击"×"就可以从广告组中移除。如果商品较多,也可以通过搜索商品名称、ASIN、SKU更快找到商品。

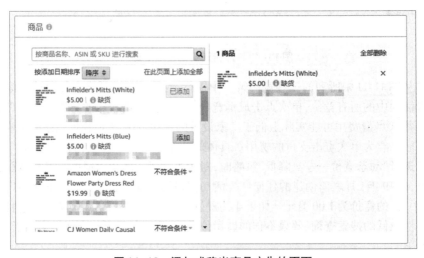

图11-13　添加或移出商品广告的页面

(6)设置竞价

在设置默认出价条件下,亚马逊会根据商品情况提供建议竞价及竞价范围,如图11-14所示。"建议竞价"和"竞价范围"是系统根据与卖家类似的广告的一组最新胜出竞价计算得出的。"竞价范围"是指商品分类中大多数广告的胜出竞价的范围。"建议竞价"为卖家提供其他广告主对相似商品所使用的预估竞价,帮助卖家开始使用广告。如果卖家有特定的目标,亚马逊建议输入一个可以实现策略的竞价,然后根据广告活动业绩来调整竞价。例如,如果广告组的建议竞价为0.70美元(0.40~1.40美元),即表明建议竞价为0.70美元,竞价范围为0.40~1.40美元。

需要注意的是,根据每次竞拍中竞价和广告的增加或减少,建议竞价和竞价范围每天都会更新。例如,建议竞价为1.60美元,则卖家可以将竞价设置为1.60美元,但如果卖家决定每次点击的价值高于建议竞价范围中的最高值,则会使得广告在竞拍中更具竞争力,增加赢得更多展示次数、点击次数和销量的机会。举一个简例,如果广告组或关键词的建议竞价为0.70美元,而竞价范围为0.40~1.40美元,则卖家可以将每次广告点击的价值定为0.60美元。即使0.60美元低于建议竞价,卖家仍然可以赢得展示次数。不过,除了降低价格外,卖家也可能会以更高的竞价赢得更多展示次数。

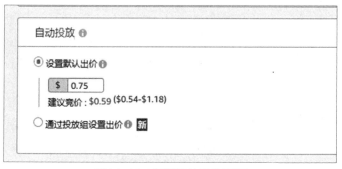

图11-14 设置默认出价页面

此外,卖家还可以通过投放组设置出价,如图11-15所示,投放组包括"紧密匹配"、"宽泛匹配"、"同类商品"及"关联商品"。以"多普勒400套棉床单"商品为例,在"紧密匹配"下,亚马逊会向使用与卖家的产品密切相关的搜索字词的购物者展示广告,会在购物者使用"棉床单"和"400套床单"等搜索字词时展示广告;在"宽泛匹配"下,亚马逊会向使用与卖家的产品松散相关的搜索字词的购物者展示广告,购物者使用"床单"和"大号棉床单"等搜索字词时均会展示广告;在"同类商品"下,亚马逊会向使用类似于卖家产品的产品详细信息页面的购物者展示广告,在包括"300套棉床单"和"400套大号床单"的详细信息页面上展示广告;在"关联商品"下,亚马逊会向查看与卖家的产品相辅相成的产品详细信息页面的购物者展示广告,将在包括"大床被"和"羽绒枕"的详细信息页面上展示广告,亚马逊还会向卖家提供建议竞价及竞价范围,卖家可以根据不同的匹配类型设置出价。

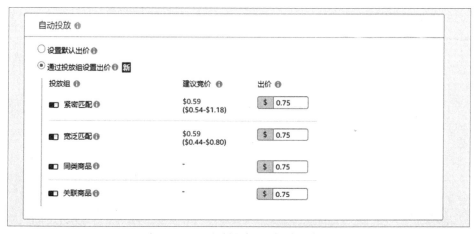

图11-15 通过投放组设置出价页面

(7)设置否定关键词(可选项)

否定关键词会在买家的搜索词与卖家的否定关键词匹配时阻止广告展示,卖家可以通过排除不相关搜索,从而降低广告费用。如图 11-16 所示,如果卖家计划设置否定关键词,卖家需要先选择否定匹配类型,否定关键词可与短语和精准匹配类型结合使用,以阻止广告展示,包括词组匹配,包含特定精准短语或关键词序列;精确匹配,设置特定关键词或关键词序列,最多可以添加 1000 行否定关键词。选择匹配类型,输入关键词后,点击"添加关键词",就完成了否定关键词的设置。

图 11-16　设置否定关键词页面

(8)启动广告活动

点击图 11-16 中右下角的"启动广告活动",可到达图 11-17 所示页面,卖家可以再次查看以上步骤设置的自动广告活动,如果需要编辑,则点击"编辑广告活动"即可。

图 11-17　成功启动广告活动页面(1)

2. 手动投放

卖家将广告定位于"手动投放"后很多操作方法与"自动投放"相近,在创建广告活动时设置部分输入信息的具体步骤都可参考自动投放设置方法,进入选择投放类型环节,在图11-10所示页面中,选择下方的"手动投放"栏。之后进入"设置广告组名称"、"添加商品"、设置竞价等环节,均参考"自动投放"。

(1)选择投放类型

不同之处在于可选择的投放类型,如图11-18所示,卖家可以向广告活动添加多个广告组,但只能为每个广告组选择一种投放类型,手动投放包括"关键词投放"和"商品投放"。下面分别详细介绍这两种投放类型。

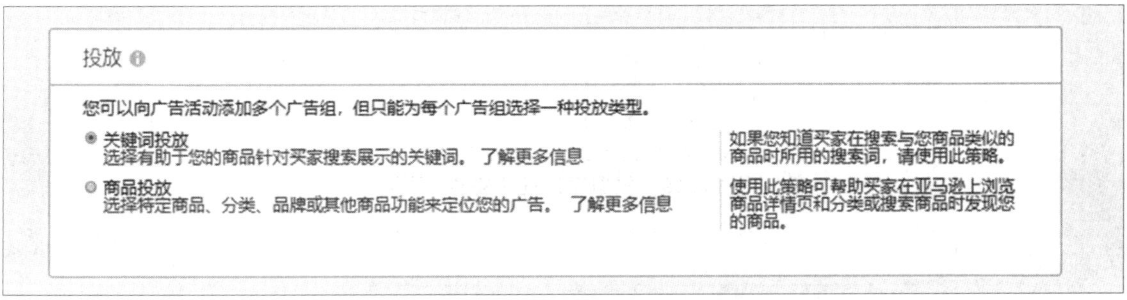

投放 ⓘ

您可以向广告活动添加多个广告组,但只能为每个广告组选择一种投放类型。

◉ 关键词投放
选择有助于您的商品针对买家搜索展示的关键词。了解更多信息

如果您知道买家在搜索与您商品类似的商品时所用的搜索词,请使用此策略。

◎ 商品投放
选择特定商品、分类、品牌或其他商品功能来定位您的广告。了解更多信息

使用此策略可帮助买家在亚马逊上浏览商品详情页和分类或搜索商品时发现您的商品。

图11-18 投放选择页面

若选择"关键词投放",则此时关键词包括词组和短语,可用于将卖家的广告与买家用来查找商品的搜索词相匹配。"手动投放"下,卖家需要自行添加关键词到广告组中,操作时也有可选择的不同方法。如图11-19所示,根据卖家所推广的商品生成建议关键词,点击"全部添加",即可完成对建议关键词的添加。如果卖家计划自行输入自己的关键词,如图11-20所示,在输入栏中,按照一行一个关键词的形式,输入关键词,同时选择匹配类型,包括"广泛匹配"、"词组匹配"及"精确匹配"。

关键词匹配类型可以让卖家调整哪些买家搜索可以触发广告,其中,"广泛匹配"包含以任意顺序排列的所有关键词,也包括复数、变体和相关关键词,这种匹配类型可以让卖家广告获得大量曝光机会,如果搜索词中包含任意顺序的所有关键词,那么搜索词就会与卖家的广告匹配。"广泛匹配"还会匹配关键词的复数形式、相关搜索及与关键词近似的其他变体。

"词组匹配"包含特定精准短语或关键词序列,它比广泛匹配的限制性更高,展示的广告的相关性一般会更高。

"精确匹配"是精准匹配特定关键词或关键词序列,搜索词必须与关键词或词序精准匹配才会显示广告,并且还会匹配确切搜索词的近似变体。"精确匹配"是限制性最高的匹配类型,但与搜索的相关性更高。

点击图11-20页面右下角的"添加关键词",完成卖家自定义关键词的添加,如果卖家计划添加大量关键词,也可以在图11-21所示页面中,点击"下载模板",生成如图11-22所示表格,在表格中添加关键词、匹配类型、出价,在图11-21中间"拖动文件以添加"位置上传即可。所有已经添加的关键词,都将出现在图11-23的位置,卖家可以再次核对关键词的匹配类型,编辑具体出价,需要移除的关键词点击"删除"即可。

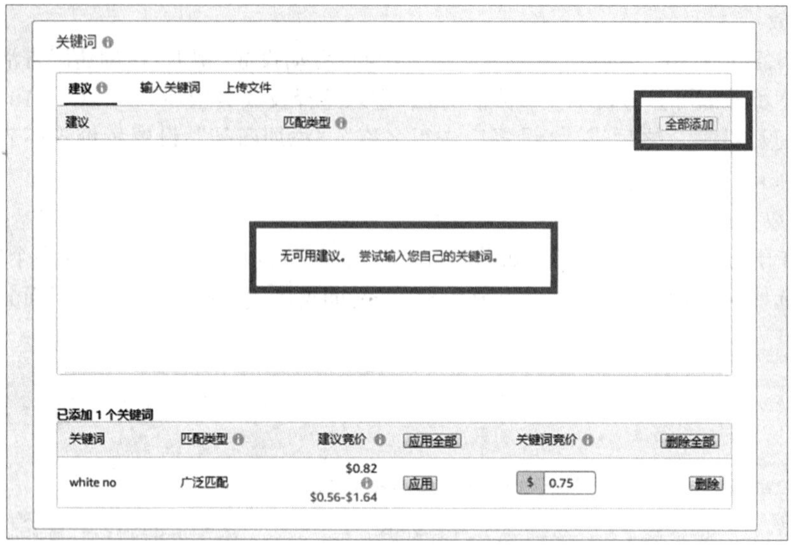

图 11-19　根据建议投放关键词页面

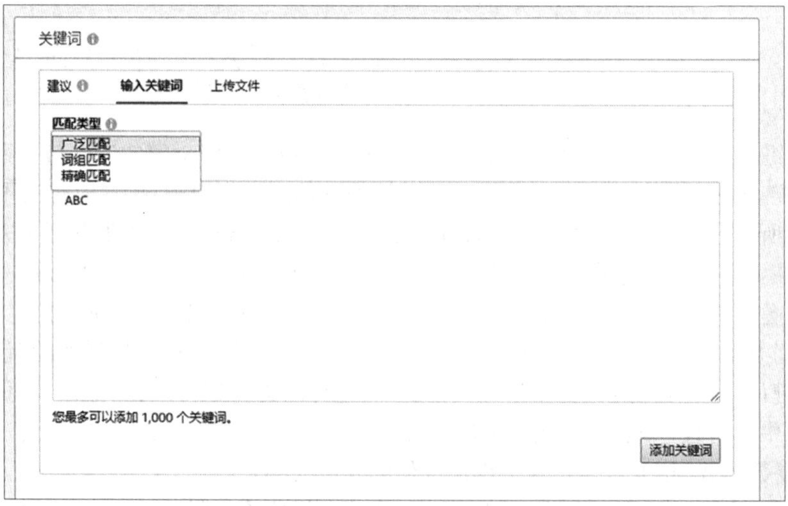

图 11-20　卖家自行输入投放关键词页面

图 11-21　下载上传关键词文件模板

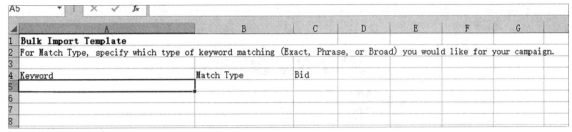

图11-22　关键词编辑文档

图11-23　已添加的关键词

在"商品投放"下，进入图11-24所示页面，卖家可以选择投放商品分类或者具体的各个商品。卖家可以直接定位系统推荐的分类，也可以直接搜索分类，操作时，点击"定位"即可。为了细化分类要求，可以点击图中的"细化"，系统会弹出图11-25所示页面，在此根据特定品牌、价格范围、星级和Prime配送资格等来细化分类，以便于通过广告获取更多更优质的流量。

图11-24　选择投放商品页面

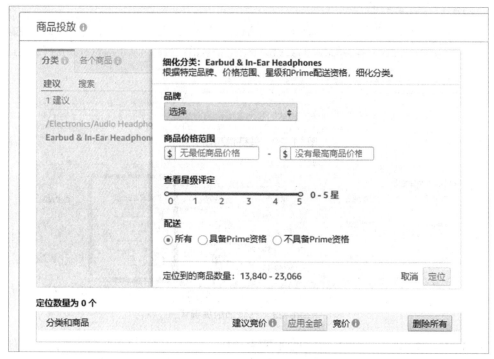

图11-25　细化分类设置页面

　　此外,卖家也可以通过系统推荐商品、搜索或者直接输入列表,来完成商品定位。商品选择完成后,所有定位的分类和商品将出现在如图11-26所示页面,卖家可以根据系统建议竞价及竞价范围来调整具体的竞价。如果有需要移除的,点击"删除"即可。

图11-26　商品定位页面

(2)否定关键词(选填项)

　　否定关键词设置可参考自动广告,如图11-16所示页面。在本栏目中可选"否定商品投放",如图11-27所示,卖家可以在商品投放下,排除品牌或者排除全部商品。否定商品投放会防止卖家的广告在买家的搜索内容与否定商品选择匹配时展示,这有助于排除不相关的搜索,从而减少广告费用。这是一项高级策略,可防止卖家的广告展示在特定搜索结果和商品详情页中,此处执行的规则是降低特定品牌的竞价,而不是排除这些品牌,点击"排除"即可实现否定。

图11-27　否定商品投放设置页面

（3）启动广告活动

点击"启动广告活动"，同样会进入图11-17所示页面，但不同之处在于"定位"栏目所填内容，在此应为"手动投放"，如图11-28所示。卖家可以再次核对广告活动详细信息，如果需要编辑，点击"编辑广告活动"即可。

图11-28　成功启动广告活动页面(2)

四、批量操作广告活动

卖家可以选择使用电子表格大规模更新商品推广和品牌推广活动，过去曾称为"头条搜索广告"。

（一）创建和下载自定义电子表格

如图11-29所示，第一次批量操作时，卖家需要下载电子表格模板，并且要先设置表格的日期范围及是否有需要排除的广告活动。之后，点击"创建电子表格"，待表格下载后，可打开如图11-30所示文档，卖家需要在模板页填写广告活动详情。

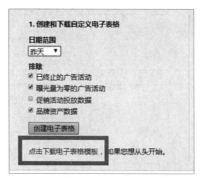

图 11-29　创建和下载自定义电子表格页面

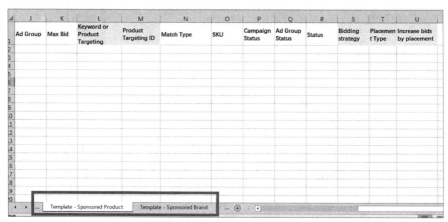

图 11-30　电子表格模板

(二)编辑文件

卖家可以在文件中为广告组添加多达 1000 个关键字竞价,同时,卖家需要确保为关键字应用正确的匹配类型,推广商品使用广泛、词组、精确、否定词组和否定精确等匹配类型。如果需要参考,可以参考下载模板中的案例页。如图 11-31 所示。

	A	B	C	D	E	F	G	
	Record ID	Record Type	Campaign ID	Campaign	Campaign Daily Budget	Campaign Start Date	Campaign End Date	
2		Campaign		Televisions	120	2017/6/6	2018/6/6	Mar
3		AdGroup		Televisions				
4		Ad		Televisions				
5		Keyword		Televisions				
6		Keyword		Televisions				
7		Campaign		Radios	120	2018/11/6		Auto
8		Product Targeting		Radios				
9		Product Targeting		Radios				
10		Product Targeting		Radios				
11		Product Targeting		Radios				
13	Note: Leave Record ID and Campaign ID blank when creating new campaigns							
15	Note: Campaign Name field is the only field that is case sensitive. For example, if you have two campaigns named "Test							
16	Campaign" and "test campaign", they will be treated as two separate entities, not duplicates of each other. When							
17	adding a new row be sure to copy the name of the campaign exactly to avoid accidentally creating duplicate							
	campaigns with different names.							

图 11-31　案例模板

（三）上传您的文件以更新广告活动

完成广告文件的编辑后，进入如图11-32所示页面，选择填写完成的模板，点击"上传以处理更改"，卖家可以在页面下方查看处理进度，如图11-33所示。

图11-32　上传文件页面

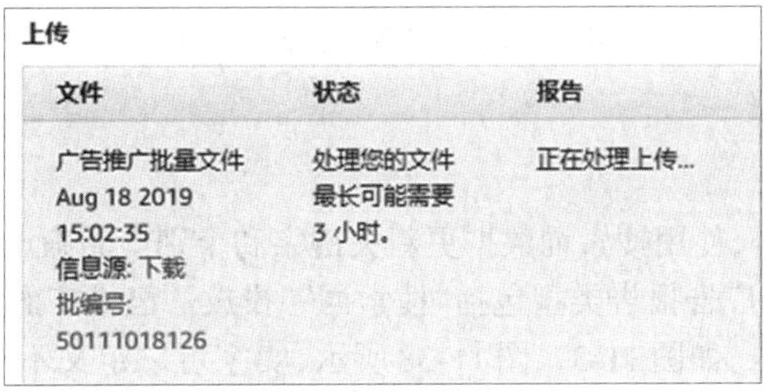

图11-33　上传文件处理进度

五、广告设置

在进行广告设置时，卖家可以按照广告设置账户的级别做出预算，选择"使用广告系列顶级预算"或"使用每日预算上限"，如图11-34所示。其中，"使用广告系列顶级预算"是指定日期范围内账户中所有商品推广广告系列的最高支出；"使用每日预算上限"是每天卖家账户中所有商品推广广告系列的最大支出。当达到商品推广预算上限时，所有商品推广活动将停止提供，从而有效控制预算的使用。

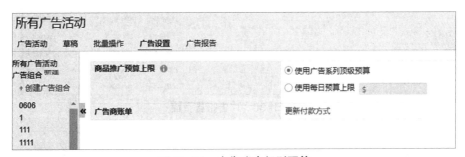

图11-34　广告账户级别预算

此外，由于商品推广的营销推广工具需付费，因此在付款方式上，卖家也可以进行切换，点击图11-34右下方的"更新付款方式"，进入图11-35所示页面，卖家可以从卖家账户余额中抵扣广告费用，或使用预付款支付。在大多数情况下，对付款方式的更改将在下个月的第1天生效。亚马逊将使用卖家当前的付款方式，直到付款方式更改完成，更新完成后，点击"更改"即可。

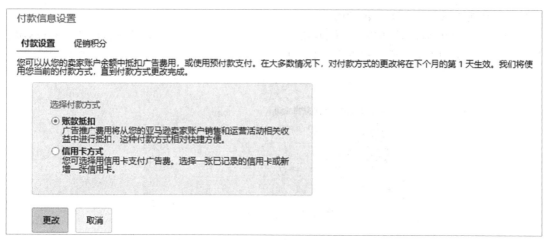

图 11-35　选择付款方式页面

六、广告报告

卖家可以通过广告报告,使用搜索词数据更新关键字和个别产品确定的目标,以满足卖家的经营目标,如图 11-36 所示,目前广告报告类型包括"搜索词""投放""已推广的商品""位置""已购买商品""按时间查看业绩"6 个报告,如图 11-37、图 11-38 所示,卖家可以定义不同的报告阶段及数据范围。完成选择和设置之后,点击图 11-36 中的"创建报告",卖家即可在页面下方看到已经生成的数据报告,点击"下载"即可查看对应报告的详细数据情况。

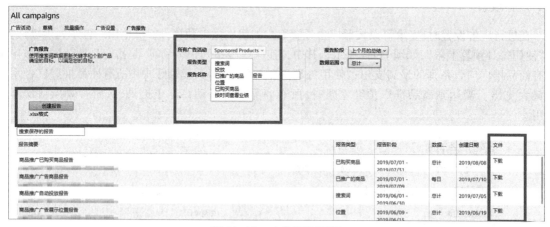

图 11-36　广告报告页面

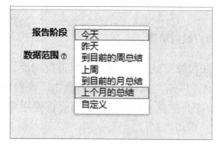

图 11-37　报告阶段可选栏目

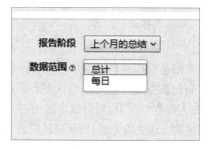

图 11-38　数据范围可选栏目

第二节　品牌推广

品牌推广广告可以展示卖家品牌徽标、自定义头条和最多3件商品。这些广告可以展示在桌面和移动页面上的多个位置,包括搜索结果上方。当亚马逊买家点击品牌徽标后,买家会转到品牌旗舰店或产品集合页。当买家点击某个商品后,会转到相应商品详情页面。要参与品牌推广,卖家必须满足特定资格要求,且当创建广告时,广告必须满足某些要求才能获得批准。品牌推广广告是按点击付费的,因此只需在亚马逊买家点击卖家的广告时付费,卖家可以通过设置预算并选择针对每次点击的竞价金额来控制支出。

一、品牌推广资格要求

要参与品牌推广,卖家必须满足特定资格要求,下面分别简要介绍账户要求和商品要求。

(一)账户要求

参与品牌推广的卖家必须是专业卖家或供应商,且必须通过亚马逊品牌注册成为注册品牌所有者,在亚马逊上有信誉良好的有效账户及有效的付款方式,并能够将商品配送到广告所面向的国家或地区。

(二)商品要求

商品须属于一个或多个支持的分类,品牌推广适用于图11-39中所列亚马逊搜索分类。但亚马逊不支持成人、二手或翻新商品做品牌推广活动。

服装	服装和配饰	食品	音乐	软件
家电	硬币收藏品	手工制品	乐器	运动
艺术品、工艺品和缝纫制品	电脑	个护健康	办公用品	体育收藏品
汽车零件和配件	电子产品	家居与厨房	户外	工具和家居装修
母婴	娱乐	工业与科学	庭院、草坪和花园	玩具和游戏
电池	收藏品	箱包	宠物用品	电子游戏
美容化妆	美术	电影和电视	鞋靴	手表
摄像	家具			酒水
手机和配件				

图11-39　亚马逊搜索分类

二、创建品牌推广活动

品牌推广活动包括图11-40中的所有组成部分,如"品牌商标""由品牌赞助的广告""消费者行为号召""自定义标题""包含3件特色商品"等。

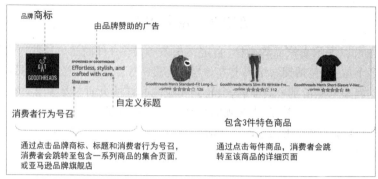

图11-40 品牌推广活动组成部分

卖家在为品牌推广创建广告活动时可进入"广告活动管理"页面,点击"创建广告活动",从中选择广告活动类型为"品牌推广",如图11-9所示页面。之后进入"创建广告活动"页面,在"设置"部分输入信息,其中各栏目的填写方法可参考表11-2。

表11-2　创建广告活动的设置栏目

栏目名称	栏目功能及操作办法
广告活动名称	本栏名称只有卖家可在广告活动管理中查看,不会出现在广告中
广告组合	卖家依据特定方式组织的一组广告活动,以满足推广需要
开始/结束日期	卖家可以立即启动广告活动,或设置未来的开始日期 广告时长可以依据所需而设,也可以设置为"无结束日期",持续投放 卖家可以随时暂停广告活动,并在稍后重新启动 已结束的广告活动会被存档,可以进行更改和创建后开始新的广告活动
预算	通过设置每日预算或生命周期预算制定卖家预计支出的总金额
品牌	可以同时使用同一品牌的多件商品创建品牌推广活动
着陆页	按照偏好和商品是否已售来选择品牌旗舰店、简单着陆页或自定义着陆页

卖家在广告活动中要推广的品牌至少需提供3件商品,但数量限制上限为100件,为了获得最佳效果,亚马逊建议卖家选择同一分类中的商品或具有相似关键词的商品。如果启用ASIN优化功能,亚马逊会自动从卖家的品牌旗舰店或着陆页选择最相关的商品,以便在广告素材中使用。如果亚马逊在其他商品中没有发现具有高相关性的商品,亚马逊将使用在广告素材中选择的默认商品。卖家可以提供商品的广告素材,并在广告文案中包含品牌信息,例如品牌名称和徽标,可以选择目录中的图片或自己的自定义图片,1MB以下的400像素×400像素的图片即可。还需输入关键词和竞价,品牌推广广告活动中关键词数量限制上限为1000。

完成创建后,在提交之前,需检查所有信息,以便确保审核通过。待广告活动获得批准后,卖家将无法编辑某些详细信息,例如着陆页、商品或广告素材。若要进行更改,则卖家需要存档广告活动并创建一个新的广告活动。亚马逊会向卖家发送电子邮件,告知广告是否获得批准或是否需要进行更改。审核流程通常会在24小时内完成,但最长可能需要3个工作日。作为广告主,卖家只能推广所拥有、获准转售或分销的商品,同时确保广告必须真实且准确。因此,在创建广告时,需准确描述推广商品,以下列出一些关键提示。

(1)避免不允许使用的声明,如"最佳"或"最畅销"。

(2)确保语法、标点符号、拼写和大写形式正确无误。标题要以大写字母开始,但不要全部采用大写或混合使用大小写。如果品牌名称采用同样的大写方式,则可以例外处理。广告字母全部大写、拼写错误和标点怪异可能会导致广告活动被拒绝。

(3)确保品牌徽标位于品牌推广广告中,以便买家能够识别卖家是广告主。

(4)包含唯一的相关标题,例如质量或关键商品属性。

(5)如果卖家在标题中提及季节性事件,如情人节,则需确保广告活动开始日期和结束日期合理。

本章习题

第十一章习题

第十二章

亚马逊卖家账户绩效管理

【学习目标】 掌握亚马逊卖家账户状况绩效指标的考核方法及意义。
理解亚马逊卖家提高各种绩效指标的方法及要点。
了解商品政策合规性中的法律依据及受限商品。

【重点难点】 掌握亚马逊卖家正常运营所需达到的绩效目标和政策要求。

第一节 卖家账户状况绩效指标

要在亚马逊上销售商品,卖家必须达到绩效目标和政策要求,才能正常进行经营活动。卖家需要遵守包括客户服务绩效、商品政策合规性及配送绩效在内的所有绩效考核指标,如图12-1所示。

图12-1 卖家账户状况页面

卖家可以通过卖家后台绩效标签下的"账户状况"查看绩效,如图12-2所示;卖家需要重点关注的客户服务指标,也可以在卖家后台首页左侧中部查看,如图12-3所示。

图12-2 卖家后台主界面——绩效栏(1)

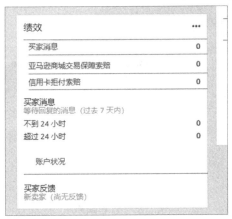

图12-3　卖家后台主界面——绩效栏(2)

第二节　客户服务绩效

点击图12-1中客户服务绩效下的"查看详情",可进入图12-4页面,查看客户服务绩效具体指标。

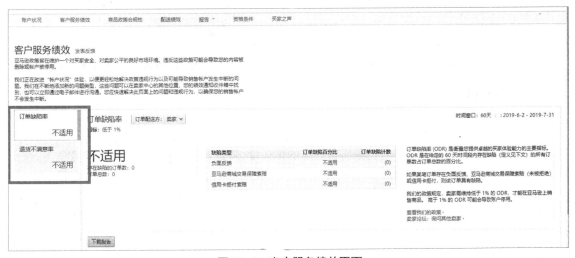

图12-4　客户服务绩效页面

一、订单缺陷率

订单缺陷率(Order Defect Rate,ODR)是衡量卖家提供卓越的买家体验能力的主要指标,是指在给定的60天时间段内存在缺陷的所有订单数占订单总数的百分比。

如果某笔订单存在负面反馈,亚马逊商城交易保障索赔(未被拒绝)或信用卡拒付,则该订单具有缺陷。亚马逊的政策规定,卖家需维持低于1%的ODR,才能在亚马逊上销售商品。高于1%的ODR可能会导致账户停用。无论是卖家自行配送的订单还是亚马逊配送的订单,都需要遵循订单缺陷率的考核标准,如图12-5所示。在订单缺陷率指标下,包括"负面反馈""亚马逊商城交易保障索赔""信用卡拒付索赔"。如果卖家想查看具体的绩效情况,可以点击图12-5中的"下载报告",查看指标的具体情况,如图12-6所示表格内容。卖家如果想查看每一项订单缺陷率指标的表现,可以通过卖家后台绩效标签下的入口,进入每一项指标页面,如图12-7所示。

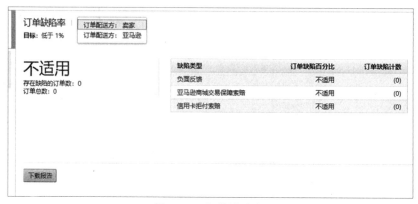

图12-5　订单缺陷率

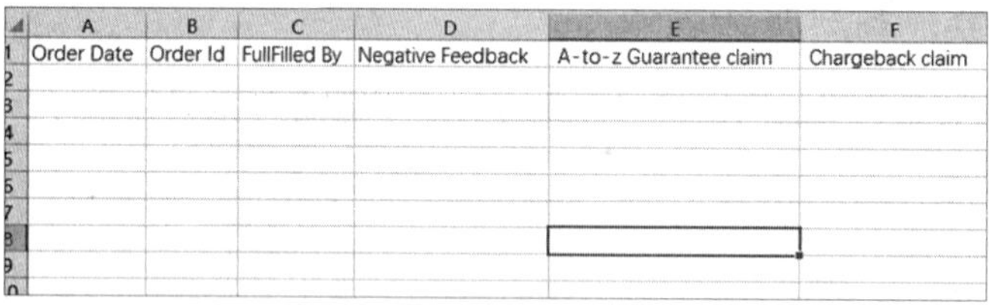

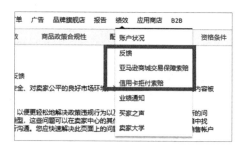

图12-6　绩效表格

图12-7　卖家后台主界面——绩效栏

(一)负面反馈

负面反馈是指买家所传达的关于购买商品和交易流程中的不满信息,是对卖家业务中存在的问题的评价,包括对商品与描述不符、迟发货、退货流程复杂等交易问题给出的反馈意见。负面反馈会损害卖家的销售形象,降低买家对卖家所售商品的信任度,降低与其他销售同款商品的竞争力,减少获得Buy Box(黄金购物车)的概率。若负面反馈累计过多,亚马逊还会取消卖家的销售资格。

点击图12-7中的反馈按钮,使用反馈管理器跟踪买家对卖家服务的满意度,卖家可以查看短期和长期指标及详细的反馈条目,包括买方电子邮件和订单编号等。点击"订单编号"可以查看卖家平台的"管理订单"部分中的交易详细信息。买家只能为每个订单提交一条反馈评论,卖家反馈链接位于亚马逊网站的"我的账户"中的"我的订单"页面上,买家可以在订单确认3天后查看。亚马逊建议卖家在处理任何情况时先调查负面评价的根本原因,解答买家的疑问,然后改进流程和政策。

卖家可以查看过去特定时间内的反馈情况,买家必须使用5星评级制来提供反馈,如图12-8所示。5星或4星为正面反馈,3星为中性反馈,2星或1星为负面反馈。统计时,反馈百分比会四舍五入到最接近的整数,因此卖家总分有时可能会合计为99%,而不是100%。

例如,如果卖家获得1001条正面反馈、15条中性反馈和4条负面反馈,那么在合计这1020条反馈的评级时,各个百分比将分别显示为98%(由0.981四舍五入得出)、1%(由0.014四舍五入得出)和0(由0.003四舍五入得出),总计为99%。

亚马逊采用以下方法计算卖家的反馈分数:正面反馈总和/所有反馈总和。例如,假设卖家的反馈分数如图12-9所示,所有正面反馈的总和＝90,所有反馈的总和(1到5星)＝100,则正面反馈除以所有反馈总和所得的反馈分数＝90%。

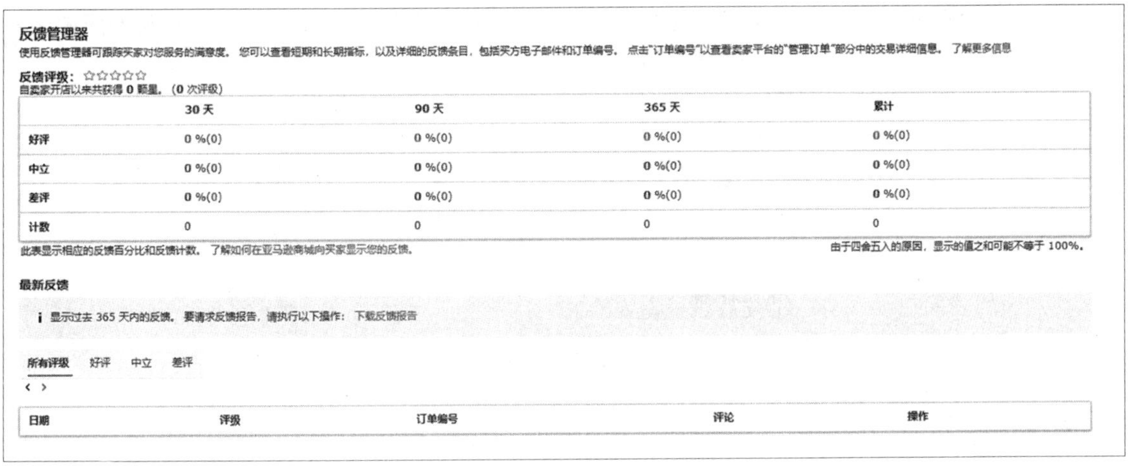

反馈管理器

使用反馈管理器可跟踪买家对您服务的满意度。您可以查看短期和长期指标，以及详细的反馈条目，包括买方电子邮件和订单编号。点击"订单编号"以查看卖家平台的"管理订单"部分中的交易详细信息。了解更多信息

反馈评级：☆☆☆☆☆
自卖家开店以来共获得 0 颗星。(0 次评级)

	30 天	90 天	365 天	累计
好评	0 %(0)	0 %(0)	0 %(0)	0 %(0)
中立	0 %(0)	0 %(0)	0 %(0)	0 %(0)
差评	0 %(0)	0 %(0)	0 %(0)	0 %(0)
计数	0	0	0	0

此表显示相应的反馈百分比和反馈计数。了解如何在亚马逊商城向买家显示您的反馈。

由于四舍五入的原因，显示的值之和可能不等于 100%。

最新反馈

i 显示过去 365 天内的反馈。要请求反馈报告，请执行以下操作：下载反馈报告

所有评级　好评　中立　差评

‹ ›

日期	评级	订单编号	评论	操作

图 12–8　反馈管理器页面

反馈	5	4	3	2	1
每条反馈的评级	55	35	5	3	2

图 12–9　反馈分数图例

亚马逊会按照30天、90天、365天和账户建立以来几个时间范围汇总卖家的反馈，随着每个时间范围内反馈的滚动变化，累计的星级评定和正面反馈百分比也会相应地发生变化。

如果在过去12个月内，卖家收到的买家反馈超过10个，买家将在"所有卖家报价"页面看到卖家的12个月反馈评级和自账户建立以来的反馈评级总数，按以下格式显示：过去12个月××%好评（共XXXX次评级）。

如果在过去12个月内，卖家收到的买家反馈少于10个，或者所有反馈都是上一年所得，那么买家将在"所有卖家报价"页面看到卖家自账户建立以来的反馈评级和反馈评级总数，按以下格式显示：××%好评（共XXXX次评级）。

反馈管理器包括两个部分，"反馈评级"和"最新反馈"。在"反馈评级"下显示卖家最近12个月的反馈评级，以及30天、90天、365天和账户建立以来获得反馈的百分比及相应的实际反馈数量。在"最新反馈"下按照收到反馈的日期排序，显示实际反馈及其关联的订单编号和评级，且卖家可以查看反馈评论、发布公开回复并联系买家。如果买家在评估和提交反馈时出错，卖家无法对其进行编辑，但买家可以将其删除。若卖家想请求移除不正确的反馈，则需要与买家尝试沟通，买家在90天内提供反馈，在60天内将其移除。只有当反馈符合亚马逊的政策指定的标准时，亚马逊才会移除该反馈。操作时在"最新反馈"表中，在卖家想要请求移除反馈的"订单编号"旁边，选择"操作"列下的"请求移除"就可以实现了。

（二）亚马逊商城交易保障索赔

1. 亚马逊交易保障索赔流程

通过图12-7中的"亚马逊商城交易保障索赔"按钮，进入图12-10所示页面，亚马逊商城交易保障可为购买由卖家直接销售和配送的商品的买家提供保护。亚马逊的保障涵盖卖家所售商品的配送时效和商品状况。如果买家对其中任何一方面不满意，且无法与卖家达成一致的解决方案，亚马逊允许提出索赔。亚马逊要求买家在提出索赔之前与卖家取得联系，如果48小时后买家仍对解决方案不满意，亚马逊仍允许继续提出索赔，买家可以自行提交索赔，或者致电亚马逊客户服务。如果亚马逊确定需要其他信息才能做出索赔决定，将通过电子邮件联系卖家，而卖家必须在3个日历日内予以回复。当亚马逊批准买家的索赔并从卖家的账户中扣除索赔金额之后，如果卖家对此决定有异议，并能提供新的信息供

亚马逊调查,卖家可以在30个日历日内提交申诉。当买家提出索赔时,卖家可以通过亚马逊商城交易保障索赔页面管理此索赔,并采取回复亚马逊—退款给买家—联系买家的措施。

图12-10 管理亚马逊商城交易索赔页面

2. 避免索赔的方法

为了避免索赔,亚马逊建议卖家遵循以下建议。

（1）配送

建议卖家为所有货件购买追踪服务,为高价值货件购买签名确认服务,且需按时确认发货。

提供追踪信息可以给买家带来良好的体验,买家无须联系卖家即可查看其货件的状态。若卖家未提供追踪信息,不仅会影响有效追踪率,还会降低赢得索赔的概率。如果卖家购买了亚马逊购买配送服务并按时发货,当买家报告配送问题时,卖家将免遭索赔,亚马逊将支付这些索赔的费用,而且它们不会影响ODR。

高价值货件是由卖家自行决定的,可能需要购买签名确认及追踪服务,以便让买家放心。并且在预计发货日期前确认订单发货十分重要,买家无须联系卖家即可查看其货件的状态。未按时发货不仅会影响迟发率,还会降低赢得索赔的概率。

（2）商品

卖家准确地描述商品,并提供清晰的图片,保证商品与相应 ASIN 匹配,可以避免买家对商品的不恰当期望。若出现缺货情况,则需及时取消任何缺货订单,并通过电子邮件通知买家,为卖家取消其订单做出解释,以免买家浪费时间等待商品送达。

（3）客户服务

如果买家与卖家联系,卖家需及时回复,一般回复时效为24小时内,以便确保良好的买家体验。若未在24小时内回复,则会增加买家提出索赔的概率。如果买家是请求退货,则卖家需指导买家提交退货请求;如果买家请求退款,则卖家应积极为买家退款,以避免买家提出索赔。需要注意的是,对于 Amazon Pay 交易,亚马逊商城交易保障政策有所不同。

（三）信用卡拒付索赔

当持卡人联系银行,表示对亚马逊上所下订单存在争议时,便会出现顾客中止付款的情况。顾客中止付款也被称为"付款争议",提出顾客中止付款的原因有很多,没有收到所订商品、未经授权使用信用卡等都有可能成为顾客中止付款的理由。点击图12-7所示页面中的"信用卡拒付索赔",可进入图12-11所示客户中止付款页面。

卖家应负责处理由于服务相关原因而针对卖家的账户提出的信用卡拒付,例如,买家未收到商品。亚马逊则会负责处理任何与付款相关的欺诈性信用卡拒付,例如盗取信用卡或其他付款欺诈企图。为了避免信用卡拒付索赔,卖家需遵循以下建议。

（1）使用亚马逊提供给卖家的配送地址。如果卖家将订单商品发送至其他配送地址而导致出现任何争议,那么卖家需要自行承担责任。

（2）使用提供有效追踪编码的配送方式。

（3）针对高价品使用送达确认(需要签字)。

（4）记录订单的发货日期、所使用的配送方式及订单日期过后至少6个月内的任何可用追踪信息。

图12-11 客户中止付款页面

当买家联系其信用卡公司提出信用卡拒付索赔时,信用卡公司会联系亚马逊了解交易详情。然后,亚马逊会通过电子邮件联系卖家,要求卖家提供交易信息。卖家可以通过以下两种方式之一来回应信用卡拒付索赔。

(5)立即发放退款。

(6)通过亚马逊向信用卡公司反映情况,卖家可以在卖家平台"信用卡拒付索赔"页面上反映情况,也可以通过回复亚马逊发送给卖家的信用卡拒付电子邮件来反映情况。

需要注意的是,即使卖家未收到亚马逊发送的信用卡拒付电子邮件,也可以在图12-11页面中针对"要求的操作"的信用卡拒付发放退款或反映情况,卖家必须在收到电子邮件之日起的7个日历日内对信用卡拒付索赔做出回应。如果不回应,亚马逊可能会从卖家的账户中扣除交易金额。此外,如果收到任何要求提供信息的其他请求,务必在请求中规定的时限内回复。自买家向发卡银行索要款项之日算起,信用卡拒付的最终结果将于90天内(在极少数情况下,所需时间可能更长)发出。只有在卖家需要支付信用卡拒付金额时,亚马逊才会通过电子邮件通知卖家结果,并在该电子邮件中简单说明原因。如果卖家认为亚马逊不应针对信用卡拒付而从卖家账户中扣款,可以回复该电子邮件,亚马逊将审查卖家所提出的异议。但是,在绝大多数情况下,发卡银行的决定为最终决定,卖家不能对此类决定提出申诉。

二、退货不满意率

退货不满意率(Rate Drop Response,RDR)可以用来衡量买家对退货体验的满意程度。在图12-12所示页面中,可以看到3种缺陷类型,当退货请求具有负面买家反馈(负面反馈率)、48小时内未得到回复(延迟回复率)或被错误拒绝(无效拒绝率)时,即表示产生了负面的退货体验。

退货不满意率是所有负面退货请求数占总退货请求数的百分比。亚马逊的政策规定,卖家需维持低于10%的退货不满意率。目前,亚马逊不会对未满足此绩效目标的卖家施加处罚,但问题未得到解决的买家更有可能提交负面反馈和提出亚马逊商城交易保障索赔,卖家也可以通过点击图12-12所示页面中左下方的"下载报告",得到如图12-13所示的退货报告,可以查看具体的退货信息。在一些情况下,退货体验将是负面的,有些情况与上面所提到的缺陷类型有关,例如,在退货请求中包含负面的买家反馈、卖家未在48小时内回复退货请求、卖家做出错误拒绝退货请求等。

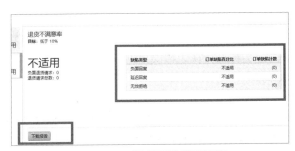

图12-12 退货不满意率页面

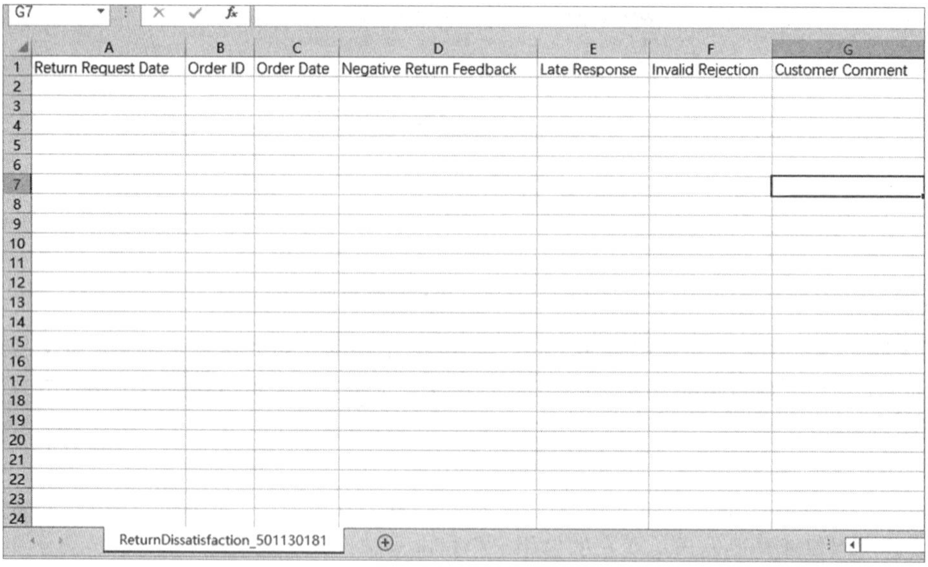

图12-13　退货报告

（一）负面退货反馈率

负面退货反馈率指的是收到负面买家反馈的有效退货请求所占的百分比。对于每个退货请求，亚马逊都会询问买家，卖家是否已经解决了买家的退货问题。如果买家表示他们的退货问题尚未解决，亚马逊会将退货请求视为具有负面反馈。卖家可以采取以下步骤降低收到负面反馈的概率。

1. 自动批准退货

卖家可以设置自动批准在设定的天数内收到的所有退货请求，或仅批准符合亚马逊的退货政策的退货请求。这样可以降低收到负面反馈的概率。

2. 每日检查是否有退货请求，并迅速回复

当卖家没有回复退货请求时，该请求很有可能会收到负面回复。因此要养成每日检查的好习惯，如果卖家在2天内回复买家，买家留下负面回复的概率就会很低。

3. 解决买家的问题

在未解决买家问题的情况下拒绝请求很有可能会导致买家给出负面回复，因此卖家需积极尽力解决买家的咨询问题或产品质量问题。

4. 监控负面反馈

务必常查看卖家反馈，一旦收到负面反馈的退货请求，则更易导致买家提出索赔。

（二）延迟回复率

延迟回复率是指卖家在收到请求后48小时内未批准退货、提供退款或关闭请求的有效退货请求所占的百分比。

（三）无效拒绝率

无效拒绝率是指被错误地拒绝但符合退货政策的退货请求所占的百分比。如果退货符合政策要求，卖家应向买家提供全额退款、批准他们的请求或解决他们的问题，以确保他们不再想要退货。如果未达到其中任一标准，亚马逊会将退货视为错误拒绝。

（四）退货不满意率常见问题

1. 退货不满意率的重要

亚马逊创建退货不满意率指标是为了帮助卖家避免这些问题，并帮助了解可以在哪些方面提升买家的退货体验。退货是亚马逊买家购物体验的重要组成部分，退货不满意更有可能导致索赔和负面反馈，卖家应当充分了解买家对这一体验的满意率。

2. 退货不满意率的买家反馈部分是否与卖家的正常买家反馈一样？

不一样。处理退货请求后，亚马逊会通过电子邮件询问买家："卖家是否解决了您的问题？"亚马逊会将任何"否"回复视为负面买家反馈，这与亚马逊征求的其他买家反馈是相互独立的。

3. 为何卖家无法拒绝不符合卖家政策要求的退货？

亚马逊会根据亚马逊的退货政策而不是卖家的退货政策来确定请求是否符合退货要求，卖家退货政策必须等同于或优于亚马逊的退货政策。不符合亚马逊退货政策要求的退货将不包含在该指标中。例如，在大部分分类中，买家仅可在设定的时间段内退货；对于大部分分类，退货时间段为配送后30天。如果买家在可接受的退货时段后请求退货，卖家可以拒绝退货，这不影响退货不满意率数值。

4. 如果卖家在没有批准买家的退货请求的情况下解决了买家的问题，退货不满意率是否会受到负面影响？

不会。亚马逊鼓励卖家解决买家的问题并确保他们完全满意。如果可以在不退货的情况下实现这一目标，会为卖家赢得亚马逊更好的评价。卖家只需针对请求选择相应的关闭代码，表明买家的问题已经得到解决即可。向买家征集的反馈信息将验证他们对解决方案的满意率。

5. 如果买家在退货请求反馈中留下负面反馈之后，卖家解决了问题，会如何？

如果买家撤销了反馈，亚马逊会自动调整卖家的退货不满意率。亚马逊鼓励卖家继续与买家沟通协作，直到他们满意。同样，如果卖家不慎拒绝了原本打算批准的请求，可以返回上一步批准退货请求，退货不满意率会反映这一更改。

第三节　卖家商品政策合规性

点击图12-1所示页面中"商品政策合规性"区域下方的"查看详情"，可进入图12-14所示页面，查看所有商品政策合规相关的绩效情况。

图12-14　商品政策合规性详情页面

(一)涉嫌知识产权

卖家因涉嫌在商品详情页面上滥用知识产权而被移除的商品，可以在涉嫌知识产权页面查看。亚马逊认为这些商品可能使用了包括商标、专利或徽标在内的未经授权的知识产权。需要注意的是，所有商品无论状态如何，都将接受审查，以确定是否存在可能滥用知识产权的行为。亚马逊考核的知识产权有3个主要类型：版权、商标及专利。下面分别介绍。

1. 版权是对原创作品的法律保护

版权旨在保护原创作品,如视频、电影、歌曲、书籍、音乐作品、视频游戏和绘画等。通常,版权法旨在激励为了公众利益而创作原创作品。要获得版权保护,作品必须是由作者创作的,且必须具有一定程度的创新性。如果卖家是原创作品的作者,那么卖家通常拥有该作品的版权。《数字千年版权法》(Digital Millennium Copyright Act,DMCA)是管辖在线版权材料的美国法律,仅适用于版权,不适用于商标或专利。当卖家将版权图片添加到商品详情页面时,便授予了亚马逊及其附属公司使用该材料的许可。即使不再销售该商品,其他卖家也可以在已添加版权图片的页面上发布商品进行销售。要确保不侵犯他人的版权,需确保仅上传卖家自己创作的图片或文本,或者已获得版权持有者上传许可的图片或文本。卖家通常拥有为商品拍摄的照片的版权,通常不拥有卖家在他人网站上找到的照片的版权,未经版权持有者许可,卖家不得将此类照片上传到商品详情页面。如果卖家已获得版权所有者的许可,或使用行为受到“首次销售”原则保护,就能够在亚马逊上上传或销售其他人的版权作品。首次销售原则通常允许转售合法购买的正品实物,如书籍或CD,无须获得版权所有者许可。例如,如果卖家决定在亚马逊上销售他人的二手图书,便是在销售他人的版权作品。首次销售原则可为转售合法购买的正品之行为提供保护,因此卖家通常可以销售自己的特定图书副本,无须进一步获得版权所有者的许可。

2. 商标是对公司用于标识商品和服务的文字、符号、设计或相关组合的法律保护

商标是指公司用来识别其商品或服务并将其与其他公司的商品和服务区分开来的文字、符号或设计,或其组合,如品牌名称或标志。换句话说,商标表示了商品或服务的来源。一般来说,商标法旨在防止买家对商品或服务的来源产生混淆。

商标所有者通常会在特定国家或地区的商标局(如美国专利商标局)进行注册来保护商标。在某些情况下,即使某标志从未在特定国家或地区的商标局注册,个人或公司也可能仅凭在商业应用中使用该标志的行为获得其商标权。这些权利称为“普通法”商标权利,可能受到更多限制。一般来说,商标法保护商品和服务的卖家,免于买家对特定商品或服务的提供商、认可方或从属方产生混淆。如果他人使用某种特定标志或易混淆的近似标志,可能导致买家对所售商品是否是商标所有者的商品产生混淆,那么商标所有者可以阻止他人使用该标志,商标通常以商品详情页面上发布的商品和品牌名称的形式显示在亚马逊的商品详情页面上。通常来讲,如果卖家在创建详情页面时未经授权使用商标,则仅当这一行为可能导致商品的来源、认可或归属发生混淆时,才会构成侵权。不是商标所有者不一定意味着卖家不能销售其他公司的商品。举个例子,如果卖家正在销售正品 Pinzon 床单套装,且将商品作为 Pinzon 床单套装进行宣传,卖家可能不会对商品的来源或从属关系(即 Pinzon)产生混淆,若确实如此,则并未对 Pinzon 商标造成侵权。

通常,卖家可以在以下情况下使用他人的商标。

(1)如果销售正品,卖家可以使用商标名发布这些商品。例如,发布“Pinzon”正品的卖家不一定侵犯 Pinzon 商标的所有权,因为该卖家仅使用该商标来识别正品。

(2)可以使用商标文字的普通字典含义。

(3)真实地陈述某商品与商标商品兼容时,也可以在以下情况下使用他人的商标。例如,如果卖家提供与 Kindle 电子阅读器兼容的专用线,并说明它“与 Kindle 兼容”,只要陈述真实且不造成混淆,则通常不构成商标侵权。但请注意,某些带有“类似”字眼的声明,如称商品“与 Kindle 类似”或“优于 Kindle”,则违反亚马逊商品发布政策。

如果决定在亚马逊上销售商品,卖家需先调研所销售的商品是否来自知名的经销商,并查清商品的获得路径,必要时可以先验货以证明是正品。同时需明确描述商品方式,以免造成买家在选择时与其他品牌商品混淆。

例如,卖家检查在商品详情页面中,对普通床单套装的某些描述是否会使买家认为其购买的是 Pinzon 床单套装;还要考虑是否以不会造成混淆且真实的、允许的方式,而非相似的、不允许的方式,

来使用品牌名称或商标来描述兼容性。

假冒是商标侵权的一种特定类型。假冒是指全部或部分非法仿制注册商标或与注册商标极其类似的标志,在商品或包装上使用,以销售非商标持有者的商品。如果商品在单独的商品详情页面上销售且未以不当方式使用注册商标,那么与注册商标商品形似或完全相同的商品便不属于假冒商品。

3. 专利是针对发明的法律保护

专利是保护发明的知识产权(IP)的一个类型,是针对发明的一种法律保护形式。已公布的专利可授予其所有者禁止他人在固定年限内制造、使用、提供销售、销售或将发明进口至他国(地区)的权利。以美国为例,专利有两种主要类型:实用新型专利和外观设计专利。其中,实用新型专利是最常见的专利类型,新机器、制造物品、物质组成、工艺或对任意这些内容的改进可获得此专利,通常为商品的结构和功能提供保护,而不是商品外观。另一方面,商品的独特外观可获得设计专利,但不包括商品的结构或功能。

专利与商标的不同之处在于,它为发明而不是为用于识别商品来源的文字或标志提供保护,例如专利权为新机器提供保护,而不是该商品的品牌名称。专利与版权的不同之处在于,它不为图书或照片等创造性作品的表现内容提供保护,而是保护某种特定的发明,如新的图书印刷方法或新的相机类型。商品的制造商或经销商有可能帮助卖家解决专利的相关问题。如果卖家不确定发布的内容或商品是否侵犯了他人的专利,应该先咨询律师,再将商品发布到亚马逊。

根据图12-15中所列类型,亚马逊将知识产权侵权行为强制执行。

通知或警告的类型	您可以采取的措施
对于您从未在亚马逊上发布的商品	回复您收到的通知,并告诉亚马逊您从未发布过所报告的商品。亚马逊将进行调查以确定这其中是否出现差错。
如果您与权利所有者建立了关系	如果您持有的许可或其他协议允许您使用通知中指出的知识产权,请联系提交投诉的权利所有者,请求对方撤回。如果亚马逊收到权利所有者的撤回请求,您的内容可能会被恢复。
商品或包装上的商标或假冒侵权行为	使用卖家账户中显示的账户状况控制面板提供可证明商品真伪的发票或订单编号。然后,我们将重新评估此通知,您的内容也可能会恢复。
商品详情页面上的商标或假冒侵权行为	修改商品详情页面以确保其不侵犯商标,然后发送电子邮件至 notice-dispute@amazon.com。 或 如果认为您的商品被错误移除,可以发送电子邮件至 notice-dispute@amazon.com 并提供支持文件(例如授权书、许可协议)。然后,亚马逊将重新评估此通知,您的内容也可能会恢复。
专利侵权	回复您收到的通知,并说明您认为处理有误的具体原因。您还可以提供法院命令,证明您的商品未侵权,或者声称的专利无效或无法执行。
版权侵权	您可以根据《数字千年版权法》提交反驳通知。反驳通知必须发送至您在版权警告中提供的电子邮件地址,其中必须包含: • 您的手写签名或电子签名。您可通过电子方式签名,具体为键入您的姓名,并指示其用作签名:"/s/卖家名称"。 • 指明已被移除或禁止访问的材料,以及材料被移除或禁止访问之前出现的具体位置。ASIN通常已足够。 • 提交一份声明,表明您确信材料由于出现错误或误识别而被移除或禁用,如所言不实,甘受伪证罪处罚。 • 提供您的姓名、地址和电话号码,以及提交表明您同意接受卖家地址所在司法辖区的联邦地方法院管辖权的声明;或者,如果您位于美国境外,则声明您受美国华盛顿西区地方法院的管辖,并且您将接受举报版权侵权行为的个人或此人的代理人提供的流程服务。

图12-15 知识产权侵权行为强制执行类型及卖家可采取的措施

(二)商品真伪

亚马逊会针对违反销售政策的卖家强制实施相应措施,与商品真伪相关的违规行为被归类为侵犯知识产权的行为,整体商品质量问题,包括与其描述不符的商品,均会被归类为"存在重大差异(商品状况)"的违规行为,这些措施使买家可以放心地在亚马逊上购物。

如果亚马逊已移除卖家的商品、暂停卖家的账户,或者撤销卖家发布新商品的权限,将会通过电子邮件通知卖家。亚马逊可能会要求卖家提交供应商开具的发票或者提供供应商的联系信息。亚马逊也可能会要求卖家提供一个行动计划以说明已采取哪些措施来解决该问题并杜绝类似投诉,或可能会要求提供制造商出具的授权书。卖家可以通过"账户状况"控制面板或电子邮件提交相关文件,如图12-16所示。

图12-16　商品真实性投诉通知页面

(三)商品状况

卖家可以通过图12-17所示页面来查看所有商品状况相关投诉。亚马逊非常重视商品质量,禁止发布或配送"存在重大差异"的商品。例如,以"新品"状况发布商品,但该商品不是处于全新或未使用过的状况,或者不是采用未开封的原包装,这样的商品就属于违反政策。

卖家有责任采购和销售与描述相符的产品,所发布和配送的商品必须与商品详情页面上的描述、图片和所有其他信息完全相符。在任何相关的商品详情页面上发布商品进行销售,都要确保商品与该页面上的描述完全一致。若配送的商品已残损、有缺陷、分类错误、描述不实或缺少零件,例如图12-18中所示商品,也属于违反政策。

根据违反政策的严重程度,亚马逊可能会取消卖家的商品,限制、暂停或禁止发布和销售该商品的权限,移除或销毁亚马逊物流库存,还可能会扣留支付给卖家的款项。

图12-17　商品状况投诉通知页面

图12-18　与描述不符的商品例图

(四)商品安全

卖家可以通过图12-19所示页面,查看所有与商品安全相关的投诉。在亚马逊进行经营活动的卖家,根据亚马逊的政策,如果商品需要相应的安全认证,那卖家要确保自己具有相应的认证资质。例如,在美国,销售儿童玩具、家电、灯具等日用消费品,需要美国消费品安全委员会(CPSA)认证;而可能产生无线电干扰的电器、灯具等商品,需要联邦通信委员会(FCC)认证等,否则,一旦被投诉,亚马逊也要发起对卖家的商品安全审核。

图12-19　商品安全投诉通知页面

(五)上架政策

卖家可以查看所有上架政策违规的通知,如图12-20所示。要销售亚马逊目录中已有的商品,卖家需要将其与现有ASIN相匹配。但是,如果卖家的商品不在亚马逊目录中,则需要创建新的ASIN。为了保障买家的在线购物体验,亚马逊限制了卖家在给定一周内可创建的ASIN数量,直到卖家在亚马逊中建立了销售历史记录为止。亚马逊鼓励卖家优先发布能够快速提高销量的商品,随着销量上升,允许卖家创建的ASIN数量也将随之上升。但禁止卖家创建重复的ASIN,即为目录中已经存在的商品创建新ASIN,否则可能会将卖家的ASIN创建或销售权限暂停或永久撤销。

图12-20　上架政策违规通知页面

以下禁止的行为属于父商品—子商品关系,也就是变体滥用,这些行为将带来消极的买家体验,可能会导致ASIN创建或销售权限被暂停或永久撤销。

(1)添加并非父商品的真正变体的子商品,包括向卖家已经创建的ASIN添加错误变体。

(2)更改父商品的商品详情页面,导致其与子商品不匹配。

(3)向现有的父商品添加并非制造商创建的多件装变体。

（4）如果创建了并非由制造商直接销售的多件装商品信息,则必须将卖家的商品信息与相同的多件装商品详情页面匹配;如果没有相同的多件装商品详情页面,则卖家必须使用自己的唯一GTIN创建新的商品详情页面。

（5）通过将两个或多个同一制造商的商品捆绑在一起来添加多件装子商品,例如将两个3件装商品捆绑在一起来创建一个6件装商品。多件装子商品必须由制造商进行包装。如果买家希望购买两个或多个同一商品,则可选择购买数量。

在发布商品时,请确保始终使用合适的UPC、EAN、ISBN、ASIN或JAN编码。这些编码是可用于将商品与目录中的现有商品匹配的可靠数据。禁止使用错误的UPC、EAN、ISBN、ASIN或JAN编码发布商品,否则可能会导致ASIN创建权限被暂停或永久撤销。因此,卖家需要严格遵守亚马逊的上架政策,否则将会收到亚马逊的违规通知。

六、受限商品

卖家可以查看所有违反受限商品政策的列表,如图12-21所示。亚马逊上销售的商品必须遵守所有法律法规及亚马逊的政策,严禁销售非法、不安全或此类页面上列明的其他受限商品,包括只能凭处方购买的商品。如果卖家在亚马逊上供应商品,则应在发布商品之前仔细阅读亚马逊受限商品帮助页面。如果卖家对与商品相关的法律法规有任何疑问,可以咨询法律顾问,即使被列为"允许销售的商品示例",所有商品和商品信息也必须符合适用法律。

此外,亚马逊提供的所有链接仅供参考,亚马逊并不保证此类链接中提供的任何信息的准确性。某些分类要求卖家先获得亚马逊的预先批准,然后才能发布属于这些分类的商品,某些分类要求先提供额外信息和/或补充证明,然后才能发布属于这些分类的商品。

加入亚马逊物流的卖家还应查看亚马逊物流商品限制页面,其中列出了不符合亚马逊物流计划的商品,以美国为例,一些商品需要遵循加利福尼亚州的其他法规,如果想要发布在国际范围内销售的商品,卖家有责任进行适当的调查,以便确保发布的商品符合所有适用的法律法规。由于政策的更新及变化,卖家还需要在销售前确认计划销售的商品是否为受限商品,目前亚马逊受限商品可以参考图12-22中所列商品类别。

图12-21 违反受限商品政策通知页面

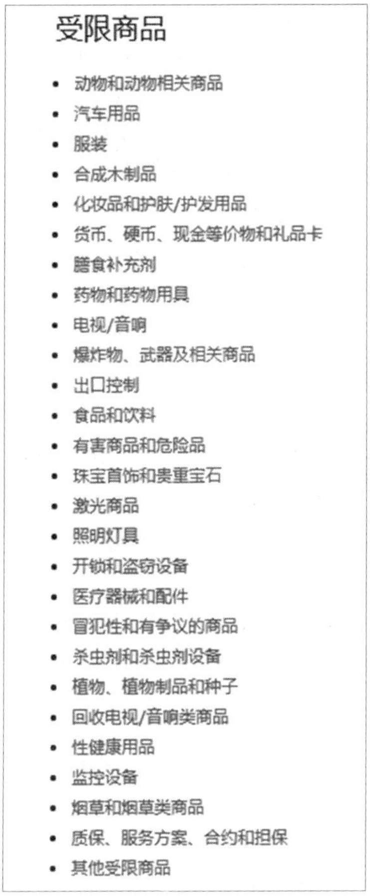

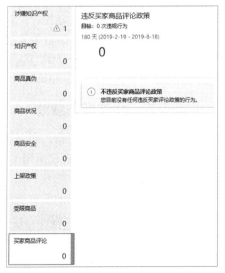

受限商品
动物和动物相关商品
汽车用品
服装
合成木制品
化妆品和护肤/护发用品
货币、硬币、现金等价物和礼品卡
膳食补充剂
药物和药物用具
电视/音响
爆炸物、武器及相关商品
出口控制
食品和饮料
有害商品和危险品
珠宝首饰和贵重宝石
激光商品
照明灯具
开锁和盗窃设备
医疗器械和配件
冒犯性和有争议的商品
杀虫剂和杀虫剂设备
植物、植物制品和种子
回收电视/音响类商品
性健康用品
监控设备
烟草和烟草类商品
质保、服务方案、合约和担保
其他受限商品

图 12-22　受限商品类别

七、买家商品评论

(一)买家商品评论政策的意义

卖家可以查看所有违反买家商品评论政策的记录,如图 12-23 所示。

涉嫌知识产权
1
知识产权
0
商品真伪
0
商品状况
0
商品安全
0
上架政策
0
受限商品
0
买家商品评论
0
违反买家商品评论政策
目标：0 次违规行为
180 天 (2019-2-19 - 2019-8-18)
0
不违反买家商品评论政策
您目前没有任何违反买家评论政策的行为。

图 12-23　违反买家商品评论政策的通知页面

买家通过这些评论来详细了解商品、评估其是否符合自己的需求,并做出明智的购买决定。买家评论可以帮助卖家了解买家对其商品的看法、买家喜欢商品的哪些功能或方面,以及哪些方面有待改进,会为卖家提供有关如何改进商品的建议。为了让买家评论继续为买家和卖家提供上述优势,买家评论必须真实可靠地反映买家的商品体验。因此,亚马逊制定专门的政策来保护买家评论的真实性,要求卖家遵守这些政策,并举报发现的任何违规行为。

(二)亚马逊对买家评论违规行为的惩罚措施

需要注意的是,亚马逊对所有买家评论违规行为都实行零容忍政策。如果发现卖家有任何试图操控买家评论的行为,将会立即采取措施,其中包括但不限于以下措施。

(1)立即并永久撤销卖家在亚马逊上的销售权限,同时扣留资金。

(2)移除商品的所有评论,并阻止商品日后收到评论或评级。

(3)从亚马逊永久下架商品。

(4)对卖家采取法律行动,包括诉讼和移交民事、刑事执法机构。

(5)公开披露卖家的名称和其他相关信息。

(三)违反买家评论政策的行为

亚马逊强烈建议卖家仔细查看亚马逊买家评论政策,并立即纠正任何违规行为。此外,务必向业务合作伙伴、员工及第三方代理传达这些政策。业务合作伙伴、员工或第三方代理的任何违规行为都将导致执行行动,即使发生在卖家并不知情或没有同意的情况下也是如此。违反买家评论政策的行为包括但不限于以下内容。

(1)卖家对自己的商品或竞争对手的商品发布评论。

(2)卖家为第三方提供经济报酬、折扣、免费商品或其他补偿来换取对自己的商品或竞争对手的商品的评论,包括使用可销售的买家评论、网站或社交媒体群组的服务。

(3)卖家在买家编写评论之后提供退款或补偿,包括通过非亚马逊付款方式的补偿。该退款或补偿可能通过亚马逊买家与卖家消息服务、直接联系买家,或使用第三方服务、网站或社交媒体群组来完成。

(4)卖家使用与评论相关的可提供免费或折扣商品的第三方服务,例如,要求买家登记他们的亚马逊公共资料以便卖家监控评论的评论俱乐部。

(5)卖家的家人或员工为卖家的商品或竞争对手的商品发布评论。

(6)卖家让评论者更改或移除评论。为此,他们也可能向评论者提供退款或其他补偿。

(7)卖家将差评转发给自己或其他反馈机制,而将好评发送给亚马逊。

(8)卖家在商品之间创建变体关系,旨在通过聚集评论操控评论和提升商品的星级。

(9)卖家提供亚马逊好评或物质奖励,以换取对商品包装或装运箱的评论。

(10)卖家使用买家账户为自己的商品或竞争对手的商品编写或更改评论。

需要注意的是,此处提到的"卖家"包括卖家的所有员工和第三方合作伙伴。

第四节 物流配送绩效

点击图12-1所示页面中"配送绩效"指标下的"查看详情",可进入图12-24所示页面,包括"迟发率""预配送取消率""有效追踪率"及"准时交货率"。此绩效仅适用于卖家自配送订单,如果卖家所有商品均使用亚马逊物流配送,将不会作为绩效指标考核卖家。其中,有效追踪率(Valid Tracking Rate,VTR)是指在给定的30天时间段内具有有效追踪编码的所有货件数占总货件数的百分比。亚马逊的买家可以根据追踪编码了解订单配送状态和预计收货时间,有助于减少卖家在回答配送相关问题方面所花费的时间,提高卖家反馈评分,还可以降低订单缺陷率,提高转化率和收入。准时交货率(On Time Delivery Rate,OTDR)是指在预计交货日期交付的所有货件占跟踪的总货件的百分比。在确定卖家有资格设置的运输时间时,亚马逊会考虑准时交货率绩效,这可以让卖家承诺更快的交货时间并进一步转换。

图 12-24 配送绩效页面

一、预配送取消率

取消率(Cancellation Rate,CR)是在给定的7天时间段内,卖家取消的所有订单数占订单总数的百分比。此指标包括所有由卖家取消的自配送订单,但买家使用其亚马逊账户中的订单取消选项请求取消的订单除外。买家在亚马逊上直接取消的"等待中订单"不包括在内。在图12-25所示页面中,卖家可以查看当前取消率的绩效情况。亚马逊的政策规定,卖家需维持低于2.5%的CR,才能在亚马逊上销售商品。高于2.5%的CR可能会导致账户停用。

图 12-25 预配送取消率页面

在配送前取消买家所下的订单通常是因为商品缺货,因此卖家应当确保其在亚马逊上发布的商品有货且能够配送,这一点非常重要。当然,在正常的业务操作中,一定比例的缺货现象可能无法避免,但亚马逊希望卖家能够最大限度减少此类问题。订单取消率较高可能会影响卖家的销售。就短期而言,它还会对卖家的利润产生负面影响,因为未配送订单会导致卖家的公司损失收入。在确认发货前决定不配送订单被视为取消订单,而在订单确认发货后,决定接受退货或不配送商品就需要退款。

卖家可以查看迟发率绩效情况,如图12-26所示。迟发率(Late Successional Reserve,LSR)是在

10天或30天的时间段内,在预计配送时间之后确认配送的所有订单数占订单总数的百分比。在预计发货日期之前确认订单发货十分重要,这样买家才能在线查看其所购并已发货订单的状态。订单延迟确认发货可能会导致索赔、负面反馈和/或买家联系次数增加,并对买家体验产生负面影响。亚马逊的政策规定,卖家需维持低于4%的LSR,才能在亚马逊上销售商品。高于4%的LSR可能会导致账户停用。

图12-26　迟发率页面

　　亚马逊各个站点的政策及工具会不定期更新,建议卖家多关注卖家平台新闻、账户状况页面、帮助页面等渠道,确保账户遵循最新政策。

本章习题

第十二章习题

第十三章

Amazon Business 业务介绍

☞亚马逊企业购

【学习目标】 掌握 Amazon Business 的特点及功能。

理解 Amazon Business 的价格管理、佣金折扣、商业机会等。

了解企业在 Amazon Business 的资质认证和所供资料的要求。

【重点难点】 熟练掌握 Amazon Business 的参与资格、销售方式及功能模式。

第一节　Amazon Business 概述

Amazon Business(亚马逊企业购)是亚马逊面向企业和机构买家的一站式商业采购站点,专注为企业长尾采购提供一站式解决方案,目前已有八大站点向中国卖家开放,包括美国、加拿大、英国、德国、法国、意大利、西班牙、日本。亚马逊企业采购商城卖家计划可以优化卖家商品,从而帮助卖家拓展面向企业买家的销售业务。Amazon Business 可为卖家提供更多定价、企业资料和品牌建设功能,这些功能将帮助卖家接触更多的专业采购商。企业专供商品报价、数量和发布资格认证(如小企业、退伍军人所有企业、ISO 9001 等)为亚马逊企业采购商城卖家提供各种工具,将商品出售给企业买家。亚马逊企业采购商城上的买家数量呈快速增长之势,B2B 商品交易数量也随之日益增长。

第二节　Amazon Business 卖家计划资格

能够满足企业买家要求的卖家,可以参加 Amazon Business 计划,要求包括:每个企业订单包裹都必须有追踪编码、装箱单及订货单编号;且卖家具备高绩效标准才能参加此计划,标准如图 13-1 所示。

我要开店	"亚马逊企业购"卖家计划
• 订单缺陷率 (ODR) 不高于 1%。了解更多信息	• 订单缺陷率 (ODR) 不高于 0.5%。了解更多信息
• 发货前取消率不高于 2.5%。	• 发货前取消率低于 1%。
• 迟发率不高于 4%。	• 迟发率低于 2%。
• 了解更多信息	• 极少出现信用卡拒付、亚马逊商城交易保障索赔和负面反馈等情况。详细了解信用卡拒付、亚马逊商城交易保障索赔和负面反馈。

图 13-1　"亚马逊企业购"卖家高绩效标准

第三节　Amazon Business 计划开通步骤

Amazon Business 计划开通需要卖家在后台点击设置标签下的"账户信息",如图 13-2 所示,进入图 13-3 页面,再点击服务区域右侧的"管理",进入图 13-4 所示"亚马逊企业采购商城"页面,点击"注册",即开通了Amazon Business计划。开通后,卖家后台首页会出现B2B单独的展示区域,如图13-5所示。

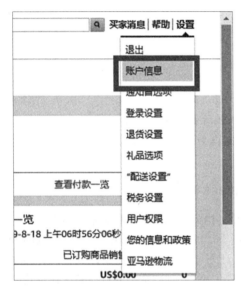

图13-2 卖家后台主页面——账户信息栏

图13-3 卖家账户信息栏

图13-4 我的服务管理页面

图 13-5　卖家后台 B2B 展示区域

第四节　Amazon Business 的功能

为了更好地为企业买家提供服务，与 B2C 的模式相比，Amazon Business 保留了 B2C 原有的基本功能，同时还增加了包括管理报价、协议定价、发票支付等多种特异性的功能，通过上传商品文档、企业资料等方式，企业买家可以对企业卖家有更详细的了解，通过企业商品专供价格、协议定价等定价形式，企业买家与企业卖家直接有更大的议价空间。

一、管理报价

用户点击 B2B 项下的管理报价，即可进入对应界面，如图 13-6、图 13-7 所示。Amazon Business 买家还可点击商品详情页面的"批量购买"链接，请求特定 ASIN 的数量折扣，然后提交购买件数，所有提供该 ASIN 的 Amazon Business 卖家都会收到请求及详情。卖家可以通过"管理报价"页面中的"对您销售的商品的报价请求"选项卡来处理请求。折扣设置成功后，目标商品所有 Amazon Business 买家均可享受此折扣。

卖家如果想要在亚马逊上增加销售机会及业务拓展机会，需要在"回复截止日期"之前设置折扣。卖家也可以选择下载包含最多 1000 个买家请求的列表，点击"生成可下载的请求文件"，报告最长可能需要 5 分钟的时间进行处理，每个请求包含若干列，所有的 Amazon Business 卖家都会自动注册为接收报价请求的电子邮件通知。只要企业买家针对卖家所销售的 ASIN 请求数量折扣，卖家就会收到一封电子邮件。如果卖家的同一 ASIN 有多个 SKU，可能会看到来自同一买家的多个请求。不过，一个 SKU 只能添加 5 个数量折扣分段，如果要提供新的数量折扣，可以编辑其中一个现有分段。

图 13-6　B2B 项下管理报价栏

图13-7　管理报价页面

二、企业专供商品报价

　　企业专供商品报价是指仅含企业商品价格、不含个人买家商品价格的报价,也就是说,企业专供商品报价仅面向亚马逊企业买家,而并非面向亚马逊上的所有买家。

　　卖家开通B2B的功能后,点击"管理库存",如图13-8所示。进入界面后,每一行商品信息都会新增一列"企业商品价格",如图13-9所示。点击"企业商品价格"栏目下方的"添加数量折扣",进入图13-10所示页面,卖家可以为对应商品提供企业专供商品价格,可以选择设置区间价格或者使用固定商品价格。在选择区间价格时,卖家点击"添加更多阈值",即可添加新的价格段。需要注意的是,亚马逊允许卖家添加折扣(%),也可以直接填写折扣后价格,设置完成后,点击"设置商品价格"即可,如图13-11所示。

图13-8　卖家后台主页面——库存栏

图13-9　管理库存页面

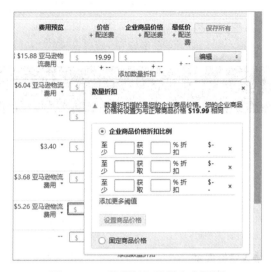

图 13-10　数量折扣设置空白页面

图 13-11　数量折扣设置操作页面

三、协议定价

　　"协议定价"允许已注册亚马逊企业采购商城的卖家向已与其建立业务关系的企业采购商城买家提供事先协商达成的商品价格。对于企业买家,他们必须拥有亚马逊企业采购商城账户,并能够向企业卖家提供其注册亚马逊企业采购商城的企业编号,才能使用协议定价。有了企业编号,卖家才能将企业买家添加至"协议定价"买家列表。

　　添加完成后,卖家可以在"协议定价"页面上传和管理与每个企业买家事先协商达成的商品价格,随后进入协议定价设置页面,在"协议定价"页面上,点击"添加买家"按钮,如图 13-12、图 13-13 所示。卖家输入并搜索买家的企业编号后,搜索结果显示与该企业编号相关联的亚马逊企业采购商城买家的名称和地址。确认信息无误后,点击添加买家,如图 13-14 所示。卖家现已将此买家添加至"协议定价"买家列表。添加完成后,卖家将返回"协议定价"页面,可以在该页面上为新创建的买家添加商品价格表。

图 13-12　卖家后台主页面——确定价格栏

图13-13　协议定价页面

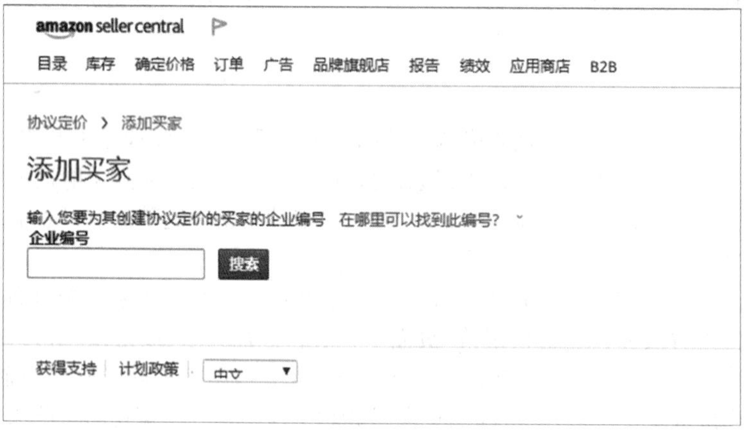

图13-14　协议定价之添加买家页面

四、企业商品价格和数量折扣

作为Amazon Business卖家,可以提供两种类型的折扣:企业商品价格折扣和数量折扣。其中,企业商品价格折扣是仅为Amazon Business买家提供的折扣价,不受购买数量的限制;而数量折扣是仅为Amazon Business买家的大宗采购提供的分级折扣,且数量定价分级由加入Amazon Business卖家计划的各个卖家来指定。

五、发票支付

发票支付是买家和企业买家常用的付款方式,亚马逊为亚马逊商城中符合条件的买家提供了"发票支付"这一选项,买家通过该渠道购买可以收到发票。发票支付这一付款方式让卖家有机会提升他们在亚马逊上的销量,但发票一般有付款期限,例如30天付清,该期限规定了发票的到期日期,如果付款期限是30天,则应在开票日期后30天内付款。付款期限因买家而异,且应获得亚马逊的批准。买家支付订单的发票款项之后,亚马逊会将此款项存入卖家的"我要开店"账户。此外,如果买家未在到期日期之后的7天内付款,亚马逊将承担这一风险并在此时将款项存入卖家的"我要开店"账户可用余额。

同时,亚马逊还为卖家简化了发票开具事宜,卖家无须对买家进行常规的信用风险评估、为其购买的商品开具发票、跟踪到期发票、追讨未支付的发票,也无须管理坏账,这些工作均属于亚马逊的业务范畴。亚马逊还向卖家提供获得发票支付订单付款的加急选项。卖家可以更改发票支付订单的付款设置,选择支付每笔交易发票金额1.5%的处理费,确认发货后,卖家收到的付款便会立即存入"我要开店"账户可用余额。如果卖家收到了发票支付订单,那么平台主页上的"付款"中的"余额"也会包含发票支付订单的金额。卖家也可以通过卖家平台顶部导航菜单中的"数据报告"-"付款"查看新的"付款一览"页面。此一览页面提供了信用卡和发票支付订单余额的详细信息。付款报告分为信用卡和发票支付订单两部分。在"发票支付订单"部分,新的"未结清发票"视图会显示待付款的所有发票交易。"发票到期日"字段指明了买家应该支付发票款项的日期。"净金额"列显示的是扣除所有亚马逊所收费用后卖家应收到的金额。

六、增强商品内容

卖家可以向商品详情中添加最多10个商品文档,如用户指南和材料安全数据表。在亚马逊企业采购商城上购物时,企业买家可查看和下载商品文档,卖家可以点击图13-15中的"管理商品文档",进入图13-16所示页面,针对特定的商品添加对应文件,商品文档会在24小时内在商品详情页面显示。卖家只能删除自己上传的文档。删除后,将从详情页面移除卖家提供的文档内容。

点击"添加文件"后,进入图13-17所示页面,选择文件类型,进入如图13-18所示页面。之后,在"Action"栏中选择操作动作,点击右侧的"选择文件"按钮,上传文件后再点击"Submit"提交即可。目前,亚马逊规定一个商品最多可以上传5个商品文档。如果卖家需要为多个分类的商品上传增强型商品内容,如用户指南、材料安全数据表(MSDS)等,卖家需要在图13-19所示位置中点击"选择文件",点击"上传"。

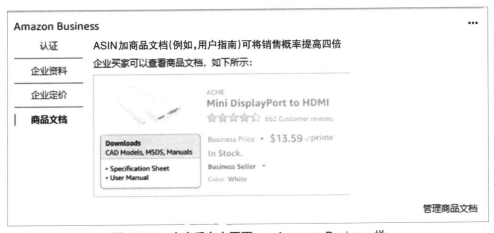

图13-15　卖家后台主页面——Amazon Business栏

图 13-16　卖家管理商品文档页面

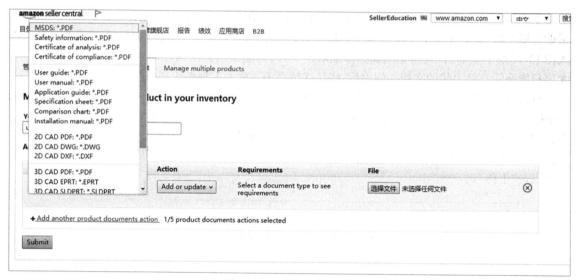

图 13-17　添加文件页面

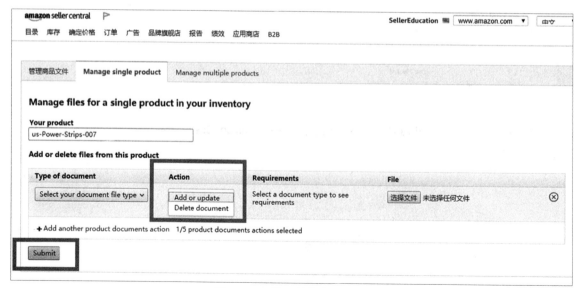

图 13-18　管理单件商品页面

图13-19　上传增强型商品内容页面

七、卖家资质认证计划

卖家资质认证需要提供相应的证明信息。该证明信息对企业买家公开，以便买家甄别卖家资质。卖家需提供的信息如下。

(1)由卖家所在的州或第三方签发的电子版证书，证明公司为所申请认证的获得者。

(2)由政府机构签发的电子版信函，证明公司为所申请认证的获得者。

(3)认证的起始时间和终止时间。

(4)认证的签发机构。

(5)公司的邓氏编码(DUNS编码)，用于向美国政府注册认证。

同时，卖家应就自己的认证做出诚信声明，企业买家可以举报认证与事实不符的情形。此外，卖家应保持其认证信息为最新状态，认证到期后将被自动移除。如果卖家未提供诚信声明或有失信行为，亚马逊可能会将其从卖家计划中移除。如果卖家总是无法提供诚信声明或者无法保持诚信，亚马逊可能会取消其销售权限。卖家点击卖家后台首页B2B认证区域下的"管理认证"，点击"添加认证"，如图13-20、图13-21所示。选择卖家计划上传的认证类型，根据说明输入认证的证明材料，卖家所需提供的认证证明材料取决于申请的认证类型，如图13-22所示。卖家需参阅图13-23中的证明选项及操作方法，填写完成后，点击"提交"，以供亚马逊审核，如图13-24所示。提交认证后，如果亚马逊团队在审核认证，状态将显示为"审核中"，此审核过程将在7~10个工作日内完成。如果认证通过审核，状态将显示为"有效"。

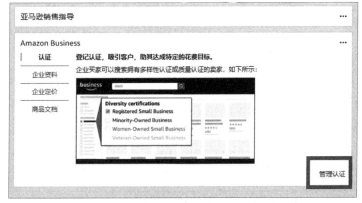

图13-20　Amazon Business管理认证页面

图13-21 Amazon Business认证页面

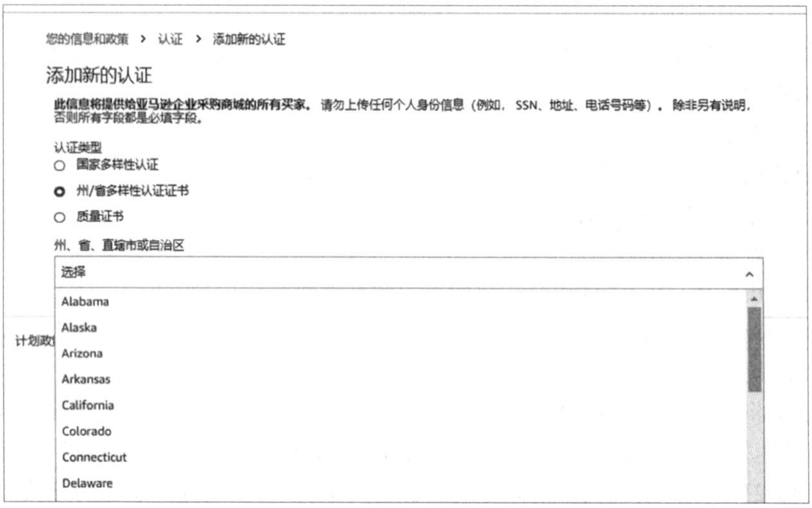

图13-22 Amazon Business添加认证页面

认证类型所对应的	认证证明选项
如果您选择：质量认证	提供证明您满足认证申请条件的电子版证书或信函： 1. 从下拉菜单中选择要上传的认证。 2. 点击【浏览】，找到并上传证明您满足认证申请条件的电子版证书或信函。 3. 填写【"签发日期"、"终止时间"、"出证单位"、"邓氏编码"、"证书编号"和"CAGE 代码"】字段。 4. 点击【提交】。
如果您选择：国家级多元化认证	对于国家级多元化认证，请提供电子版证书和授予您认证的机构所出具的信函，或显示您认证信息的SBA档案屏幕截图。 1. 从下拉菜单中选择要上传的认证。 2. 将证明您满足认证申请条件的电子版认证或信件拖放到表格中。 3. 对于自行认证，请上传能够标识您的企业并显示"所有权和自行认证"部分的SBA档案屏幕截图，以验证您上传的认证。 4. 填写【"签发日期"、"终止时间"、"出证单位"、"邓氏编码"和"CAGE 代码"字段】。 5. 点击【提交】。
如果您选择：州级多元化认证	对于州级多元化证书性认证，请提供电子版证书或授予您认证的机构所出具的信函： 1. 从下拉菜单中选择要上传的认证。 2. 将证明您满足认证申请条件的电子版认证或信件拖放到表格中。 3. 填写【"签发日期"、"终止时间"、"出证单位"、"邓氏编码"和"CAGE 代码"字段】。 4. 点击【提交】。

图13-23 不同证明类型的证明选项填写方法

添加新的认证

此信息将提供给亚马逊企业采购商城的所有买家。请勿上传任何个人身份信息（例如，SSN、地址、电话号码等）。除非另有说明，否则所有字段都是必填字段。

认证类型

○ 国家多样性认证

○ 州/省多样性认证证书

○ 质量证书

认证

LGBT 工商企业	⌄

出证单位

NGLCC: 国家 LGBT 商会	⌄

已签发 (可选)

MM/DD/YYYY

过期

MM/DD/YYYY

证书编号 (可选)

邓氏编码 (可选)

CAGE 代码 (可选)

相关文件

请为您的认证提供数字图像或屏幕截图。查看示例

注意：这些图片将被公开，买家可以查看。

☁

将您的文件拖到此处或 选择文件.

我们接受 JPG/JPEG、PNG 和 PDF 格式的文件。最大文件大小为 3MB。

[提交]

图13-24　添加新认证页面

如果卖家计划修改、编辑或者删除已经上传的认证，卖家可以通过图13-25中所框选的位置执行具体的操作。

🔍	买家消息｜帮助｜设置

退出

账户信息

通知首选项

登录设置

退货设置

礼品选项

"配送设置"

税务设置

用户权限

您的信息和政策

亚马逊物流

图13-25　卖家后台主页面——买家消息栏

八、企业资料

卖家可通过点击"编辑资料"或B2B标签下"企业资料",进入企业资料编辑页面,如图13-26和图13-27所示。进入界面后,卖家需要填写一系列的企业资料,包括公司介绍、卖家徽标、个人资料徽标、特色图片,以及主要业务活动、成立年份、年营业收入、员工数量、DUNS编号、公司地址、联邦税项分类等信息。在需要添加图片的栏目中,卖家可以点击"支持哪些格式?"查看具体的图片要求,全部填写完成后,点击"保存"即可,如图13-28和图13-29所示。

图13-26　Amazon Business企业资料页面

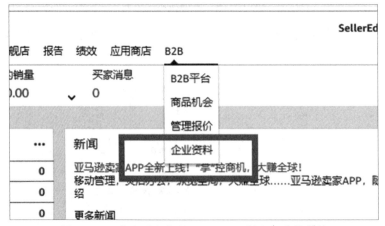

图13-27　卖家后台主页面——B2B栏企业资料菜单

您的信息和政策

个人资料 查看个人资料 告诉我们您对此页面的看法

个人资料 ｜ 配送 ｜ 隐私政策 ｜ 礼品服务 ｜ 税收 ｜ 常见问题解答 ｜ 自定义帮助页面 ｜ 认证

关于您的公司

A tech limited specializes in providing functional and affordable USB/HDMI cable and Adapter products to users, e.g. USB type c cables/adapters, HDMI/VGA/DVI cables/adapters and Audio cable etc..

9,803 剩余字符

卖家徽标
支持哪些格式? ∨ ｜ 上传图片 ｜ 添加图片
ⓘ 图片必须是 JPG 或 GIF 格式, 且必须为 120 像素 (宽) × 30 像素 (高)

个人资料徽标
支持哪些格式? ∨ ｜ 上传图片 ｜ 添加图片

特色图片
支持哪些格式? ∨ ｜ 上传图片 ｜ 添加图片

主要业务活动 ｜ 零售商 ∨

成立年份 ｜ 1812

年营业收入 ｜ $10MM - $100MM ∨

员工数量 ｜ 0 - 10 ∨

DUNS 编号 ｜ 输入 DUNS

公司地址 ｜ □ 已隐藏
ⓘ 账户信息更新。

联邦税务分类 ｜ □ 已隐藏
ⓘ 账户信息更新。

认证
添加认证, 吸引企业客户, 助其达成特定的花费目标。了解更多信息 ｜ Manage certifications

｜ 取消 ｜ 保存 ｜

图 13-28　企业资料编辑页面

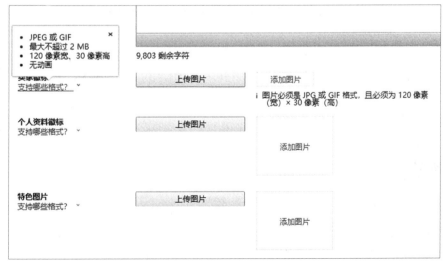

- JPEG 或 GIF
- 最大不超过 2 MB
- 120 像素宽、30 像素高
- 无动画

9,803 剩余字符

卖家徽标
支持哪些格式? ∨ ｜ 上传图片 ｜ 添加图片
ⓘ 图片必须是 JPG 或 GIF 格式, 且必须为 120 像素 (宽) × 30 像素 (高)

个人资料徽标
支持哪些格式? ∨ ｜ 上传图片 ｜ 添加图片

特色图片
支持哪些格式? ∨ ｜ 上传图片 ｜ 添加图片

图 13-29　需添加图片的要求

九、佣金折扣

卖家在加入Amazon Business计划之前,必须已加入专业销售计划,并且支付相关的月服务费和其他销售费用。在限定时间内,加入Amazon Business计划的卖家无须额外支付月度计划费用。如有关费用的更多信息,请参阅"我要开店"费用价目表。

对于涉及下列分类中商品的企业交易,亚马逊会依据适用的销售佣金百分比计算销售佣金,或基于总商品价值计算得出相应的每件商品最低销售佣金,然后以二者中的较大值为准扣除销售佣金,其中不包括通过亚马逊税务计算服务收取的任何税费。其中,总商品价值是指买家在一次购买时,为某一商品分类中的所有单款商品支付的总金额,即

$$总商品价值=价格×数量+运费+礼品包装费$$

十、商品机会

商品机会是一种销售商品的机会,是亚马逊根据B端买家需求所推荐的B端商品。亚马逊企业采购商城买家数量多,产品机会多,卖家可以通过发现新的B2B机会在亚马逊上销售商品,以此扩展业务。卖家可以通过点击B2B界面下的商品机会获取相关信息,如图13-30所示。该工具采用的是企业买家的需求信号,如购买趋势和数量折扣请求等。同时,卖家可以使用商城商业机会门户(MBOP)报告来为业务寻找更多发布机会。例如,"当前B2B趋势"侧边栏显示了根据过去30天的销售数据计算得出的最佳品牌、分类和买家行业。借助销售机会工具,卖家可以获得两种报告,第一种是"为您推荐"报告,此报告可以帮助卖家找到需求量较高的商品,如图13-31所示。第二种是"尚未在亚马逊上发布的商品"报告,此报告显示了亚马逊上目前未提供的销售机会的列表,如图13-32所示。

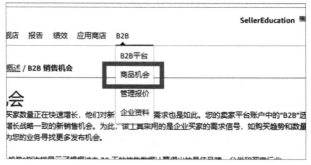

图13-30　卖家后台主页面——B2B栏商品机会菜单

图13-31　"为您推荐"报告页面

图13-32 "尚未在亚马逊上发布的商品"列表页面

通过以上对 Amazon Business 的介绍,符合要求的卖家可以通过账户设置,免费开通 Amazon Business 的功能,成为企业卖家。还可以获取到包括阶梯价格、商品文档上传、专属的业务报告在内的企业卖家的特有功能,增加在亚马逊站点的销售机会,覆盖更多的企业群体。同时,企业卖家也要关注积累更好的卖家绩效,满足企业买家的购买需求,提供更好的客户服务。

<h2 style="text-align:center">本章习题</h2>

第十三章习题